신화와 미학적 인간

Myth and Homo Aestheticus

표정옥 지음

청송

신화와 미학적 인간

지은이 표정옥
펴낸곳 연세대학교 대학출판문화원

주소 서울시 서대문구 연세로 50
전화 02) 2123-3380~2
팩스 02) 2123-8673
ysup@yonsei.ac.kr
http://press.yonsei.ac.kr

등록 1955년 10월 13일 제9-60호
인쇄 (주)동국문화

2016년 10월 28일 1판 1쇄
ISBN 978-89-6850-174-6 (93210)

값 15,000원

들어가며

서양에서의 아름다움은 주로 조화와 비례를 의미한다. 그리스의 많은 신들의 조각이 비례와 조화에 많은 공이 들어 있는 것을 보면 어느 정도 짐작이 간다. 서양의 미의식이 보여 지는 것에 방점을 찍었다면 동양의 미는 상당히 관념적이라고 할 수 있다. 서양의 미를 생각하면 아름다운 여신 아프로디테를 독립적인 대표주자로 생각하기 쉽지만 동양에서는 인이나 의와 효와 같은 사상적 관념어가 엉켜서 생각난다. 동서양의 다양한 미적 담론을 두루 살펴 보지만 아름다움을 한 단어로 명쾌하게 정의하는 것은 불가능한 일처럼 보인다. 그런 불가능한 일을 감히 탐낸 것은 어쩌면 지식의 만용인지도 모르겠다는 생각까지 든다.

미에 대한 담론을 문화 속에서 귀납적으로 찾아가는 작업을 통해 조금이나마 아름다움의 정의에 가까워지는 것이 최상의 방법일 듯해서 평소 관심을 가지고 있는 신화 담론과 연계해서 아름다움이 지향하는 방향성에 대해서 살펴볼 생각이다. 아름다움에 대한 다양한 담론을 찾아가면서 가장 대표적으로 만나는 것은 아름다움이 엄청난 전쟁의 발단이 되었다는 점을 살펴볼 수 있다. 그 유명한 주인공은 바로 헬레네라는 스파르타의 왕비였다. 레다와 제우스의 사랑의 결실인 두 딸 중 하나로 태어난 헬레네는 언니 클뤼타임네스트라가 그리스의 왕 아가멤논의 여자가 되었을 때 그녀는 아가멤논의 동생으로 스파르타 왕인 메넬라오스의 부인이 된다. 그녀는 아름다운 여신들도 질투할 정도의 미모를 가진 것으로 그려진다. 헬레네의 아름다움은 신들의 세계에서도 늘 경쟁의 논란거리였던 모양이다. 헤라, 아테나, 아프로디테는 불화의 신 아레스가 던진 "가장 아름다운 여신"에게 라는 글자가 써진 사과를 얻기 위해 인간인 목동 파리스를 서로 자기편으로 끌어들이려고 경쟁한다. 결국 파리스를 움직였던 가장 매력적인 미끼도 "가장 아름다운 여자"를 아내로 맞이하게 해준다는 아프로디테의 달콤한 조건부 제안이었다. 트로이의 사신으로 스파르타에 간 파리스는 아프로디테 여신의 선물을 그곳에서 받게 되는데 이미 남의 부인이 된 헬레네이다. 아름다움이 비극이 된 데에는 얄궂은 여신들의 질투심이 단단히 한 몫을 차지한 셈이다.

헬레네는 파리스를 따라 트로이에 오게 되었지만 아프로디테의 호의는 그리스연합군과 트로이의 9년 간의 참담한 전쟁으로 이어지는 비극을 초래했다. 이러한 이야기는 호메로스의 〈일리아스〉의 주된 서사 이야기이다. 즉 〈일리아스〉의 발단은 아름다움을 매개체로 한 경쟁이라고 할 수 있다. 이 경쟁적 싸움은 엄청난 희생을 치러야했다. 전쟁 동안 트로이의 영웅 핵토르와 그리스 연합군의 아킬레우스가 목숨을 잃었다. 트로이의 왕 프리아모스는 가장 사랑하는 큰 아들을 잃어야 했고, 그리스로 추방당한 요정 테티스는 아들 아킬레우스를 잃어야 하는 비극을 맞는다. 그러나 전쟁의 화근이 되었던 헬레네는 미인무죄라는 말처럼 전쟁이 끝나고 트로이가 멸망한 후 무사히 자신의 나라로 당당하게 돌아간다. 이야기가 여기에서만 끝나지 않는다. 〈일리아스〉가 전쟁 준비와 전쟁 이야기라면 귀환의 이야기는 호메로스의 〈오디세이아〉라는 이야기이다. 이 두 텍스트 모두 24절로 되어 있어서 자연의 24절기를 생각나게 하는 점이 있다. 돌아가는 사람들 중 오디세우스의 다양한 귀환 영웅담을 집중적으로 노래한 이야기가 바로 〈오디세이아〉이다.

〈일리아스〉가 아름다움이라는 화두를 던짐으로써 과연 이름다움이란 무엇인가를 질문한 노래라면 〈오디세이아〉는 진정한 아름다움이란 것의 정답을 찾아가는 퍼즐 풀기식 이야기라고 할 수 있다. 오디세우스는 포세이돈의 외눈박이 아들 폴리페보스의 눈을 멀게 해서 결국 바다의 신인 포세이돈의 노여움을 사게 된다. 그의 귀환이 험난했던 직접적인 이유이다. 그러나, 오디세우스는 귀환과정에서 많은 아름다운 여성 조력자들을 낭만적으로 만난다. 이러한 상상력은 최근까지도 남성의 낭만적 보헤미안 기질을 자극하고 있다고 볼 수 있다. 어디를 가든 아름다운 여자들이 자기를 좋아해 준다면 그 방황은 무척 낭만적일 것이다. 오디세우스는 마녀 키르케를 만나고 칼립소도 만나고, 요즘 스타벅스를 움직이는 노래하는 세이렌이라는 여자 괴물도 만나고, 미야자키 하야오 감독이 그의 애니메이션에서 활용한 나우시카라는 미덕을 갖춘 공주도 만난다. 그녀들의 공통점은 하나같이 지극히 아름답다는 것이다. 또한 오디세우스를 만나는 여성들은 모두 그를 조건 없이 무척 사랑한다. 칼립소라는 여성은 오디세우스를 너무나 사랑해서 7년이나 동굴에 갇히게 해서 그를 세상에서 숨긴다. 그녀의 이름 칼립소는 그래서 숨기는 자라는 뜻을 가진다. 그러나 여러 형태의 매혹적인 아름다움을 모두 극복하고 궁극적으로 오디세우스는 바로 진정한 아름다움의 대명사인 자신의 부인 페넬로페에게 귀향한다. 페넬로페는 현숙한 미덕을 가진 여성으로 등장한다. 족보로 따지자면 헬레네와 사촌지간 정도 되는 여성이라고 할 수 있는데, 오디세우스는 이 여성을 위해 수많은 남성 구원자들을 죽인다. 오디세우스라는 이름이 분노하는 자라는 것도 바로 많은 구원자들을 무참히 죽인 것에서 비롯된다.

아내 페넬로페는 전쟁에 나간 오디세우스를 위해 자신의 지혜를 발휘하는 현숙한 여성으로 그려진다. 현숙한 그녀는 아들 텔레마코스를 훌륭하게 키워낸다. 그리고 시아버지를 위해 수위를 짜고 많은 구원자들에게 시아버지의 수의를 핑계로 그들을 물리친다. 부모를 잘 공양하고 자식을 잘 키우고 자신의 현숙함을 잃지 않는 페넬로페는 〈일리아스〉와 〈오디세이아〉 두 이야기의 궁극적인 아름다움의 지향점이다. 분노하는 자라는 뜻을 가진 오디세우스는 페넬로페에게 구원을 하던 108명의 구원자들을 무참히 활로 쏘아 죽인다. 이는 〈일리아스〉와 〈오디세이아〉 두 작품에서 추구하는 아름다움의 본질을 드러내는 과정이다. 즉 분노하는 오디세우스가 죽이던 것은 단지 사람이 아니라 당시의 불합리한 사회의 모순을 정리하는 상징적인 행위로 보인다. 결국 〈일리아스〉와 〈오디세이아〉는 아름다움이 어떤 것인가라는 혼란한 가치 논란으로 시작한 인간의 갈등을 극복하고 진정한 아름다움의 목표점을 지향하는 아름다움의 귀환 작품들이라고 할 수 있을 것이다. 고대 호메로스의 이야기가 아름다움이라는 구조로 보면 아름다움을 추구해 가는 항해 구도로 새롭게 보이는 재미가 있다.

우리나라에도 헬레네처럼 아름다움으로 민중을 혼란시켰던 여성이 있다. 바로 〈삼국유사〉 속에 등장하는 유명한 수로부인이다. 수로부인은 가는 곳마다 자연과 신물들이 그녀를 탐내었고 심지어 노인까지도 움직이는 치명적인 아름다움을 가진다. 바다의 용이 그녀를 잡아가자 수많은 사람들은 바닷가에 모여 용을 겁박하는 노래를 부르고 급기야 그녀는 인간세계로 돌아온다. 돌아온 그녀는 마치 헬레네처럼 당당하다. 아니 당당하다 못해 약간 황당하게 무례하기까지 하다. 그녀를 위해 고생한 사람들에게 사죄는 애당초 없다. 그녀는 마치 어린아이처럼 용국 세계가 멋진 곳이라고 순진무구하게 호들갑을 떤다. 헬레네가 트로이의 멸망을 보면서도 신들에게 모든 죄를 덮어씌우고 자신은 당당히 스파르타로 돌아간 것을 떠올리게 한다. 〈삼국유사〉에는 소문난 아름다움도 그리지만 기본적으로 현숙한 지혜를 가진 아름다움을 그리고 있다. 〈삼국유사: 김현감호〉라는 이야기에서는 호랑이 처녀가 세 오빠의 죄를 대신해서 스스로 사랑하는 사람에게 잡히는 미덕을 행하기도 한다.

이 책에서는 신화와 관련된 문화의 아름다움을 귀납적으로 다루고자 하였다. 마땅한 제목이 떠오르지 않았다. 고민에 고민을 더해서 『신화와 미학적 인간(Myth and Homo Aestheticus)』을 만들어 조심스럽게 내보인다. 왜냐면 이 책에서는 여러 분야의 아름다움을 다루기 때문에 한 영역에만 국한되어 이름을 붙일 수 없었다. 이 책에서는 신화, 역사, 종교, 문화, 축제, 문학, 생활 공간, 일상생활 등 다양한 곳에서의 여성과 아름다움의 패러다임을 귀납적으로 살펴보는 작업을 할 것이다.

첫째로 관심을 두었던 영역은 한국의 신화와 종교에서 어떠한 아름다움을 추구하려고 했는지 살펴보는 과정을 가진다. 이는 평소 관심을 가지고 있던 신화에 대한 관심에다 종교가 가미된 것이다. 최근 대학에서 학생들에게 〈한국의 종교와 문화〉라는 수업을 하게 된 것이 계기가 되었다. 따라서 이 책에서는 우리나라의 종교를 거시적으로 또는 통시적으로 살펴보면서 그 속에 어떻게 아름다움이라는 사상이 재현되는지 다양하게 살필 것이다. 또한 여기에서는 그 동안 다녀왔던 우리 문화 공간의 아름다움도 함께 다룬다.

두 번째 관심을 둔 영역은 민간신화, 〈삼국유사〉, 〈조선왕조실록〉, 〈삼강행실도〉등 역사적 자료들과 역사적 족적을 남겼던 아름다운 여성들을 분류해서 살펴보았다. 우리 민간 신화에 등장하는 여성들의 주체적 아름다움을 살피고, 〈삼국유사〉 속에 등장하는 신비한 아름다움을 들여다보았다. 또한 〈삼강행실도〉에 그려진 잔혹한 열녀 이데올로기를 보면서 강요된 타자화된 아름다움의 허상을 살펴보았고, 여성들에게 아름다움을 규범을 심어주고자 했던 소혜왕후 인수대비의 〈내훈〉도 살펴보았다. 조선의 팜므파탈이라는 인물들도 살피면서 아름다움이 어떻게 권력이 되는지 살폈고, 남성 지식에 맞서 지식으로 여성의 자존을 지키려고 했던 신사임당과 허난설헌의 지적인 아름다운 삶도 조망했다. 또한 조선 후기 여성으로서 남성의 영역에 과감히 도전한 제주 여걸 김만덕과 최초의 여성 꼭두쇠인 바우덕이도 양성적 아름다움으로 다룬다. 그리고 이 장에서는 서학, 천도교, 증산교, 원불교 등이 추구한 여성의 자존적 아름다움의 추구 과정을 살핀다.

세 번째 관심 영역은 바로 문학 속에 등장하는 아름다움의 다양한 풍경을 다룬다. 신여성으로 대변되는 아름다움의 담론이 신소설에서 어떻게 그려지는지 살피고, 혼란한 미의식과 개화기 근대 사상이 어떻게 충돌하면서 여성의 아름다움을 타자화 시키는지 살핀다. 이상이라는 작가는 타락한 미의식을 보여줌으로써 피폐한 식민지 상황을 이야기하려고 했지만 김유정은 건강한 아름다움의 자의식을 통해 근대를 적극적으로 해석해 내고 있다. 김동리는 사라져가는 민속과 근대 문명 사이에서 아름다움을 성과 속의 영역으로 다루려고 했고 오영수와 서정주에 와서는 여성의 아름다움이 유토피아적으로 그려지는 측면이 있는지도 살핀다. 박경리라는 작가에게 아름다움은 여성과 남성의 대립적 세계의 기호작용이었는데, 아름다움을 향한 시대의 딜레마적인 양가적 속성을 드러냄으로써 아름다움이라는 것의 의미를 독자에게 묻고 있다는 생각이 든다. 최근에 와서 아름다움은 획일적인 중심에서 벗어나 다양한 욕망의 변화들을 대변하고 있다. 이러한 시대적 흐름 속에서 김훈의 여성그리기와 황석영의 여성그리기가 색다르게 설명될 수 있다.

아름다움은 시대를 초월하는 매력적인 화두라고 할 수 있다. 문화는 아름다움을 추구해 과정 속에서 발전을 거듭하고 있다는 생각이 들기도 한다. 하지만 그 폭이 너무 넓고 깊기 때문에 간단하게 정의할 수는 없는 일이었다. 이 수제를 다루면서 지금까지 볼 수 없었던 많은 소중한 텍스트들을 접한 것은 나에게 커다란 행운이었다. 역사, 신화, 종교, 문학 등을 포괄한 문화의 개념으로써 아름다움을 연구하는 것은 이제부터 시작인 것 같다. 이번 연구는 신화와 아름다움에 대한 연구의 시작점에 선 생각들이다. 이 책을 쓰면서 마지막 고지에 이르기까지 장자의 〈포정해우(庖丁解牛)〉를 늘 생각했다. 왕의 백정인 포정은 19년 동안이나 하나의 칼로 고기를 잡았지만 그 칼은 하나도 날이 상하지 않고 마치 노래 소리를 내는 것처럼 경쾌했다고 한다. 나는 늘 나의 연구도 포정의 칼과 같기를 감히 소망한다. 연구를 할 때 역시 자연스럽게 연구 주제를 만나게 되고, 그 주제가 나의 삶과 심하게 괴리되지 않고 그 안에서 독자들과 즐겁게 지적으로 소통하기를 원하고, 그 소통의 상상력이 재미난 창의적 상상력으로 나아가길 바란다.

차례

제 3 부
한국의 근대의식과 자의식적 미의식

제1부

한국 문화에 나타난 신화와 종교의 미의식

1장

한국의 신화 문화에 나타난 미의식

1 ___ 초월과 신념의 신화적 미의식

한국의 신화는 초월과 신념의 산물이라고 하는 편이 차라리 나을 것이다. 중국에 맞서기 위해 〈삼국유사〉라는 독창적인 이야기를 만들어 놓은 일연스님의 정신은 주체성과 자존감의 아름다움을 발현시키고 있다고 볼 수 있다. 일연은 나라의 모든 가치기준이 중국이라는 중심을 향해 돌아가고 있을 때, 이야기를 구심점으로 삼아 민중에게 인식의 지평을 새롭게 전환시킨 것이다. 우리는 일연이 이러한 신화서를 쓰게 된 표본을 어디에서 찾고 있는지 알아볼 필요가 있을 것이다. 그것은 그리스 · 로마 신화를 위시한 서양신화에서는 찾아보기 힘든 초월 세계에 대한 신념의 발현이며, 도전 정신의 아름다움이기 때문이다. 일연이 〈삼국유사〉를 쓰게 된 소회를 밝힌 서문의 이야기에 잠깐 경청해보면 그의 이야기 쓰기 동기가 느껴질 것이다. 일연은 옛날 성인들이 문화와 도덕을 베풀기 위해 괴변이나 폭력이나 도깨비는 말하지 않았다고 말한다. 그런데, 왕이 일어날 때는 하늘의 명을 받거나 상서로운 징후가 일어났다고 한다. 이 신기한 사건들은 권력을 잡고 큰일을 이루는데 효과적으로 작용한다는 것이다. 그는 중국 왕들의 신기한 예를 들어서 한참을 설명한 후에 우리의 삼국 시조들의 탄생이 모두 신기한 것을 서술하면서 우리에게 이상하게 받아들이지 말 것을 제안한다. 〈삼국유사〉의 서문에는 다음과 같은 글이 있다.

> 황하(黃河)에서 그림[河圖]이 나오고 낙수(洛水)에서 글[洛書]이 나오면서 성인이 나타나게 되었으며, 무지개가 신모(神母)를 둘러싸서 희(羲)를 낳고, 용이 여등(女登)과 관계하여 염(炎)을 낳고, 황아(皇娥)가 궁상(窮桑)이라는 들에서 놀다가 자칭 백제(白帝)의 아들이라는 신동(神童)과 관계하여 소호(少昊)를 낳고, 간적(簡狄)이 알을 삼키고서 설(契)을 낳고, 강원(姜嫄)은 거인의 발자국을 밟고서 기(棄)를 낳았으며, 요(堯)의 어머니는 잉태한 지 열넉 달 만에 요를 낳았고, 패공(沛公)의 어머니는 용과 큰 못에서 교접하여 패공을 낳기에 이르렀다.
>
> 그 뒤에 일어난 이와 같은 일을 어찌 이루 다 기록하랴! 이렇게 본즉 삼국의 시조가 모두 신비스러운 기적으로부터 태어났다는 것도 무엇이 그리 괴이하다고 하랴! 이것이 신비로운 기적 이야기를 이 책의 첫머리에 싣게 된 까닭이며 그 의도도 바로 여기에 있다.
>
> 〈삼국유사 기이(紀異)서문〉

놀랍게도 일연이 민족의 자긍심 고취를 위해 깊숙이 꺼내온 이야기는 속세의 이야기가 아니었다. 무지개에서 사람이 나오고, 용이 인간을 낳게 하고, 알에서 인간이 탄생하고, 발자국을 밟고 인간이 탄생했다고 하는 해괴한 이야기를 들고 나선 것이다. 삼국 시조의 신이한 힘을 말하기 위해 그는 〈기이편〉 첫미리를 중국의 이상한 이야기들로 시작하고 있다. "삼국의 시조가 모두 신비스러운 기적으로부터 태어났다는 것"이 나름대로의 논리를 확보하고자 하는 셈이다. 위의 인용 중 신기한 왕들의 탄생 부분에서 유독 간적이 낳은 알과 강원이 발자국을 밟아 난 탄생이 예사롭게 들리지 않는다. 왜냐하면 우리의 고구려 시조 신화인 주몽의 탄생을 떠올리게 하기 때문이다. 유화가 햇볕을 받아 낳은 자식 주몽은 화를 잘 쏘는 아니라는 뜻이다. 또한 폐공이 탄생담이 용과 교접한 이야기라는 점에서 백제의 견원과 무왕의 지렁이 아비 탄생담과 연결된다. 또한 알에서 태어난 신라의 혁거세와 가야의 김수로도 그러한 맥락에서 이해할 법하다.

중국 간적(簡狄)의 이야기와 강원(姜嫄)의 이야기를 좀 더 들어보자. 간적과 강원은 모두 처녀였다. 중국의 유웅씨(有熊氏 B.C.2679년)라는 왕에게 세 딸이 있었다고 한다. 그 세 딸이 물장구를 치고 노는데, 검은색 새가 한 마리 날아와 오색찬란한 알을 그들 앞에 떨어뜨렸다고 한다. 큰딸 간적이 그 알을 들자마자 알은 미끄러지듯이 입 속으로 들어가고 그녀는 영문도 모르게 임신을 하게 되었다. 처녀의 몸으로 알을 낳았고 그 알에서 은 민족의 시조인 설이 탄생했다고 한다. 그러한 이유 때문에 간적은 시조모신으로 추앙되었다. 이는 우리의 유화가 처녀의 몸으로 알을 낳았던 것과 일치한다. 그리고 강원이라는 여자아이는 유태씨의 딸인데, 어느 날 들에 나가 놀다가 거인의 발자국을 밟게 되었다. 그런데, 그녀는 배가 부르기 시작한다. 밖에 내다버렸는데도 새가 날개로 살덩이를 품었고 거기에서 준수한 사내아이가 태어났다. 그는 훗날 농업의 신인 후직(后稷)이 된다. 알에서 태어난 설과 발자국의 기운을 얻은 후직은 유화가 낳은 주몽의 상상력을 자극하기에 충분하다. 태양의 기운으로 잉태한 알에서 태어난 것이기 때문이다. 삼국의 시조가 모두 신기한 기적으로부터 발생한 것이 전혀 이상하지 않다는 일연의 논리는 중국의 여러 신이한 사례와 비교되면서 설명되고 있다.

삼국유사의 집필 장소 인각사

1280년 그가 죽기 9년 전에 완성한 〈삼국유사〉는 김부식이 1145년 저술한 〈삼국사기〉에 누락된 남겨진 우리 고유의 이야기를 싣고자 하였다. 유교적 합리주의와 인본주의를 앞세운 〈삼국사기〉에 반해서 불교적 초월주의와 신화적이고 종교적인 세계관과 신성함을 강조하였다. 왜 그러했을까. 왜 단군의 고조선을 불러내고, 위만조선, 마한, 발해, 가야, 북부여, 동부여, 고구려, 백제, 그리고 신라에 이르는 고대의 왕국의 신이(神異)함을 차례로 언급하였을까. 그리고 왕들의 신이한 탄생을 환상적으로 이야기하고 있다. 그래서 우리는 신라의 혁거세가 알에서 나왔다고 하는 것을 신화의 허구적 사실로 받아들이고, 알영이 나왔다고 하는 알영정을 신화의 허구적 사실로 받아들이는데 인색하지 않는 것 같다. 이렇게 신이한 이야기를 통해 일연이 우리에게 진정으로 말하고자 한 것은 민족의 뿌리에 대한 근본적인 각성이었다. 한국 상고사를 체계화시킨 일연의 공은 아무리 칭송해도 과하지 않을 것이다. 그래서 이 〈삼국유사〉

를 고려의 다른 역사서인 〈삼국사기〉, 〈동명왕편〉, 〈제왕운기〉, 〈해동고승전〉보다 더 역사적인 신빙성이 있다고 일부의 학자들은 어느 정도 신뢰를 두고 있는 것은 아닐까.

일연의 〈삼국유사〉 편찬은 우리민족에 대한 사랑의 아름다운 집결체이자 표현체이다. 에드먼드 버크(Edmund Burke)라는 철학자는 우리가 사랑이라고 부르는 복합적인 감정의 대상은 아름다움이라고 명명했다. 이는 고통이나 위협의 관념을 불러일으키는 숭고라는 강한 감정과는 다소 다르다. 민족의 남겨진 이야기 〈유사(遺事)〉는 민중이 살다간 아주 사소하고 작은 이야기들이다. 왕들과 귀족의 거대한 이야기가 아니라 민중이 향유했던 남겨진 이야기들에 대한 사랑이다. 즉 남겨진 민중의 이야기에 사랑을 갖고 그들을 채록했다는 것은 그 자체로도 아름답다. 이마누엘 칸트(Immanuel Kant) 역시 거대한 것은 숭고하지만 작은 것은 아름다움이라고 언급하였다. 중국의 역사책에 영감을 받아 제작한 〈삼국사기〉가 왕과 정사 중심의 숭고함을 그리려고 했다면 〈삼국유사〉는 아주 작은 소소한 것들에 대한 무한한 사랑을 기록한 아름다움에 대한 정신을 표현한 셈이다.

일연 정신의 아름다움은 흩어진 민중의 의식을 이야기라는 것을 통해 구축하려고 했고 중국과는 다른 우리나라만의 주체적 이야기를 만들려고 했다는 점에서 매우 의미가 깊다. 당시 고려의 역사에서 바로미터는 중국이라는 거대 대륙이었기 때문에 우리 스스로를 문화와 역사의 바로미터로 설정할 수 있었다는 것은 아름다움의 정신의 표현체라고 할 수 있다. 즉 신념의 신화라는 말이 어색하지 않게 어울릴 것이다. 일연이 가장 칭송받을 만한 것은 〈삼국사기〉에서 기록하지 않은 가야에 대한 이야기를 〈삼국유사〉의 여러 곳에서 보여주고 있으며, 김부식에 의해서 늙은 암탉이나 암퇘지나 늙은 할망이 되어버릴 수도 있었던 선덕여왕을 지혜의 여왕으로 등극시켰던 공도 높이 평가되며, 삼국통일 후 당나라의 끈질긴 괴롭힘을 사천왕사를 지어 신통함을 발휘해 물리친 문무왕을 역시 신성성을 가진 왕으로 등극시켰다는 것이다. 심지어 신비로운 민족의 정신을 담은 피리까지 만들어서 나라의 무사태평을 이룩하고자 하였다. 이 이야기들은 얼마나 민중의 삶을 사랑한 아름다운 정신의 산물인지 눈여겨 볼 만하다. 일연의 〈삼국유사〉속 다양한 이야기들의 기록은 그 의의부터가 아름답지만 전개과정에서 보여주는 〈삼국사기〉와 다른 주체적 이야기 전개는 후세인들에게 문화를 한층 아름답게 보게 하는 무한한 긍정의 힘을 가지게 했다. 백제와 신라가 가장 극심한 전투를 벌리고 있었을 당시 제작된 〈서동요〉의 서동과 선화의 사랑 이야기는 미움마저도 사랑이라는 이야기로 승화하고 있는 민중의 마음 그대로이기 때문이다.

중국과 관련해서 우리와 비슷한 초월과 신념의 관점에서 신화를 썼던 곳이 있는데, 바로 베트남의 신화서이다. 15세기 베트남에서는 무경(武瓊)이라는 학자가 〈영남척괴열전(嶺南拓怪列傳)〉이라는 신화서를 정리하였다. 〈영남척괴열전(嶺南拓怪列傳)〉의 구성은 무경(武瓊)의 서문과 22편의 기이한 이야기와 무경(武瓊)으로부터 1 년후 교부(喬富)라는 사람이 무경은 계해, 즉 베트남은 비록 영남에 있긴 하지만 기이한 산천과 땅, 호걸스런 사람과 신이한 물건이 많다고 말한다. 늘 중국과 관련이 되어 온 역사이지만 베트남의 풍속은 독특하다고 말한다. 베트남인들이 간략함을 좋아해서 기록하지 않아서 많은 이야기가 소실되어 버렸다고 안타까워하면서, 비록 황당한 이야기이지만 자신이 기록하는 이야기의 근거는 이치에 맞는다고 말한다. 대부분이 권선징악의 이야기임을 밝히면서 사람들의 교훈서가 되고 아름다운 풍속을 만들고자 하는 의도임을 밝히고 있다. 그리고 자신이 정리한 신화서가 진나라의 〈수신기(搜神記)〉나 당나라의 〈유괴록(幽怪錄)〉에 버금간다고 자존감을 드러내고 있다.

책 후반에 수록된 교부의 서문에서는 〈영남척괴열전〉이 역사책에서 버려진 이야기들을 기록함으로써 누락된 역사를 보완하는 기능을 하고 있다고 하였다. 교부의 집필 의도는 일연이 〈삼국사기〉에 누락된 남겨진 이야기가 민중의 역사를 보여준다고 생각한 신화적 발상과 유사한 것이다.

〈삼국유사〉처럼 〈영남척괴열전(嶺南拓怪列傳)〉에는 기이한 탄생에 대해서 주목한다. 특히, 난생신화(卵生神話)에 대한 묘사가 두드러지고 있다. 〈삼국유사〉에는 고구려의 시조인 고주몽, 신라의 시조인 박혁거세, 가야의 시조인 김수로 등이 모두 알에서 탄생한 난생 신화라는 공통점을 가진다. 북방계 신화에서는 주로 천손이 강림한 유형이 많이 등장하는데, 단군의 경우가 그러하다. 반면, 남방계 신화는 난생 신화가 등장하고 있는데, 가야의 경우에는 하늘에서 알이 내려오는 것으로 볼 때 북방 민족과 남방 민족의 결합 형태라고 보여진다. 이를 두고 북방계의 남하를 이야기하는 학자들도 있다. 베트남에서는 〈태곳적〉이라는 첫 이야기 속에 난생 신화가 등장한다. 난생신화 뿐만 아니라 용의 후예인 수신과 산의 화신인 선녀가 만나는 이문화 결합의 형태를 보여준다는 측면에서 우리의 〈가락국기〉와의 비교가 유효할 것으로 보인다. 베트남에 가면 볼 수 있는 대표적인 유네스코 세계문화유산인 〈하롱베이(下龍)〉가 용과 관련된 신화를 담고 있는 것도 바로 신이한 신념에 의한 신화 기술 덕분이다. 일연이나 무겸이 신화를 기술하는 데 있어서 초월과 신념이라는 미학적 개념이 신화와 결합한 것이라고 할 수 있다.

2 ___ 풍류와 접화군생의 신화적 미의식

고성 앞바다에는 광개토대왕릉이라고 불리는 금구도(金龜島)가 있다.

고성 광개토대왕릉 금구도

금구도(金龜島)는 거북이 모양의 섬으로 장수왕 때 아버지 광개토대왕의 묘를 만들었다는 이야기가 전하는 곳이다. 금구도(金龜島)를 마주한 화진포 호수에는 김일성 별장으로 불리고 있는 셔우드 홀의 별장이 있고 화진포 호수를 형성했던 장자못 설화의 이야기도 전한다. 우리나라 구석구석마다 서려있는 이야기를 만날 때면 참으로 가슴이 뭉클하다. 현재 이 땅을 살고 있는 우리들보다 훨씬 이전에 오랫동안 사람들이 살다간 채취가 물씬 느껴지기 때문이다. 고성은 무엇보다도 화랑들의 정신 수양을 위한 길이 전해지는 곳이다. 이렇게 멋진 산천을 구경하던 젊은 낭도들이 수련하고자 했던 도는 과연 무엇일까. 매우 종교적인 느낌이 들기도 하고 신화적인 느낌이 들기도 한다. 신라화랑도가 추구한 풍류의식은 과연 무엇을 추구하고자 한 것일까. 최치원의 〈난랑비서(鸞郎碑序)〉에는 우리나라의 현묘한 도를 풍류라고 칭한다. 풍류는 유,불,선 3교를 포함한 정신으로 젊은이들의 심신을 수련시켰다고 한다. 그들이 추구하는 사상은 접화군생(接化群生)이라고 하는데, 인간뿐만 아니라 모든 생명 있는 동, 식물을 주체적으로 접화 교화할 수 있다고 생각했다. 현재의 용어로 말하자면 딱들어 맞지는 않지만 아마도 자연친화와 자연융화 같은 삶이 아닐까 생각해 볼 수 있다.

화랑을 아름다움이라는 정신과 결합시킬 수 있는 근거는 화랑의 우두머리인 원화가 아름다운 여성이라는 점을 상기시킬 필요가 있다. 현재를 살아가는 오늘날 생각해도 명산 대첩을 유람하는 화랑들의 우두머리가 아름다운 여자인 원화였다는 점이 참으로 놀라울 뿐이다. 화랑은 이성과 감성이 조화된 인간형을 추구한 것으로 알려지고 있는데, 이는 아름다운 자연을 유람함으로써 정신을 수련한다는 의미를 담는다. 이 풍류도는 신라사회의 근간이었으며 화랑 교육의 중요한 이념이었고, 국가 융성에 기여한 이념이었다. 김대문이 기록했다는 〈화랑세기〉를 살펴보면 화랑들의 삶의 단면과 원화의 모습을 엿볼 수가 있다.

〈삼국유사〉와 〈삼국사기〉를 볼 때 우리는 화랑에 대한 단편적인 사건만 들을 수 있을 뿐 자세한 설명을 듣지는 못한다. 그러나 1989년에 발표된 〈화랑세기, 김대문 저〉는 많은 사람들에게 고대 화랑의 비밀스런 이야기를 들려주었다. 김대문이라는 사람이 쓴 것으로 그는 신라 말 보리라는 풍월주 화랑의 증손뻘 되는 후손이다. 〈화랑세기〉의 내용이 위작이라고 일부 학계에서 주장하고 있지만 이 시대의 스토리텔링을 만들어내는 사람들에게는 이것이 사실이든 거짓이든 그다지 크게 관계가 없는 것 같다. 대부분의 현대인은 그 이야기를 통해 역사를 고증하고 싶어 하지 않는다. 있었을 수도 있고 있음직한 고대의 막연한 이야기 속에서 오늘을 살아가는 현실의 담론을 유추하고 있음직한 이야기를 만들어 내고 싶은 욕망만 있을 뿐이다.

위작 논의가 진행중인 〈화랑세기〉를 통해 우리는 〈삼국사기〉와 〈삼국유사〉의 갈라진 틈에서 화랑에 대한 상상력을 어느 정도 메꾸기도 하고, 〈삼국유사〉의 이야기를 더 풍요롭게 즐길 수도 있다. 진흥왕과 진흥왕의 아들 동륜이 죽은 사실을 원화 미실과 연결시켜 살펴보는 것은 어떨까. 또한 풍월주와 원화의 관계를 미실과 연결시켜 보는 것도 역사를 더 잘 이해하는 배경이 될 것이다. 〈화랑세기〉 11세 하종편에 나오는 이야기를 살펴보자.

> 진흥제가 한번 사랑하고 두 번 사랑하고는 곁을 떠나지 못하도록 하였다. 이에 전군에게 명하여 다시 융명을 받아들이게 하였다. 그리고 미실에게 전주의 이름을 내렸는데 (그 지위는 황후와 같았다). (미실을) 총애함이 4해를 뒤집을 만하였다. 진흥제가 출입할 때 반드시 동행시켰다. 사도황후는 (미실)과 삼주(三柱)의 신(神)이 될 것을 맹세하였다. 전주는 문장을 잘 지었다. 진흥제가 조정에 나아가 업무를 볼 때, 전주가 옆에서 모셨다. 문서를 보고 참결하여 그것이 옳은지를 (다루었기에) 조야(朝野)의 권세가 옥진궁으로 돌아갔다. 대원신통이 다시 성하게 일어났다.
>
> 김대문, 〈화랑세기〉 11세 하종, 1999, 123쪽

"진흥제가 한번 사랑하고 두 번 사랑하고는 곁을 떠나지 못하도록 하였다"에서 볼 수 있듯이 아름다움의 대명사인 원화 미실은 진흥제의 사랑을 받으면서 정권을 거머쥐게 된다. 미실을 사랑하는 마음이 커서 미실을 전주라는 이름으로 총애했는데, 그 지위가 황후와 같았다는 것은 놀라운 일이다. 진흥제가 출입할 때 반드시 미실을 동행했는데, 사도황후는 미실과 삼주의 신이 될 것을 맹세하였다는 것이다. 여기서 삼주란 부(夫), 자(子), 손(孫)을 말하니, 사도왕후의 남편 진흥왕, 아들 동륜과 금륜, 손자 진평왕의 색공지신(色供之臣)이 되는 것을 맹세했다는 것이다. 색공지신(色供之臣)이란 색으로서 왕을 모시는 신하라는 의미일 것

이다. 그렇다면 미실과 이런 어마어마한 것을 약속한 미스테리 여인인 사도황후는 도대체 누구인지 궁금하지 않을 수 없다. 바로 다름 아닌 진흥왕의 부인이면서 동륜과 금륜의 어머니이다. 또한 그녀는 미실과 전생, 이생, 후생 삼생을 함께 함께 하기로 약속한 사이라고 하는데 다름 아닌 미실의 이모이다. 미실이 이렇게 사도황후의 대폭적인 지원을 받은 것은 대원신통(大元神統)이라는 후계이기 때문이다. 진흥제는 사도황후에게 "너의 조카는 하늘 높은 줄 모르는 미녀인데, 어찌 너의 잉첩이 되지 못하고 다른 데로 시집갔는가?"라고 했다고 한다. 당시 미실은 진흥왕의 이복 동생인 세종공과 결혼을 한 처지였다. 그러니까 세종공과 진흥왕은 어머니는 같지만 아버지는 다른 형제였던 것이다. 사도왕후는 미실을 3대(부, 자, 손)를 모시는 자리로 진흥제에게 추천하였다고 한다. 여자에서 여자로 이어지는 색공의 계통을 인통이라고 하였는데, 미실의 할머니 옥진에게서 엄마 묘도를 거쳐 미실에 이르는 계보를 말한다. 그런데 미실 시대에는 사도왕후 중심의 대원신통과 지소태후 중심의 진골정통이 대립하고 있었다고 전한다. 왕들의 역사 이면에서는 여자들의 또 다른 역사가 펼쳐지고 있었던 셈이다.

이종욱 편찬한 〈색즉시공 미실〉을 통해서 우리가 파악할 수 있는 것은 참으로 재미있는 사실이다. 미실의 남편 세종은 지소태후의 자식이고 진흥왕도 지소태후의 아들이었다. 같은 어머니에 아버지만 달랐던 모양이다. 그렇게 보자면 미실은 원화이자 형제의 연인이었던 셈이다. 진골정통인 지소태후는 아들 세종이 미실을 사랑해서 식음을 전폐하자 그녀를 세종과 결혼시킨다. 하지만 또 다른 아들 진흥왕은 대원신통 계열인 사도왕후와 결혼한다. 진골정통과 대원신통이 대립했다는 것은 시어머니의 권력과 며느리의 권력이 대립했다는 것을 의미한다. 사도왕후와 미실은 이모 조카 사이였기 때문에 아마도 진골정통인 지소태후는 대원신통을 잇는 미실이 썩 마음에 들지 않았던 모양이다. 그러나 자식을 이기는 부모는 역사 이래로 없었던 모양이다. 세종의 미실에 대한 사랑에 두 손을 든 지소태후는 대원신통 계열이 싫었겠지만 결국 미실을 며느리로 받아들인다. 진흥왕의 부인인 사도왕후는 미실을 왕의 잉첩으로 삼아 진흥왕을 받들게 하고 미실과 합작하여 30년이나 왕실의 권력을 거머쥔다고 한다. 참으로 이해하기 어려운 신라의 왕국 사건이지만 지금의 시선과 도덕적 잣대를 대기에는 다소 무리가 있어 보인다.

미실은 진흥왕의 절대적인 사랑을 받으면서 혹은 진흥왕의 부인 사도왕후의 전폭적인 지원을 받으면서 원화(源花)가 되기에 이른다. 원화제도는 진흥왕 초기에 폐지되었다가 미실에 이르러 다시 부활된다. 원화란 어여쁜 여성을 우두머리로 삼아 젊은이들을 거느리게 하는 것인데, 최초의 원화로는 남모와 준정이라는 어여쁜 원화(源花)가 등장한다. 그러나, 그녀들은 서로 시기해서 한명이 다른 한명을 죽이고 다시 다른 한명도 사형을 당하면서 없어졌던 제도이다. 원화제도가 사라지면서 풍월주가 등장했다고 한다. 〈화랑세기〉에 따르면 총 32세 풍월주까지 등장한다. 비참한 살인사건으로 폐지되었던 원화제도가 미실에 이르러 부활하고 미실은 새로운 원화가 되어 화랑을 장악하기에 이른다. 왜 화랑들이 미실의 말에 죽고 살았는지 바로 그 답은 원화제도에 있을 것이다. 드라마 〈선덕여왕〉을 보면 진흥왕이 죽었을 때 왕실을 장악하고 진지왕을 왕으로 추대하는 과정과 4년후 진지왕을 폐위시키고 백정 진평왕을 추대하는 과정에서 미실은 화랑들을 이끌고 등장한다. 그리고 원화로서 화랑의 뜻을 전하는 역할을 한다. 〈선덕여왕〉이라는 드라마에서는 심지어 미실이 가진 화랑의 세력을 보여주기 위해 화랑의 낭장결의(郎粧決意)를 보여주고 있다. 낭상결의(郎粧決意)란 아름답게 화장을 한 화랑들이 대의를 위해 명예롭게 죽음을 선택하는 것이다. 그렇다면 우리는 실제로 미실이 원화가 된 것을 〈화랑세기〉 6세 세종 편에서 살펴볼 수 있다.

> 진흥제가 설원과 미생 두 화랑에게 명하여 낭도의 많은 무리를 통솔하고 조알케 하였다. 대왕과 전주는 함께 곤룡포와 면류관을 갖추어 입고 나와, 남도에서 조알을 받고 잔치를 크게 베풀었다. 원화의 제도는 폐한 지 29년 만에 다시 부활하였다. 이에 연호를 고쳐 대창이라 하였다.
>
> 이날 밤 (진흥)제와 미실은 남도의 정궁에서 합환을 하였다. 낭도와 유화들로 하여금 새벽까지 돌아다니며 노래하고 서로 야합토록 하였다. 성중의 미녀로서 나온 자가 또한 만중이었다. 등불의 밝음이 천지에 이어졌고, 환성이 4해의 물이 끓어오르게 하였다. 진흥제와 미실 원화가 난간에 다다라 구경을 하였다. 낭도들이 각기 한 명의 유화를 이끌고 손뼉을 치고 춤을 추며 그 아래를 지나갔는데, 그때마다 만세소리(山呼)가 진동하였다. 진흥제의 기쁨이 매우 커서 원화와 함께 채전을 무리에게 던져주며 말하기를, "저들도 각기 자웅이고 나와 너도 또한 자웅이다"하였다. 미실은 몸을 완전히 돌려 품에 들어가며 말하기를 "비록 숙모의 존귀함이라도 이와 같은 즐거움은 없었을 것입니다" 하였다.
>
> 김대문, 〈화랑세기〉 6세 세종, 1999, 79쪽

"비록 숙모의 존귀함이라도 이와 같은 즐거움은 없었을 것입니다"라는 미실의 표현을 보면 당시의 미실이 사실이라면 얼마나 권세가 대단했을지는 가히 상상하고도 남는다. 미실은 진흥왕의 사랑을 받으며 화랑의 여자 우두머리격인 원화로 책봉된다. 원화로서 화랑을 장악하려고 한 데에는 남편 세종을 멀리 궁 밖으로 내보내서 풍월주 자리가 비어있다는 명분이지만 화랑 설원과 동생 미생과의 불미한 연애행각을 감추기 위해 화랑을 장악한 것이라는 이야기도 전해진다. 폐지된 원화제도를 부활시킨 미실은 스스로를 숙모 사도왕후의 존귀함에 비할 데가 없다고 매우 만족했다는 것이다. 여기서 읽어내는 것은 역사학자들이 논쟁하는 정설

이냐 허구냐의 관점에서 조금 벗어나 드라마 〈선덕여왕〉의 원화 미실의 아름다움을 만들어낸 기초가 된 김대문의 〈화랑세기〉의 이야기를 살펴본 것이다. 화랑의 풍류도와 접화군생을 살피기 위해 김대문의 〈화랑세기〉를 둘러보면서 아름다운 원화가 가지는 권력을 보았다. 이는 아름다움이라는 것의 의미를 다시 생각하게 하는 이야기이다. 아름다운 정신수련의 우두머리인 원화가 정치의 제일 꼭대기에서 권력을 누리는 모습이 어쩐지 과거의 일처럼만 보이지 않기 때문이다. 아름다움이 권력이 되고 있는 이야기의 사례이기 때문이다. 아름다움이 권력이 되는 경우는 시대를 넘어서 다양하게 등장한다. 고려말 원나라 혜종의 황후가 되었던 기황후의 아름다움의 권력을 상기시켜 볼 수 있다. 원나라에 바쳐지는 공녀 중의 한사람이었던 그녀는 외국인은 고려의 정실 황후가 될 수 없다는 원칙을 바꾸고 황후가 되었고 그 아들을 왕으로 옹립(擁立)시켰다. 역사나 신화나 여성의 아름다움은 권력과 매우 밀접한 상관성을 가졌던 것으로 보인다.

3 ___ 다문화에 대한 배려의 신화적 미의식

학생들과 〈삼국유사〉를 꽤 오랜 시간 동안 읽고 토론하는 시간을 가져왔다. 처음 〈삼국유사〉를 대하는 학생들의 태도는 무척 적대적이거나 무관심하다. 늘상 고전 리스트에 올려졌기 때문에 독서에 대한 부채의식을 느낄 수 밖에 없는 텍스트인데, 막상 독서를 하다보면 독서 진입 장벽이 의외로 큰 텍스트이기 때문이다. 조각 조각 나누어진 이야기와 황당한 이야기와 고어투가 다소 독서를 지연시키는 장애 요인으로 작용하기 때문이다. 학생들에게 이러한 〈삼국유사〉를 즐겁게 읽을 수 있도록 많은 방법들을 모색하고 있다. 그 첫 번째는 한문에 대한 자신감 없음이 〈삼국유사〉를 읽을 수 없게 하는 것을 볼 수 있다. 왜 우리는 〈일리아스〉와 〈오디세이아〉는 고대 휘랍어로 읽지 않고 한글로 부담없이 읽으면서 번역된 〈삼국유사〉에 대해서는 불완전한 독서라고 느끼는 부채의식에 사로잡히는 것일까. 학생들에게 이러한 장애적 의식부터 제거해주고자 노력하고 있다. 많은 연구자들이 이미 상당 수준의 번역 실력을 갖추었고, 우리는 그들이 애써 노력한 글들을 읽으면서 정말 궁금한 것이 있으면 한자를 찾아보면 된다고 학생들의 마음의 부담을 덜어주는 일부터 시작한다.

〈삼국유사〉가 일연이라는 스님이 중국에 대한 자주의식을 발휘한 책이라는 점에서 그 자존적 아름다움은 이미 앞에서 이야기 하였다. 그러나 놀랍게도 〈삼국유사〉에는 현대 사회에서 이슈가 되는 다문화에 대한 생각이 매우 많이 들어 있다는 것을 알게 된다. 이 〈삼국유사〉의 창작배경에는 안으로는 무신정변과 밖으로는 두 번의 몽고 침입이 있었다. 나라 안의 백성들은 심한 정체성의 혼란을 겪었을 것이 자명하다. 누가 나의 우군이고 나의 민족인가 하는 근본적이고 기본적인 개념에 혼동이 있었을 것이다. 그때 의지와 신념으로서 〈삼국유사〉는 과감히 다문화를 이야기한다. 조금만 가슴을 열고 보면 신라 중심의 이야기책인 〈삼국유사〉가 더 이상 경주 중심이거나 신하 중심이 아니라 다문화의 열린 텍스트로 보일 것이다. 〈삼국유사〉 속 주인공인 주몽, 해모수, 석탈해, 김유신, 김문희, 허황옥, 선화공주, 처용 등 대부분이 다문화적 인물들이라는 사실을 알게 될 것이다.

지난 몇 년간 〈삼국유사〉 속 다문화의 아름다운 신화적 지혜를 들여다보기 위해 학생들과의 토론 시간을 많이 가졌다. 고전에 근접하는 것 자체가 쉽지 않았던 우리 학생들은 나의 무모하고 용감한 고전 독법에 편견 없이 즐겁게 참여했고 그 안에서 우리는 무수히 다양한 현대적 상상력을 발견했다. 문장과 문장 사이에 보이지 않는 수많은 이랑들을 발견하고 그 안을 파 보면 생각지도 않았던 지혜의 씨앗이 들어 있곤 했다. 그 씨앗이 학생들의 상상력이라는 물과 자양분을 만나면 무럭무럭 뿌리를 내리고 성큼성큼 자라난다. 잎을 틔우고 꽃을 피우고 급기야 열매를 맺는다. 한 학기의 고전 읽기 농사가 끝나면 학생들의 입가에는 흐뭇한 미소가 머문다. 이제 안심이다. 그들에게 이제 고전이라는 씨앗을 심고 키울 비옥한 토지라는 자생력이 얼마만큼은 마련된 셈이기 때문이다.

토론을 하면서 우리는 〈삼국유사〉 속 인물들을 현재를 살아가는 사람이라고 느끼게 되었다. 머나먼 인도 아유타국에서 가야라는 나라로 이주해 온 허황옥을 보면서 베트남, 태국, 연변 등에서 우리나라로 시집온 이주 여성들의 상상력을 보았고, 외국인 노동자들을 보면서 동해 용왕의 아들인 처용이 신라의 일꾼이 된 것을 다시 생각한다. 도화녀의 비운의 아들인 비형랑의 외로운 외출을 통해서 우리는 사회에서 고립된 현대인의 자화상과 앞으로 올 다문화 사회의 문제점을 예견해 보기도 했다. 2050년이 되면 우리 사회에는 거의 10퍼센트에 육박하는 다문화 후손들이 존재하게 된다. 그들을 위한 사회적 환경이 바뀌어야 하는 것을 심각하게 느낀다. 그들이 주류 사회에 진입하기 힘든 비형랑이 되어서는 결코 안 되기 때문이다.

인터넷의 가상공간이 현실의 삶을 지배하는 것을 보면서 조신이 꾸었던 꿈을 느껴보기도 했고, 걸그룹들이 문화의 중심축이 되어 있는 작금의 상황을 보면서 콧대 높은 수로부인과 용감한 김문희를 생각하기도 했다. 심지어 한류를 선망해서 동남아의 미녀들은 한국을 찾는다. 또한 아름다운 선화 공주를 얻기 위해 서짓 노래를 불러 성안에 퍼트린 서동의 재간을 현대의 악성 스토커라는 상상력으로 보기도 했고, 쫓겨난 선화공주가 금을 발견하고 아버지에게 자신의 사랑과 남편에 대한 인정을 받으려는 부분을 보면서 엘렉트라가 아버지를 위하던 모습을 읽기도 했다.

〈삼국유사〉 안에는 무엇보다도 다문화에 대한 배려의 아름다움이 있다는 것이 흥미롭게 다가온다. 현대 한국은 다문화 시대의 한복판에 서 있다. 현재 진행되는 문화강좌 중 상당 부분이 다문화 이주 여성에 대한 언어강좌로 진행되고 있다. 그러나 언어의 장벽이 해결된다고 해서 다문화의 진정한 해결이 결코 이루어질 수는 없다. 서로 다름의 문화를 인정하는 것이 동반되어야만 지속 가능한 다문화 사회는 가능하다. 제노포비아(Xenophobia:외국인 공포증)는 제노필리아(Xenophilia: 외국인 선망)와는 반대인 외국인 공포증으로 제노필리아와는 야누스적인 관계에 있다. 영어에 대한 이상한 과열 의식이 제노필리아(Xenophilia)를 조장하고 있는 것 역시 우리 사회의 보편적인 문제이다. 그러나 우리사회에서 제노포비아(Xenophobia)와 제노필리아(Xenophilia)의 대상이 비정상적으로 분명히 나뉘고 있다는 데 더 큰 문제점이 있다. 다문화 안에서 가치관의 쏠림 현상이 현재 한국 사회에 벌어지고 있는 것을 보게 된다. 다문화로 인해 생기는 제노포비아(Xenophobia)와 제노필리아(Xenophilia)를 극복하기 위해 우리는 과거 우리 조상들이 겪었던 다문화 의식을 성심성의껏 들여다 볼 필요가 있을 것이다. 다문화를 이해하기 위해서 우리는 단순히 언어를 습득하는 것에서 나아가 각 나라의 고유한 문화와 신화를 이해하는 과정을 가져야 한다. 신화는 각 나라의 고유한 문화적 특성을 함의하고 있기 때문이다.

우리는 다문화를 해소하기 위한 방법의 하나로 〈삼국유사〉가 던져주는 "옛 이야기의 소통성"에 집중해서 배려의 신화적 아름다움을 살펴볼 필요가 있다. 〈삼국유사〉의 주인공 대부분은 다문화와 이방인 담론에서 벗어나기 어렵다. 온조와 비류, 해모수, 금와, 주몽, 혁거세, 탈해, 연오랑

세오녀, 알영, 비형랑, 김유신, 궁파 장보고, 처용, 선화공주, 김수로, 석탈해, 허황옥 등 대부분의 이야기 속 인물이 과거의 화석화된 인물들이 아니라 현대의 이방인과 다문화와 관련된 담론이 될 수 있다는 점에 유의할 필요가 있다. 그들은 다른 나라에 들어와서 왕이 되기도 하고 반대로 우리나라를 벗어나서 왕이 되기도 한다. 해외에서 이주한 타국의 사람이 우리의 구성원이 되기도 하고 해외로 나간 우리 민족 역시 우리 나라의 소속감을 가지는 것과 같은 이치이다.

현대 우리 사회에 담론화되는 이방인과 다문화의 논의가 〈삼국유사〉에서도 동일하게 적용되는 상상력이라는 것이 현대 문화에서 소통할 수 있는 온고지신적인 착안점이다. 이방인들에 대한 긍정적 바라보기인 제노필리아와 부정적 비판하기인 제노포비아를 통해 다문화의 상반된 시선을 파악할 수 있을 것이다. 공자가 이야기한 온고지신(溫故知新)의 자세로 〈삼국유사〉를 다문화의 텍스트로 살펴보고 오늘날의 다문화의 문제를 논의해 볼 수도 있다. 〈삼국유사〉의 〈가락국기〉에는 김수로왕의 부인 허황옥이라는 여성이 등장한다. 그녀는 역사책에 최초로 등장하는 이주여성, 즉 인도여성으로 다문화 가정의 효시라고 할 수 있다. 그녀는 이방인이지만 자신의 입지를 강화시키고 나라를 훌륭하게 이끌어서 백성들의 사랑을 받는다. 그러나, 한편 그녀와 함께 온 신하들은 무척 적응이 쉽지 않았던 것으로 기술된다. 같은 시대와 같은 공간에서 동일한 이방인들은 서로 적응기제가 다를 수 있다. 용성국의 석탈해 역시 사로국에 들어간 이방인이라고 할 수 있다. 그러나 그는 신라 3대 남해왕의 딸과 결혼해 신라의 4대 신라왕이 된다. 허황옥과 석탈해는 우리 문화 속 다문화의 성공담들이다.

미국의 얼 쇼리스(Earl Shorris)는 〈희망의 인문학〉이라는 책에서 인문학이 삶을 개혁하는 희망이 될 수 있음을 지적하면서 바드 대학의 클레멘트코스에서 “시내 중심가 사람들의 정신적인 삶”에 대해서 이야기하고 있다. 클레멘트코스는 소외계층을 위한 정규 대학 수준의 인문학 교육과정을 말한다. 얼 쇼리스(Earl Shorris)에 의하면 인문학을 통해서 가난한 사람들을 가족에서 이웃과 지역사회로 나아가게 하고 한 걸음 더 나아가 국가로 이어지는 ‘공적세계’로 이끌어 내는 것이 클레멘트코스 교육과정이 지향하는 가장 중요한 목표라고 말한다. 우리사회에서도 인문학이 희망의 또 다른 이름이며 더 길어진 인생의 동반자라는 인식이 점점 자리 잡아 가고 있다.

다문화 시대에 문화적 욕구가 그 어느 때보다 뜨거운 현 시점에서 우리는 〈삼국유사〉를 다시 들여다 볼 필요가 있다. 〈삼국유사〉는 옛이야기를 오늘날 다문화 시각으로 새롭게 읽을 수 있는 배려의 아름다움을 함의하고 있기 때문이다. 인문학 본연의 역할인 인간에 대한 이해와 반성, 그리고 삶의 설계를 구축하기 위해 오늘날 전승되고 있는 각종 옛이야기들을 통해 교훈과 지침을 얻을 수 있다. 지속가능한 사회를 위해 〈삼국유사〉 속에 등장하는 옛이야기의 스토리텔링을 다루는 것은 다문화 사회에서 이방인의 문화를 이해하는 밑바탕이 될 수 있다. 예를 들어 보면, 우리나라에 가장 많은 이주여성을 차지하는 베트남 여성들에게 〈삼국유사〉와 앞에서 예로 들었던 신화서인 〈영남척괴열전〉이라는 신화를 상호 비교하게 한다면 무척 효과적인 다문화 적응 교육이 될 것이라는 생각이 든다. 베트남 신화서는 우리나라의 〈삼국유사〉와 비슷한 창작 배경을 가지기 때문이다. 베트남 신화서인 〈영남척괴열전〉에는 우리나라의 난생 신화, 용신화, 여성 신화, 불교 신화 등 정말 함께 읽을 만한 이야기들이 많이 있다. 낯선 이국에 와서 스스로가 이방인이 아니라 새로운 정착민이라는 소속감을 느끼게 하기 위해 제도보다 법률보다 이야기가 훨씬 효과적인 콘텐츠가 될 것이다. 이는 단지 이주 1세대 여성을 위해서만은 아니다. 태어날 다문화 아이들이 어머니의 나라와 아버지의 나라가 상당히 비슷한 연관성을 가지고 있다고 느낀다면 훨씬 건강한 사회의 구성원이 될 것이라는 생각이 든다.

2장

한국의 종교 문화에 담긴 미의식

1 ___ 체험하는 불교의 모성적 미의식

구한말에서 일제시대를 거치면서 직접적으로 신화를 문화 전면에 천명했던 최남선은 "신화란 것은 원시 시대의 미개한 사람들이 근대의 지식 정도와 상상력으로써 천지 만물과 인간 만사에 대하여 그 내력과 성질을 설명한 이야기인데, 모든 것이 대개 신령의 활동을 말미암아 생겼다고 말하므로 이 특점을 취하여 그것들을 신화라고 이름 한 것입니다." 라고 말한다. 모름지기 신화는 육당 최남선에게 근대의 지식을 형성하는 데 직, 간접적으로 작용을 했다. 최남선의 신화 의미 정립과 지식 재현의 체계화 과정을 통해 우리는 나라가 위태로울 때 지식의 최전선에서는 어떤 내면의 변화와 움직임이 있었는지 다양하게 살필 필요가 있다. 또한 시대와 역사의 경계를 거쳐 온 지식인들이 문화 이동의 현상에서 어떤 역할을 하고자 한 것인지 집중적으로 살필 필요가 있다. 즉 근대 문명이 도래한 이후 서양과 동양의 다양한 학문과 사상들이 범람해오면서 문화

제주 관음사 입구의 신비한 미: 문 속에 계속되는 세계가 불교의 인연설을 떠올리게 한다.

울진 불영사의 물 속의 또다른 세계: 현실과 이상세계가 하나라는 불이문(不二門)의 사상을 느끼게 한다.

는 급속한 질풍노도의 아노미적 변화를 겪는다. 최남선은 문화의 이동공간에서 신화를 적극적으로 체득하였고 또 체험함으로써 신화를 실천하려는 과정을 의식적으로 감행했다.

신화에 대한 막연한 사고를 근대 지식의 영역으로 끌어오기 위해 최남선은 서양의 이야기뿐만 아니라 우리의 무속 이야기까지 다양하게 접근하고 있다. 지식과 체험을 함께 무장시킨 최남선의 신화론은 근대 민족국가 형성에 필요한 공동 환상의 다른 이름이다. 최남선의 "민족은 작고 문화는 크다. 역사는 짧고 문화는 길다."라는 진술을 생각해 볼 때 많은 연구가 문화의 관점에서 이루어지는 것은 어쩌면 당연하다. 특히 그는 국토를 직접 여행하면서 신화를 체험하고 신화를 기획하고 의미를 부여하고자 하였다. 그는 〈심춘순례〉, 〈백두산 근참기〉, 〈금강예찬〉 등 다양한 기행문을 신화적 관점에서 기술하고 있다. 특히 〈심춘순례〉는 백제지역을 여행하면서 불교의 자취를 찾아가고 있다. 그 안에서 우리민족의 신화적 원형인 밝사상을 발견해 내는 여정을 보여준다.

최남선에 의하면 신화란 원시 인민의 종교요, 철학이요, 과학이요, 예술이요, 역사이다. 더 나아가 이것들이 따로따로 분류되지 않고 인류 지식 전체를 표상한다고 보았다. 과연 한 민족에게 신화는 어떤 의미인가. 신화는 공동체에게 동일한 환상을 공유하게 해준다. 동일한 환상의 공유를 통해서 민족은 새로운 정기를 만들어내기도 하고 기억 속의 민족을 일깨우기도 한다. 따라서 신화는 잃어버린 민족의 기억을 깨우는 총체적 작업이기도 하다. 최남선에게 신화의 정립은 기억의 재구성이기도 하며 환상의 공유를 개인화시키는 작업이기도 하다. 우리나라에 남겨진 신화의 원류를 찾기 위해 최남선이 가장 공을 들인 것은 바로 〈삼국유사〉이다. 그는 임진왜란으로 일본 황실 도서가 되어버린 우리나라의 〈삼국유사〉를 1927년 해재를 달아 계명구락부에서 출판한 〈계명〉이라는 잡지에 〈삼국유사해제〉와 함께 세상에 소개한다. 이는 민족의 잃어버린 정기를 되살리고 싶은 욕망의 발로이며 민족 공동의 환상을 공유하고자 하는 신화적 상상력의 발로였다.

최남선의 조선 신화 찾기에서 주목할 점은 조선의 불교를 이해하는 것과 깊은 연관성을 갖는다는 사실이다. 그는 1925년부터 국토답사를 시작한다. 〈심춘순례, 1926〉에서 부터 시작되는 기행과 답사는 국토 새로 알기의 일환이자 국토의 신화를 찾는 의지의 여행이라고 할 수 있다. 즉 그의 여행과 답사는 민족의 자기동일성을 찾는 과정이라고 볼 수 있다. 영도화된 최남선의 지식은 근대의 다양한 지식들이 교차하는 지식의 지형학을 보여주고 있다. 그의 기행과 답사에는 여지없이 사찰이 등장하고 있다. 그가 답사를 통해 찾는 신화의 정신에는 불교의 종교적 상상력이 매우 깊게 관여되어 있음을 확인할 수 있다. 근대를 형성하는 지식공간에는 실학사상이 한 자락을 차지하고 있고, 서학의 근대 사상이 또 한 자락을 차지한다. 그러나 근대에 한 자락을 강하게 차지하는 것은 삼국시대부터 내려오는 불교에 대한 상상력이다. 그는 〈조선불교통사, 1918〉를 비롯해서 〈조선불교, 1930〉와 〈묘음관세음, 1928〉에서 불교에 대한 관심을 확장시키고 있다. 또 다른 근대 지식의 한 자락을 차지하는 것은 바로 무속과 샤먼에 대한 관심이다. 〈살만교차기, 1927〉는 무속과 샤먼에 대한 문화적 이해를 보여주고 있다.

1925년 3월 하순부터 시작되어 50일 간의 호남기행이 1926년에 〈심춘순례〉라는 책으로 간행되었다. 〈심춘순례〉는 바로 직전에 작업한 〈불함문화론〉과의 연관성 속에서 읽어야 할 필요가 있다. 〈불함문화론〉의 지식이 실제 체험 공간에서 확인되는 과정이기도 하기 때문이다. 근대 지식인이 조선심과 조선 신화를 바라보기 위해 왜 호남기행을 단행했는지, 특히 호남의 산하를 신악(神岳)으로 바라본 이유는 무엇인지, 무엇보다도 기행 중 많은 사찰을 방문한 의도는 무엇인지 많은 궁금증을 유발시킨다. 호남출신도 아닌 서울출신의 타인으로서 호남을 민족의 정신을 구성하는 근간으로 삼으려고 한 최남선의 계획된 의도는 무엇이었을까. 호남사찰기행을 통해서 조선의 불교와 조선 신화의 상관성을 어떻게 바라보고 있는지 살펴볼 필요가 있을 것이다. 서울 출신인 최남선에게 호남여행은 타자일 수밖에 없는 감정으로 시작된 기획이었다. 그를 보는 호남인들은 그를 구경꾼으로 볼 수밖에 없다. 살고 있는 사람들보다 그 지역을 더 잘 알고 여행을 하는 것은 살고 있는 사람들에게 그 장소를 생경하게 만드는 역(易)타자 만들기의 과정이 될 수도 있는 것이다.

그런데, 그는 호남을 이해하기 위해 미리 『택리지』, 『동국여지승람』, 『대동지지』 등을 미리 공부했고, 자신의 기행을 손수 순례라고 지칭했다. 순례라고 지칭한 최남선의 의도는 자의 여행에 종교적 의미와 원시적 회귀의식을 부여하고자 함이었다. 국토의 역사와 민족을 함께 바라본다면 유적과 유물은 민족의 과거와 만나는 상상적 해우의 과정이다. 그러한 해우를 통해 비호남인인 최남선은 호남인과 일치되는 것이고 민족의 단일한 구성체가 되는 것이다. 여기에서 그는 경험으로써 신화를 체득하는 것이다. 최남선에게 국내여행은 민족 공동체의 점유공간인 국토와 관련된 민족적 정체성을 확인하는 과정이다. 호남여행은 근대지식인인 이광수에 의해 이미 1917년에 〈오도답파기행(五道踏破旅行)〉이라는 글이 발표된 바 있다. 이광수는 발가벗은 민둥산의 기행을 통해서 그러한 민둥산이 현재의 조선의 모습임을 인정하였다. 그러나 거기에서 한 발 나아가 미래 반도의 산을 울창한 산림으로 만들어야 함을 강조한다.

최남선이 불교적 의미와 모성미를 부여하면서 까지 단행한 〈심춘순례(尋春巡禮)〉 기행이 문화사에서 차지하는 의미는 매우 크다. 호남의 산하가 민족의 정서를 대표할 수 있는 것인지, 호남의 사찰 기행이 우리나라 사찰기행을 대표할 수 있는지, 더 나아가 조선의 불교가 조선의 신화로 이어지는 과정을 살펴볼 수 있다.

최남선은 어머니 산인 모악산을 시작으로 조선의 신화를 재구성하기 위해 금산사, 백양사, 내장사, 내소사, 충장사, 유마사, 송광사, 선암사, 태인사, 회암사 등 호남의 10여 개의 산과 사찰을 통해 "붉"과 "당굴"사상을 더 깊이 있게 살펴보고자 했다. 모악산은 지금도 많은 종교들이 공존하는 어머니 산의 기능을 하고 있다. 매년 5월에 〈김제모악산축제〉가 열리고 있는데, 불교, 천주교, 기독교, 원불교, 천도교 등 다양한 종교들이 공동으로 축제를 형성한다. 최남선은 〈심춘순례〉 서문에서 국토를 어머니에 비유하고 있다.

> 우리 국토에 대한 나의 신앙은 일종의 애니미즘일지도 모릅니다. 나의 보는 그것은 분명히 감정이 있으며 웃음으로 나를 대합니다. 이르는 곳마다 꿀 같은 속삭임과 은근한 이야기와 느꺼운 하소연을 듣습니다. 그럴 때마다 나의 심장은 최고조(最高潮)의 출렁거림을 일으키고 실신(失神)할 지경까지 들어가기도 한두 번이 아니었습니다. 그런 때의 나는 분명한 한 예지자(叡智者)의 몸이요, 일대시인(一代詩人)의 마음을 가지지만, 입으로 그대로 옮기지 못하고 운율(韻律)있는 문자로 그대로 재현치 못할 때, 나는 의연(依然)한 일범부(一凡夫)며, 일복눌한(一撲訥漢)이었습니다. 그러나 나는 이것을 섭섭히 생각하지 않습니다. 왜 그러냐 하면, 나의 작은 재주는 저 큰 운의(韻意)를 뒤슬러 놓기에는 너무도 현격(懸隔)스러운 것이니까, 워낙 애닯고 서운해 할 염치(廉恥)가 없는 까닭입니다.
>
> 〈최남선: 심춘순례 서〉

최남선에게 국토에 대한 사랑은 어머니이며 신앙에 해당한다. 〈백두산 근잠기(白頭山覲參記)〉에서는 "삼지의 아름다움은 삼지만의 홑겹 아름다움이 아니다. ... 삼지를 초점으로 하여 나타난 미의 함서클은 백두산 아름다움의 클라이맥스인 동시에 실로 조화의 가장 자신있는 대걸작이요, 인류의 가장 의의있는 한 재산일 것이다."라고 말한다. 또한 〈금강예찬〉에서는 "우리 국토에 대한 나의 신앙은 일종의 애니미즘일지도 모릅니다. 나의 보는 그것은 분명히 감정이 있으며 웃음으로 나를 대합니다. 이르는 곳마다 꿀 같은 속삭임과 은근한 이야기와 느꺼운 하소연을 듣습니다."라고 말한다. 그에게 국토는 어머니의 마음이자 사랑인 것이다. 따라서 그는 기행문 〈심춘순례〉를 통해서 불교의 신화적 상상력과 모성성을 느끼고 있다. 모성성으로 바라보는 최남선의 국토순례는 아름다운 민족정신을 찾아가는 체험이라고 보아야 할 것이다. 국토 곳곳에 서려 있는 신화적 상상력을 통해 국토에 대한 애정을 느끼고 국토에 대한 아름다움을 찾는 것이 근대 지식인의 신화 향유 방법이었던 것이다.

2 ___ 상상하는 '밝'사상의 도교적 미의식

최남선은 신화의 의미화 과정과 지식 재현의 과정 속에서 동아시아를 무대로 전 세계의 문화권을 읽는 지식 기반을 세우고자 하였다. 그러한 도정에 〈불함문화론(不咸文化論)〉과 신화론이 존재한다. 〈불함문화론(不咸文化論)〉은 언어학, 종교학, 인류학, 민속학, 신화학 등 다양한 학문의 지식을 동원해서 조선을 찾는 것이기도 하고 자기 자신을 찾는 과정이기도 하다. 우리는 근대 지식이 어떻게 융합되고 있는지 살펴볼 수 있을 것이다. 당시 계몽주의와 진화론 등 다양한 서양의 학문이 소개되고 있었고 우리나라에는 근대 인문학이 정확하게 정착되지 않았던 시기였다. 학문의 경계와 이동이 어떻게 신화적 상상력을 통해 융합되고 있는지 살펴볼 수 있을 것이다. 현재 세계 속의 한류문화의 번창은 100여

밝사상을 담고 있는 산 이름 백양사

년 전 〈불함문화론〉의 상상력과 비교해 볼 수 있는 신화 상상력의 발현이라고 볼 수 있다. 〈불함문화론〉과 현대 한류문화의 흐름을 연관시켜 살펴본다면 과거와 현재를 유기적으로 연계시켜 보는 흥미로운 지적 탐험일 것이다.

최남선의 신화 연구와 관심은 〈삼국유사〉와 〈단군〉에서 시작되어 전 세계 신화로 관심 영역이 확대된다. 그는 세계 광포설화에 관심을 가졌고 그러한 광포설화가 세계를 일가로 만들고 있다는 논리를 펼치기에 이른다. 따라서 그는 우리의 신화, 설화, 전설, 민담을 알아가는 것이 곧 세계를 알아가는 길이라는 일반론적인 생각을 하기에 이른다. 최남선에 의하면 우리가 새로운 이상 세계에 살기 위해서는 옛 전통을 중요하게 여겨야 하며 그 중 가장 중요한 것이 신화라고 강조한다. 삼국유사에서 단군을 거쳐 여행을 통해 그가 도달한 신화적 세계는 어떤 모습이었기에 1930년대 신화, 전설, 민담 등을 기록하는 일에 매진했을까. 1930년대 신화의 보편성에 관심을 보인 것은 일제의 문화정책과 긴밀한 연관을 가질 수 있다. 따라서 당시 1930년대 문화 현상에는 탈식민적 신화적 상상력이 등장했을 것이라는 가정을 해 볼 수 있다. 1930년대 작품들에서 보이는 탈시대적 혹은 탈식민적 작품들의 신화 상상력의 지형도를 그려볼 필요가 있을 것이다.

최남선의 〈불함문화론(不咸文化論)〉은 총 18장의 항목으로 나누어 최남선의 웅대한 세계사적 신화 구도를 펼쳐 보이고 있다. 제1장 〈동방문화의 연원〉에서는 조선 역사의 출발점을 인문의 기원인 단군 연구에 둠을 밝히고 단군이야말로 조선 고대사의 수수께끼를 풀 수 있는 유일한 열쇠요, 지극히 중요한 동양학의 초석이라는 의미 부여를 하고 있다. 또한, 단군신화의 주무대인 태백산(太白山)의 백(白)자가 있음을 단순한 우연이 아니라 보고 여기에 함축되어 있는 고대 종교 문화의 핵심을 찾아 나서려 함을 〈불함문화론〉의 서론으로 삼고 있는 점이 주목된다.

> 檀君(단군)은 朝鮮 古代史(조선 고대사)의 수수께끼를 해결할 수 있는 유일한 關鍵(관건)이요, 따라서 이를 통하여서만 極東 文化(극동 문화)의 옛모습을 조망할 수 있을 듯한 지극히 중요한 東洋學(동양학)의 礎石(초석)이라고 생각된다. 檀君(단군)에 관한 상세한 考證(고증)은 다른 기회로 미룰 것 이로서 그 중에서 東方文化(동방문화)의 淵源問題(연원문제)의 基礎(기초)가 될 一點(일점)만을 開始(개시)하여 檀君神話(단군신화 혹은 傳說(전설))의 중요성을 들추어 보고자 한다.
>
> 최남선, 〈불함문화론〉, 43-44쪽.

불함문화(不咸文化)의 핵심 키워드는 '밝'과 '대갈', '대감', '텡그리', '부군', '불' 등이라고 볼 수 있는데, 이들은 모두 하늘과 하늘신(天神)을 나타내는 종교적 숭앙의 대상임을 주목해 볼 수 있다. 그 용어들을 사용했던 광범위한 지역의 고대 선주민들이 종교와 정치가 일치된 일대 문화권을 형성하고 있었음을 살펴본 뒤에 이름 하여 한국의 밝문화, 중국의 신선도, 일본의 수신도라 하였다. 이들의 공통분모는 신도 또는 신교라는 종교적 공동체에 있다고 보았다. 이러한 계통의 흔적으로 〈삼국사기〉 4권과 진흥왕 37년 조에 수록된 최치원의 〈난랑비〉 서문의 일부를 필두로, '풍류'는 '불'의 호칭으로 보았고, 고대 천신제사를 주관하는 박수를 거서간, 차차웅, 이사금, 마립간 등으로, 그때의 세상을 '불구내'로 표현했다고 보았다. 밝안의 성스러운 의식은 고려의 팔관회, 이조의 부군, 할머니 신앙, 정감록, 남조선 사상, 동학 및 각종 토착적 유사 종교들에게까지 파급되어 그 명맥을 유지해갔으니 실로 〈밝도〉는 조선에서 죽어 없어지지 않고 현재까지 끈질기게 살아 있으며, 민중의 마음 속 깊은 곳에 내려와 스며들어 있음을 강조하였다.

〈불함문화론(不咸文化論)〉의 밝사상은 신선사상, 즉 도교적 아름다움으로 연결된다고 볼 수 있다. 우리 문화에는 부지불식간에 이 도교의 상상력을 참으로 많이 가지고 있다. 가장 비근하게는 만 원짜리 화폐에 그려진 일월오봉도(日月五峯圖)를 들 수 있다. 우리나라 사람 누구나 도교의 일월오봉도(日月五峯圖)를 하나쯤은 가지고 있는 셈이다. 한국 축제 여기저기에서도 이 도교적 상상력은 많이 활용되고 있다. 〈제주도 칠선녀 축제〉, 〈제주도 칠십리 축제〉, 〈강화도 삼랑성 역사 문화 축제〉, 〈태백시 천제〉, 〈가산사의 단군제〉 등에서 그나마 신선사상을 함축하는 것으로 도교는 간신히 명맥이 유지되는 것이다. 신선사상은 그 당시에 있어서도 매우 탈속적인 상징성을 함의하기 때문에 자연과 밀접한 연관성을 지닌 축제라야 그 정신이 되살려질 수 있을 것이다. 주로 산이나 강과 인접한 지형에서 축제가 펼쳐지고 있는데, 중요한 특징은 도교가 다른 종교와 융합되어 현대화되고 있다는 점이다.

우리는 생활 깊숙이 파고들어 있는 성황, 조왕, 토지, 문신, 칠성, 마고할미, 노고할미가 도교의 신들임을 알지 못한 채 지내고 있다고 한다. 그러고 보면 우리가 알고 있는 민간 신화의 이야기는 대부분 도교의 이야기를 담고 있다고 보아도 과언이 아니다. 조왕신과 터주신의 이야기를 말하는 〈성주본풀이〉를 대표적으로 들 수 있을 것이다. 천하궁 집을 지으러 떠난 황우양씨와 그를 기다리는 막막부인은 땅을 지켜주는 터주신이고 부엌을 지켜주는 조왕신이다. 우리문화에서 도교는 중국의 모습대로 전승되지 않고, 우리의 고유사상과 습합(習合)되어 민중에게 속신(俗信)으로 여겨졌다고 한다. 그러나 장생불사(長生不死)와 육체성선(肉體成仙)이라는 다소 현실적이지 못한 사상 때문에 민중의 문화에서 구체성을 잃고 있다는 비판을 면치 못하고 있다. 날개가 달려 하늘로 올라갔다거나, 죽지 않고 영원히 살았다거나 하룻밤에 천리를 이동했다는 것은 종교가 초월성을 현실에서 구현하고자 한 예라고 하겠다. 이러한 현실의 실천 불가능성은 내세를 강조했던 다른 종교와는 변별되는 속성이라고 하겠다.

그러나 우리 사회에서는 축제의 형태에서 심심치 않게 도교사상을 엿볼 수 있으며, 신선과 선녀의 이야기가 남아있음을 알게 된다. 강화도의 단군 축제와 공간적 신화성은 우리 시대 도교의 흔적을 살펴보는데 매우 요긴한 정보를 제공해 준다. 예를 들면 〈삼랑성 역사 문화 축제〉의 공간인 〈마니산 참성단〉의 제천의식과 삼랑성의 기원에 대한 신화적 상상력이다. 마니산은 단군왕검이 하늘에 제사를 지냈다고 하여 두악(頭岳)이라 불리며 '머리산'이라고도 불리는 산이다. 후에 '마리산'이라고 불리다가 불교의 유입과 함께 불교식 범어인 '마니산'이 사용되었다. 의미는 "탁한 것을 맑게 하며 재앙을 물리치는 여의주"라는 뜻이다. 이 마니산은 남쪽에서 단군의 유적이 유일하게 남아있는 곳인데, 이 때 단군은 단군신화의 단군이 아니라는 학설이 지배적이다. 단군의 의미는 고조선의 시조 단군이 아닐 가능성이 농후하다. 그 이후에 왕으로 올랐던 단군일 가능성이 유력하게 받아들여지고 있다. 고려조에 축조된 참성단은 민족의 자부심을 고취하기 위해 단군 사적과 결합시킨 것이라는 것이 학계의 일반적인 가정인 듯하다. 단군왕검과 오누이 설화, 단군의 세 아들 설화, 칠선녀가 하늘의 불을 가져와 문명을 일으킨 것 등등이 전한다. 참싱단과 삼랑성에 관한 설화는 그 지역을 신성하게 만들어주는 신화적 상상력의 근간으로 작용한다. 여기에서는 역사적인 고증은 역사학 쪽에 맡기고 지금까지의 일반적인 역사적 정설에 근거하여 현재의 신화적 의미구조를 읽어나갈 뿐이다.

도교적 상상력과 연관되는 강화도의 참성단은 고구려, 백제, 신라 등이 그곳을 지배할 때마다 제천의식을 치른 신성한 장소이며 고려와 조선에도 이런 제의적 행사는 계속되었다. 이곳의 신성성은 고려 말 이색의 시에서 "하늘이 만든 것은 아닐 진데 누가 쌓았는지 알 길이 없어라"라고 읊조린 데서도 느껴지는 바다. 이렇게 하늘에 제를 올리는 의식은 현재에도 이어지고 있는데 민족의 정체성을 확인하는 중요행사 때 이곳의 성화는 반드시 점등된다. 그 만큼 마니산과 삼랑성은 민족 정체성의 회복에 중요한 역할을 맡아온 것이다. 따라서 축제 공간의 신화성은 매우 중요한 의미를 지닌다. 도교 상상력을 엿볼 수 있는 〈태백산 천제〉는 매년 10월 3일 개천절 날에 태백산에서 치러지는 하늘에 대한 제사이다. 태백산은 강화도 마니산처럼 민족의 영산으로 가장 성스럽고 거룩한 공간으로 받들어지고 있는 곳이다. 부여의 영고(迎鼓), 동예의 무천(舞天), 고구려의 동맹(東盟)의 제천행사의 뒤를 잇는 천제라는 역사적 의미를 가진다. 이 역시 도교사상과 깊은 연관성을 가진다고 하겠다. 최남선이 〈불함문화론〉에서 주창한 밝사상과 광명사상은 도교적 상상력을 발현하고 있는 사상으로 우리 안에 존재하는 밝사상과 신선사상의 도교적 아름다움을 탐구한 것이라 할 수 있다.

3 ___ 무교와 함께 보는 만신의 미의식

만신이란 영어로 〈Ten thousand spirits〉로 번역된다. 이 번역 제목을 볼 때 유명한 신화학자 조지프 캠벨(Joseph John Campbell)의 저서 〈천의 얼굴을 가진 영웅(The Hero with a Thousand Face)〉' 을 생각해 볼 수 있다. 조지프 캠벨의 논리를 따라가 보면 모든 인간은 출발, 입문, 귀환의 순환구조 안에서 성장하고 있다는 것이다. 즉 모든 인간은 저마다 영웅성을 가지고 있고 서로 다른 방식으로 그것을 실현해 가면서 살고 있다. 이러한 영웅적 인간은 서로 다르지만 궁극적으로 같은 과정을 거치고 있다. 각 개개인은 자신을 영웅으로 인식하고 자신만의 신화를 기억하고 있어야만 한다. 그래야 험난한 앞으로의 일을 합리화하고 자신에게 유리하게 해석할 수 있는 것이다.

바리데기 무신도 건들바우 박물관

언젠가부터 매스컴에 자주 등장하는 나라의 만신 김금화를 보고 있으면 이러한 천의 얼굴을 가진 영웅이라는 생각이 자연스럽게 떠오른다. 대학시절 외국인 신부님에게 세익스피어 희극을 배웠던 기억이 있다. 강의 첫 시간 신부님이 우리를 부른 곳은 조그만 영화 상영관 암실이었다. 그곳에서 틀어준 것은 커다란 문화적 충격으로 기억된다. 신부님이 보여준 것은 서해안 외딴 바닷가에서 펼쳐지는 70년대 죽은 자의 넋 건지는 굿 영상이었다. 그것도 본인이 직접 찍었다고 했다. 사실 그렇게 구세대가 아닌 산업시대의 문화적 혜택을 받은 세대인데도 이런 기억들이 많이 남겨져 있다. 필자가 성장한 곳이 워낙 시골이라 또래들보다 한 10년은 더 오래된 문화적 경험을 함께 기억하고 있었던 것이다. 중소도시에서는 이미 굿이 미신으로 터부시되던 70년대 새마을 운동 시절에 여전히 외진 시골에서는 불쌍하고 억울한 넋을 위로하기 위해 굿을 일상적으로 활용하고 있었다. 따라서 여러 차례 굿을 구경했었던 경험이 있었다. 특히 또래의 아이가 강가에서 수영하다가 죽은 적이 있었다. 그 아이를 위해 마을에 큰 굿이 벌어졌고, 그때부터 굿은 죽음의 상징처럼 느껴졌다. 그만큼 유년의 무서움의 끝자락엔 무서운 굿이 있었다. 그런데, 서양의 영문학을 선택한 필자가 어린 시절 보았던 그 무서운 공포의 굿을 서울 한복판 강의실에서 보게 된 것이다. 가장 문화적인 공간이면서 가장 서양적인 시간에 한국 미신의 원천적 상상력인 굿을 본 것이다. 이 경험은 어린 시절 무서웠던 굿에 대한 기억보다 더 충격적인 것이었다. 세익스피어와 굿이 무슨 상관이 있다는 건지 당시에는 황당하기만 했다.

영화 만신의 배우 중 하나가 영화를 찍고 나서 무당의 역할과 배우의 역할이 다르지 않다는 말을 했다. 아마 당시 세익스피어를 가르치던 신부님이 무당을 보여주면서 드라마 인물의 몰입도를 가르치고 싶었던 모양이다. 강화도 산자락에 가면 금화당(錦花堂)이라는 곳이 있고 도올 김용옥이 쓴 현판이라고 하는 곳을 지나면 온전히 금화당(錦花堂)이 드러난다. 이곳엔 90세에 가까운 나라의 만신이 살고 있다. 자신에게 씌워진 미신과 귀신과 부정이라는 모든 편견을 극복하고 마치 그녀의 이름처럼 비단꽃 향기가 난다. 그녀의 인터뷰를 보면 굿은 우리의 고유한 종합 예술이라고 말한다. 제사 음식문화에서부터 제를 올리는 의식과 노래하고 춤추는 모든 것이 우리네의 유구한 전통이라는 것이다. 왜 우리는 근대화와 산업화라는 이름으로 이것들을 비하시켰을까. 일본은 우리보다 훨씬 근대화를 빨리 이루어냈지만 그들의 고유 신앙인 신도(神道)사상과 신사(神社)를 현대 속으로 잘 계승했다. 가는 곳마다 신사는 크고 작은 다양한 형태로 현대를 사는 사람에게 과거를 기억하게 해주고 있다. 반면, 우리는 무당이 사는 곳은 거의 음지에 존재한다. 혹시나 근처에 그것이 있을라치면 많은 저항을 받는다고 한다. 현실 속 무속은 인생만사가 풀리지 않았을 때 부적으로 활용되거나 액막이로 활용되는 것이 우리의 문화적 풍경이다.

도올(金容沃)은 김금화가 쓴 책 〈비단꽃 넘세〉의 추천 글에서 "금화의 신내림은 개인의 신기(神氣)의 발로일 뿐만 아니라 우리나라 방방곡곡 고을마다 쌓여 있던 누천년의 문화라는 것을 알 수 있다. 바로 그 문화가 풍류이고 현묘지도(玄妙之道)였고, 예술의 원류였고, 종교의 원점이었다. 신명이 강한 민족적 기질과 도덕적 구속력이 강했던 전통사회에서 카오스와 로고스의 충돌이 빚어낸 '신기(神氣)'의 방출이었다. 금화는 우리 전통문화의 생명을 이은 마지막 '진짜'요, 이제 사라져버릴 수밖에 없는 현묘한 '체험'이다"라고 말한다. 그녀는 자신의 책에서 무당은 외로운 길이지만 복은 나누고 한을 풀게 하는 신과 인간의 매개자라고 말한다. 나라만신 김금화는 자신의 이야기를 담은 자서전 〈비단꽃 넘세〉에서 간난신고(艱難辛苦)를 겪은 자신의 삶과 굿판 안팎에서 세상 사람들의 슬픔과 상처를 온몸으로 끌어안아온 삶을 비단실 엮듯이 짜 내려간다.

그녀는 1985년에 국가의 중요무형문화제로 지정되면서 더욱 많은 국내외의 관심을 받게 된다. 그녀는 굿을 하기 위해 스페인, 일본, 러시아, 미국, 오스트리아, 중국, 프랑스, 독일, 이탈리아 등 전 세계를 방문해서 한국과 한국인의 문화와 정신을 알리는 역할을 해왔다. 많은 굿을 통해 사람들의 한을 풀어주고 복을 나누려고 노력한다고 말한다. 인간은 육체적 질병을 치료하는 것으로만 건강하게 살 수는 없다. 정신적으로 위로해주는 경험을 통해 진정한 건강을 얻기도 한다. 만신 김금화가 추구하는 것은 바로 이러한 정신인 것 같다. 우리는 천기누설이나 운명을 예견하는 사면으로만 그 기능을 축소해오지 않았나 하는 생각이 든다. 그녀는 1982년 한미수교 백주년으로 유명해졌다고 볼 수 있다. 나라의 만신이라는 별칭도 그때부터인 것 같다. 백두산 천지에서의 대동굿, 독일 베를린에서의 윤이상 진혼굿, 교황의 진혼굿까지 수많은 굿을 진행해왔다. 〈2014인천평화축제-'진 · 혼'〉에서는 세월호 희생자들을 위해 김금화는 기꺼이 진혼제를 열었다. 그 어떤 것도 위로가 되지 못하는 절대절명한 슬픔에 대한 치유제를 지내고자 한 것이라 볼 수 있다. 슬픔을 대신해주는 굿을 보면서 우리의 먼 이야기들을 듣는 것 같았다.

〈비단꽃 넘세〉는 금화 즉 비단 꽃과 어릴 때 아명인 '넘세'를 붙인 것이라 한다. '넘세'는 남동생을 본다는 황해도 방언이라고 하는데, 아마 작가 황석영이 소설 〈바리데기〉를 이러한 상상력에서 받은 것은 아닐까한다. 김금화는 무교와 만신이라는 특정한 시선만 전해주는 것이 아니라 우리의 근대사 100년을 다시 보게 해주는 하나의 코드가 될 수 있을 것이다. 위안부 징집을 피하기 위해 조혼이 이루어진 일제시대부터 6.25 한국 전쟁과 종교, 새마을 근대화 운동과 미신타파, 민족의 고유한 풍속이 중요하게 대두되는 문화의 시대 등을 고스란히 한 사람의 인생 안에 담고 있다. 그녀의 삶은 단순히 한국의 한정된 경험이 아닌 것에 더 큰 문화적 힘이 있다. 서구 열강에 의해 세계 곳곳의 고유한 문화들은 고통을 받아왔다. 각 대륙마다 그러한 원혼들은 너무나 많다. 미국은 특히 원주민의 문화를 없애가면서 만들어진 신대륙이니, 원혼의 한들이 많은 곳일 것이다. 그녀가 세계적으로 인정을 받는 데는 바로 천의 얼굴을 가진 영웅들의 동질감에 있을 것이다. 그녀의 책 〈비단꽃 넘세〉의 한 부분을 살펴보자.

나를 본 인디언들이 한순간 무엇엔가 놀라는 얼굴이었다. 통역이 전하는 이야기로는 내게서 방금 오색 불빛이 나는 걸 보았다는 것이었다. 그들 역시 예사롭지 않은 기운을 가진 사람들이었다. 인디언들의 집에 초대를 받아 가보니 그들도 집안에 신당을 모시고 있었다.

김금화 〈비단꽃 넘세〉 에서

현재 김금화의 굿은 한국인의 문화 뿐 아니라 옷과 춤, 노래, 악기, 음식을 세계에 알리는 문화 외교관의 역할을 한다. 오스트리아의 600년 된 성당 앞에서, 파리와 베를린에서, 뉴욕 링컨센터에서 굿은 매우 성황리에 열렸다. 우리나라에서는 백두산 천지 대동굿, 사도세자 진혼굿, 백남준 추모굿, 통일기원굿 등 굵직한 굿을 했는데, 영화 〈만신〉에서 재현한 통일굿에서 김일성의 목소리로 황석영 작가에게 말하는 것이 인상적이었다. 그녀가 아름다운 만신인 것은 사회의 부정적인 관점을 긍정화하는 힘을 가졌기 때문이다. 아름다움이란 개념적인 것이어서 사람을 긍정화시킬 수 있는 힘을 가지는 추상적 개념이다. 만신이 그저 귀신을 보고 점을 치거나 피를 뿌리며 굿을 벌이거나 칼 위에서 미친 듯이 춤을 추는 모습으로 대변되는 우리나라 무당을 깨뜨리고자 하였다. 그녀는 그런 섬뜩한 무당의 모습 대신 사회적으로 가장 천대받던 만신의 모습을 벗어나 국태민안(國泰民安)을 돌보고 염려하는 나라만신이 되고자 하였고 전 세계의 고통의 경험을 공유시켜주는 문화 매개자가 되고자 하였다. 그녀는 세계가 인정한 한국의 전통 무용가, 교황청이 존경하는 동양의 종교인의 모습을 모두 보여주고자 하였다.

만신(萬神), 즉 샤먼에 대한 문화적 터부현상은 불과 100여 년 밖에 되지 않았다는 것을 기억할 필요가 있을 것이다. 1920년대 육당 최남선은 〈살만교차기((薩滿敎箚記)〉라는 책을 통해 살만, 즉 샤먼의 문화적 기능을 매우 객관적이고 긍정적으로 서술하고 있다. 최남선은 샤먼이 신에게 봉사하는 자라고 말한다. 악령을 쫓고 길흉을 점치고 신과 소통하는 역할을 하고 있다고 보았다. 최남선이 기술한 내용을 통해 볼 때 샤먼의 사회적 지위는 매우 우월한 것으로 보인다. 샤먼은 남녀 모두 일반인들에게는 허락되지 않는 특별한 권리를 향유한다고 한다. 그들은 사회적으로 공인된 영력의 소유자들이며 평범한 사람과는 다른 사람들이다. 100년 전 최남선이 바라본 문화적으로 아름다운 가치가 왜 이어지지 못하는지에 대한 반성을 해본다. 나와는 다른 이상한 사람으로 만신은 존재하는 것이 아니라 내가 보듬어 주지 못하는 사람들의 한과 슬픔을 대신 돌봐주는 아름다움의 정신문화라고 보면 어떨까.

3장

한국의 생활문화에 스며있는 미의식

1 ___ 한국의 공간이 만들어 낸 원형적 미의식

안동 하회마을은 갈 때마다 기분이 좋은 곳이다. 고즈넉한 하늘아래에 서 있는 한옥 사이의 길을 걷고 있노라면 서울의 번잡한 시간이 아스라이 멀게 느껴진다. 요즘 슬로우 시티라는 말이 생겼고, 사람들은 원시시대처럼 하루 세 끼니를 먹는 데만 온통 정신을 쏟는 일에 흥미를 가진다. 〈삼시세끼〉라는 프로가 등장한 데는 고대 원시 신화 시대에 오로지 먹고 사는 일에만 관심을 가졌던 그 단순한 시대에 대한 인간의 원초적 원망이 들어 있는 것이기도 하고, 수렵에 익숙했던 원시 남성들이 현대에 와서 채집문화인 여성의 거미줄 문화를 익히는 여성성의 문화를 보여주기도 하는 다양한 욕망 구조를 담는다. 참 별것 없는 하루의 세 끼니 준비를 보면서 고도화된 도시의 자본주의를 잠시 잊는 쉬어가는 역할을 담당하는 것 같기도 하다. 또한 아프리카 오지까지 개발되지 않은 곳이 거의 없는 현실 속에서 세상 어디에도 없을 것 같은 정글을 탐험하는 것에 온통

안동하회마을 입구 장승

시선을 집중시키고 있다. 〈정글의 법칙〉이라는 프로 역시 원시 수렵 문화에 대한 인간의 원초적인 희망을 담아 내고 있다. 대 여섯 명의 성인들이 고작 작살로 물고기 몇 마리 잡아서 손수 나뭇가지로 불을 지펴 고기를 굽는다. 나무 열매를 따서 간신히 음식을 구하고 더위와 추위를 온몸으로 견뎌야 하는 원시적 상황을 간접적으로 경험해준다. 〈삼시세끼〉와 〈정글의 법칙〉은 신화를 강렬하게 희망하는 현대 인간의 감성을 활용한 프로그램이다. 이 안에서는 돈을 더 벌기 위해 서로 경쟁하는 현대의 약육강식의 모습은 재현되지 않는다. 그야말로 자연과 인간이 서로 주고받는 대칭적 사유의 발로를 보여주는 것이다. 나카자와 신이치는 〈대칭성 인류학〉이라는 카이에 소바주 5권에서 대칭성 무의식의 작동을 억압하거나 형이상학화하지 않고, 그 능력을 전면적으로 발달시켜 갈 수 있는 문명을 구상하는 것은 결코 유토피아적인 몽상이 아니라고 말한다. 호모사피엔스인 우리 인간은 마음의 기층에서 형이상학적인 세계를 형성하고 있으며 온갖 조직체를 동요시키면서 전혀 다른 것으로 변화시키는 것을 꿈꾸고 있다고 말한다.

우리문화에서 하회마을의 역할은 바로 대칭성의 문화를 보여주고 있다. 하회마을에서 한 몇 일 만이라도 슬로우 타임을 느끼면서 머무르고 싶은 것은 〈삼시세끼〉와 〈정글의 법칙〉을 보는 욕망과 비슷할 것이다. 안동을 찾게 된 계기는 도깨비 콘텐츠를 조사하면서 부터였다. 아이들의 동화를 보고 있노라면 더 이상 도깨비가 공포의 대상이 되지 못하고 있는 듯해서 그 이유가 궁금해지기 시작했다. 그래서 도깨비들의 이미지와 의미를 찾아서 몇 군데 답사를 하고 의미를 되새겨 보았다. 어떤 학자는 난타와 연결시킨다. 그리고 도깨비는 대장장이의 두드림과 일맥상통하는 상상력이며 도깨비를 물아래 긴서방이라고 하는 말도 김서방과 통한다는 것이다. 왜냐하면 김은 쇠금(金)으로도 읽고 있다는 것이다. 그러니 도깨비의 의미 확장은 우리가 생각하는 것보다 더 클 수밖에 없다. 〈안동 국제 탈춤 페스티벌〉을 답사하기 위해 축제를 찾았는데, 의외로 축제는 국제적인 이념을 담고 있었다. 〈울산 처용 문화제〉가 〈울산 월드뮤직 페스티발〉로 불리는 것과 같은 상상력을 보여주었다.

우리나라의 도깨비를 조사하기 위해 영화 〈곡성(哭聲)〉의 배경이 된 곡성 섬진강 가에 있는 도깨비 마을을 답사했고, 전북 장수의 도깨비 축제를 다녀왔다. 장수는 사방이 산으로 둘러쌓인 곳이어서 도깨비와 말에 대한 설화가 많이 있었다. 마침 우리나라의 모기업의 말 농장이 장수에 있다는 것이 도깨비와 말이 더 관련되어 보였다. 사실 도깨비가 제일 무서워하는 것은 백말의 피였기 때문이다. 우리나라 도깨비의 원천은 제주도에 있을 것이다. 도깨비 공원에는 수 천개의 도깨비가 만들어져 있었고, 도깨비 도로까지 있었다. 도깨비가 여자와 매우 긴밀한 관계를 가지는 것도 큰 관심거리 중 하나이다. 우리나라의 도깨비 여구는 일본의 요괴 연구로 자연스럽게 연결된다. 일본의 요괴 연구는 100년이 넘는 역사를 자랑한다. 최근 〈포켓몬 고〉라는 게임을 만들어서 전세계에 기업의 부활을 다시 선포한 일본의 사례만 보더라도 각 나라의 원형적 상상력이 얼마나 중요한가 새삼 깨닫는다. 일본의 돗도리현에는 귓타로 요괴마을

이 있다. 이 도시에 가면 거리를 장식하는 무수히 많은 요괴들을 만날 수 있는데, 사소해 보이는 것에도 깊은 애정을 가지고 삶에 녹여내는 것이 인상적으로 보였다.

하회마을은 그 자체로 우리나라에서 보기 드물게 자랑할 만한 신화적 공간이다. 옛날 류씨 집안이 중심이 된 마을인데, 충효당은 류성룡의 집으로 풍산 류씨의 종가집으로 알려지고 있다. 류성룡을 알아보기 위해 충효당에 찾으니 역사의 퍼즐들이 또다시 머릿속에서 움직이기 시작했다. 마치 과거 몇 백 년 전으로 들어간 것만 같다. 류성룡, 허준, 이순신 이 세 사람의 공통점은 모두 동일한 왕 선조를 모시고 살았던 사람들이다. 16세의 나이에 왕이 된 선조는 40여년 이상 왕위를 지킨다. 이이와 이황이 그 시대의 대학자였고, 류성룡은 이황의 제자이기도 하다. 선조는 임진왜란을 겪은 비운의 왕이기도 하지만 역사적으로 그 시대는 걸출한 영웅들이 가장 많이 등장했던 시기임에는 틀림이 없다. 류성룡은 유능한 군사 전략가이기도 했는데 바로 명장 이순신을 천거(薦擧)했던 사람이다. 이순신이 모함을 받을 때 임금에게 이순신의 진정성을 호소하는 상소를 올려 이순신을 두둔했다. 류성룡이 남긴 유물들은 하회마을 영모각이라는 곳에서 만나볼 수 있다. 풍산 류씨의 장남, 즉 류성룡의 형 류운룡은 우수한 학식을 가졌지만 부모를 모시기 위해 벼슬을 거절하기까지 했다고 한다.

하회마을 입구에는 많은 장승을 조각해 놓은 곳이 있다. 하회마을을 들어가는 관문처럼 매우 특이한 장승들이 즐비하다. 마을을 한 바퀴 지나다보면 600년이 넘은 느티나무도 보게 되는데, 금줄이 쳐 있다. 삼신당이라고도 하며 이곳에서는 제사를 지낸다고 한다. 영화 〈아바타〉의 에이와 여신이 나비족에게 추앙받는 곳이 큰 나무 아래였던 것을 기억할 수 있다. 우주목은 신과 인간을 연결시켜주는 사다리 역할을 해왔다. 우리나라 여기저기를 답사하다 보면 절만큼이나 나무를 신성시하던 곳이 참 많다. 북유럽의 이그드라실 나무가 세상의 창조의 원천인 우주목이었던 것에 공감이 간다. 〈박물관이 살아있다〉라고 하는 공연에서 보았던 고구려의 꼬볼꼬불 꼬인 신기한 나무들이 생각난다. 북유럽이나 고구려는 그 어느 지역보다 울창한 나무를 가까이에 두고 살았다. 따라서 나무는 하늘과 땅을 이어주고 인간과 신을 이어주는 우주나무이자 우주사다리인 것이다. 〈이웃집 토토로〉의 숲을 기억하면 이해가 쉬울 것이다. 토토로가 사는 곳은 아주 오래된 큰 나무 속이다. 그 공간은 마치 마술처럼 주인공 샤츠키와 메이에게만 통하는 신화적 공간인 것이다. 아픈 엄마의 부재를 달래주는 모성적인 사랑이 토토로에게 있었던 것이다.

하회마을의 담들은 신기하게도 돌로 만들어지지 않고 흙으로 만들어졌다. 제주도의 돌담들이 마마신을 무찌르기 위해 만들어진 것이라면 하회마을의 흙담 역시 인간과 자연의 조화를 담는다. 하회마을을 멀리서 조망하면 강이 싸고 있는 형상이다. 물이 마을을 돌아서 띠를 두르고 있는 것처럼 보인다. 그래서 이 지역의 이름이 물들이라는 뜻으로 하회(河回)라고 한다. 물이 돌고 있는 마을은 흡사 한 척의 배 같다는 의미이다. 이 마을에는 그 옛날 우물을 하나도 파지 않았다고 한다. 모두 물은 낙동강에서 길러다 먹었다고 하니 자연과 인간의 몸을 동일하게 생각했던 것이다. 하회 마을은 배와 같은 형상인 것 때문에 마을에 구멍을 뚫어서는 안 된다고 한다. 그것은 배에 구멍을 뚫는 것과 같은 이치이고, 돌담 역시 배가 무거워 좌초하는 형상이라서 가벼운 흙 담으로 만들었다고 한다. 살아가는 공간을 마치 살아있는 유기체처럼 느낀 우리의 조상들의 삶은 그 자체가 신화적이며 생태적이라고 할 수 있다.

마을을 천천히 돌다보면 조금 이상한 것을 발견할 수 있는데, 주로 시골집이 정남향을 선호하는데 여기 하회마을의 집은 제각각 다른 방향을 하고 있다. 동쪽도 있고, 서쪽도 있고, 심지어 북쪽도 있다. 집들이 서로 다른 집을 볼 수 없게 하는 개인적 공간의 배려라고 하는데, 아마도 같은 성끼리 모여 사는 집성촌의 부작용을 조금 덜어보자는 것이 아니었을까. 마을을 크게 돌아서 부용대 옆으로 강을 끼고 아주 아름다운 둑이 나온다. 그 둑을 천천히 걷고 있노라면 역사 속의 정겨운 이야기가 들릴 것만 같다. 마을을 둘러싸고 있는 이 강둑은 마을을 전체적으로 조망하게 해주는 여유를 주조 부용대를 바라보는 즐거움을 동시에 준다. 둑 아래에는 참 멋진 소나무 숲인 만송정이 보인다. 신라 경주의 유적지 여기저기에는 좋은 소나무들이 많다. 그래서 앉아서 쉬고 있으면 역사가 들리는 듯하다. 이곳 안동 하회마을의 만송정 소나무는 운치가 매우 좋다. 소나무는 하회마을이 서쪽 기운이 약하기 때문에 심은 것이라고 한다. 서쪽 땅의 기운을 북돋기 위해 소나무를 심어서 하회마을로 들어오는 바람도 막고 강의 모래를 막기도 한 것이라고 한다. 이곳을 보는 것만으로도 현대인들의 마음속에서 비어있는 휴식의 공간이 만들어질 것 같다.

하회(河回)마을에 버금가는 아름다운 곳으로 경주 양동(慶州 良洞)마을과 담양 소쇄원(潭陽 瀟灑園)을 생활 공간의 아름다운 미의식으로 살펴볼 수 있다. 양동마을은 조선시대 양반마을이 어떻게 조성되었는지 보여주는 바로미터 같은 곳이다. 처음에 책에서 읽을 때는 풍수지리상 물(勿)자 형태의 지세를 띠고 있다는 이야기가 전혀 이해가 되지 않았다. 고집스런 유학자들이 만들어 낸 아전인수(我田引水)식 발언으로 생각했었다. 그런데, 막상 직접 가보니, 나의 생각이 더욱 고집스럽고 고약해 보였다. 그 마을은 남쪽으로 철길과 학교가 들어 올 위기에 두 번이나 처했는데, 물(物)자 밑에 한 일(一)자가 들어가면 혈(血)자의 형국을 가진 나는 이유로 지금까지도 온전히 보존되어 있다. 향당이라는 유명한 가옥은 조선시대 대학자 이언적의 집인데, 마을 제일 위쪽에 자리잡은 미로 같은 집의 구옥은 한때 99칸을 자랑하는 곳이었다고 한다. 이언적은 퇴계 이황의 스승으로 알려져 있는 인물이다. 이 양동마을의 풍수는 유명한 학자를 키워내는 명당인 셈이다. 이 조그만 마을에서 배출된 장원급제만 100명이 훨씬 넘는다고 하니, 풍수가 가져다주는 인간의 감성에 대해서 결코 무시할 바가 아닌 것 같다. 장원급제란 말에 위압감을 느껴서가 아니라 자연 속에 인간이 담긴 풍경은 가히 인간의 마음을 정갈하게 해 줄 것 같은 느낌이었다.

이 마을의 대표적인 미덕은 무기교의 기교를 보여주는 자연미를 제일 큰 아름다움으로 꼽는다. 제일 위에는 양반의 집이 놓이고 그 밑은 농가들이 구성되고 그 아래로 천민들의 가옥이 서로를 배척하지 않고 자연스럽게 소통하며 이어져 있다. 위압적인 거리감이 느껴지지 않고 누구나 신분은 다르지만 한 집에서 시작한 길은 다른 집으로 향하는 길과 만나 있다. 멀리서보면 한 폭의 산수화가 따로 없는 듯하다. 여러 책에서 본 양동마을에 대한 소개는 그저 지식에 지나지 않았다. 직접 찾아가서 본 양동마을은 장자의 자연관을 느끼게 해주기에 하회마을 만큼이나 충분했다. 장자(莊子)는 잡편 〈열어구〉편에서 자기의 제자들에게 자신이 죽었을 때 장사지내지 말고 산에 버리라고 했다. 장자(莊子)에게 관은 억지로 만든 것이 아니라 산천이 관의 밑이고 하늘이 관의 뚜껑이라는 것이다. 눈에 올리는 엽전은 따로 필요하지 않는다. 해와 달이 그것을 대신하기 때문이다. 장자(莊子)를 읽을 때 참으로 낯설게 느껴졌던 느낌이 양동마을에서 가슴으로 느껴졌다. 우리에게 아름다움이란 인간이 자연의 일부임을 깨달을 때 오는 것이 아닐까하는 생각을 해 봤다. 산 계곡 계곡 사이를 억지로 깎지 않고 그 안에 하나씩 돌을 올리듯 집들이 조화롭게 자리를 잡았다. 과한 것도 없고 부족한 것도 없는 듯 보였다. 이런 풍광이 선인들이 이야기한 부족하지도 않고 과하지도 않은 중용(中庸)이라는 느낌이 들었다. 그 안에 있는 인간은 바로 냉철한 이성을 가지고 판단에 임하면 되는 쓸모있음과 쓸모없음의 중간에 서 있는 것이다. 한국의 아름다운 공간을 체험시키는 것은 우리의 문화의 아름다움을 느끼게 하는 중요한 방법일 것이다. 청소년들의 수학여행 장소로 이런 곳이 활용되어 그곳에서 몇일을 머물게 한다면 더 없이 좋은 신화 체험과 자연 체험이 될 것이다.

안동 하회(安東 河回)마을과 경주 양동(慶州 良洞)마을에 뒤지지 않는 자연과 인간의 조화로운 아름다움을 느끼게 해주는 곳은 담양 소쇄원(潭陽 瀟灑園) 정원이다. 중종 때 기묘사화니, 조광조의 죽음이니, 당파싸움이니 등등 여러 정치적인 역사담론과 연결 지어 이야기하는 것은 뒤로 하기로 하자. 소쇄원은 단연 그 지방 사림들의 담소의 장소였다. 송순과 정철을 기억한다면 그들이 여기에서 자신의 시를 노래했다고 상상해보면 된다. 인위적으로 정원을 만든 것이 아니라 정원이 자연으로 들어간 것이다. 이러한 자연관은 백제의 포룡정과 궁남지에서도 드러나는 자연관이다. 백제의 왕은 자연을 정원으로 삼고 신기한 동물을 풀어놓고 그것들을 사냥했다고 전한다. 이러한 정원문화가 일본의 분재문화에 영향을 주었다고 한다. 소쇄원의 건물들은 하나씩 떨어져 한적하게 지어져 있다. 자연을 훼손하지 않고 공간이 남는 곳에 집이 찾아가 앉았다고 하는 편이 오히려 나을 것이다. 장자의 자연관이 구현되는 자연적 원형미를 보여주는 정수라고 할 수 있다. 억지로 은혜에 보답한다고 혼돈에게 구멍을 뚫어 혼돈을 죽게 한 숙과 홀은 이 소쇄원에서는 있을 수 없는 일이다. 앞도 뒤도 구별되지 않은 혼돈은 숙과 훌이 선물로 뚫은 구멍으로 인해 앞 뒤가 구별되기는커녕 생명을 잃고 만 것이다.

안동 하회(安東 河回)마을, 경수 양동(慶州 良洞)마을, 담양 소쇄원(潭陽 瀟灑園) 등을 답사하면서 우리민족의 내면에 담긴 원형적인 아름다운 자연미를 보았다. 이들은 공통적으로 자연의 특징을 헤치지 않고 자연 자체를 텍스트로 볼 수 있는 포용력을 가지고 있었다. 마을 하나를 배로 보아서 구멍을 뚫지 않고 머나먼 낙동강까지 물을 기르러 간 사람들의 마음, 마을의 형세를 글자라는 텍스트로 인식해서 열차나 학교 같은 것들의 편리함을 거부한 사람들의 마음, 은둔을 위해 지었던 자연 정원이 오히려 많은 선비들의 대화의 장으로 이어지게 한 자연의 아름다운 마음을 기억하게 된다. 이황과 사단칠정(四端七情)을 했던 고봉 기대승도 소쇄원에 와서 시를 지었다고 한다. 서로 다른 생각을 가지지만 이 곳에 오면 서로의 진심을 꺼내 놓고 함께 철학과 시를 논할 수 있었던 곳이었던 것 같다. 자연미와 아름다운 조화는 우리사회에서 사라져버린 지 오래다. 어쩌면 자연의 숨결이 전혀 없는 시멘트 빌딩 숲 속에서 사람들이 자신도 돌이 되어 가는 것을 망각한 것은 아닐까. 자신의 교만함을 과시하다가 많은 자식을 다 잃고 돌이 되어버린 니오베를 생각해 본다면, 우리가 지금 자연에게 저지르고 있는 것이 어쩌면 크나큰 잘못일지 모른다. 이는 인간의 마음 속에서 신화적 원형을 잃어가는 것이라고 감히 말할 수 있을 것이다.

2 ___ 글씨와 그림으로 엮어진 아름다운 관계

논어의 글귀 〈歲寒然後知松柏之後凋也〉는 추사 김정희에 의해 유명해진 말이다. 세한도(歲寒圖) 정신이란 소나무와 동백이 추위가 지난 후에 늦게 시드는 것을 통해 알 수 있듯이 사람도 모진 시련을 견디고 나서야 그 사람의 진가를 알 수 있다는 말이다. 이 그림은 19세기 중반을 제주도에 귀향가서 지내던 추사 김정희가 자신에게 귀한 책을 가져다 준

추사, 다산, 초의가 만나 차를 마신 수종사

제주 추사 김정희 유배지

역관 이상적에게 준 감사의 선물이라고 한다. 이 그림은 그림의 의미처럼 주인의 손을 떠나 중국을 유랑하고 일본인 후지쓰카의 손에 들어 가 있었지만 모진 시련을 겪은 인간이 아름답듯이, 이 그림 역시 다시 우리나라의 품에 돌아왔을 때 그 아름다움을 더욱 인정받게 된다. 제주도 모슬포에는 김정희의 유배지와 함께 추사 박물관이 개관되어 있다. 〈세한도(歲寒圖)〉는 산수화나 인물화가 아닌 나무만 글씨와 함께 그려져 있다. 그러나, 현재 김정희의 정신을 담은 발문과 그림은 그 어떤 예술품보다 아름답다고 인정받고 있다. 여기에서 느껴지는 아름다움은 과연 무엇을 말하는 것일까. 소나무 한그루와 잣나무 세 그루와 비정상적인 초라한 집 한 채가 전부인 그림인데, 왜 우리는 여기에서 지금까지 어디에서도 느끼지 못하는 신비한 아름다움을 느낀다는 것일까. 자세히 들여다보면, 이 그림의 노송은 가지가 끝나는 지점에서 빨간 인장을 만나고 있다. 구도의 아름다움은 많은 화가들이 이야기하고 있으니, 그것에 문외한인 연구자는 이것이 주는 심리적 아름다움에 집중해보기로 하자.

고등학교 국어 책에서 처음으로 이 그림을 보았을 때 가슴이 짠한 무엇을 느꼈다. 그리고, 그림에 쓰여진 세한도의 글귀가 마냥 좋았다. 그 시절 내 노트 첫머리에는 모두 이 글귀가 적혀 있었고, 어느새 필자는 소나무와 동백이 된 것처럼 느꼈다. 비전문가인 나에게 느껴지는 〈세한도〉의 아름다움의 원천은 추사의 삶과 연결된 강직하고 쓸쓸하고 거칠고 메마른 삶의 표상이기 때문일 것이다. 마치 학문하는 자의 소신이 그의 글과 그림에 그대로 묻어나는 느낌이다. 먹과 붓으로만 진하고 약함을 조절하는 것을 초묵법이라고 한다. 대학시절 이 〈세한도〉에 매료되어 문인화를 그려보고 싶은 성급한 마음에 서예반이라는 동아리에 들었던 기억이 있다. 안진경체과 구양순체를 배우고 여러 서체를 구경하면서 〈세한도〉의 필력이 단순한 작품이 아님을 일찍부터 실감하였다. 따라서 조금

한 욕망은 쉽게 꺾이고 말았다. 그러나 먹물 빛이 좋아서 여전히 늘 그것을 흉내내는 붓펜을 사용하길 좋아한다. 내가 추사의 세한도에서 장자 양생주에 나오는 〈포정해우〉를 느낀 것은 제주도 추사 유배지를 경험하고 부터이다. 글씨에서도 그림에서도 자신을 온전히 담아 낼 수 있다는 것은 포정이라는 백정이 소를 잡으면서 내는 소리가 음악소리처럼 들리는 그런 장인과 같은 달관의 아름다움 아닐까. 장자의 〈포정해우〉를 만나보고 다시 세한도를 더 들여다보기로 하자.

> 한 백정(포정)이 문혜왕을 위하여 소를 잡은 일이 있었다.
> 그의 손이 닿는 곳이나 어깨를 기대고 발로 밟는 곳에는 신기하게 살과 뼈가 손쉽게 떨어졌다.
> 더우기 칼이 지나면서 들리는 소리는 음율에 맞고 그의 동작은 춤추는 듯 하며 절도가 느껴졌다. 바라보던 문혜왕이 "훌륭하도다! 어찌 이런 경지에 이를 수가 있는가?"라고 말하자 포정이 칼을 놓고 데답하였다.
> "처음 제가 소를 잡았을 적에는 보이는 것 모두가 소였읍니다. 그러나 3년 뒤에는 완전한 소가 보이는 일은 없어졌읍니다.
> 지금에 이르러 저는 마음으로 소를 대하지 눈으로 보지 않읍니다. 소의 본래 구조에 따라 칼을 쓰므로 힘줄이나 질긴 근육에 맞서는 일이 없읍니다."
> 훌륭한 백정은 1년마다 칼을 바꾸는데 살을 자르기 때문입니다.
> 보통 백정들은 달마다 칼을 바꾸는데 이는 뼈를 자르기 때문입니다.
> 지금 저의 칼은 십구년이 되었으며 그 사이 잡은 소는 수천마리나 되지만 칼날은 새것이나 다름이 없읍니다.
> 소의 고기와 힘줄과 뼈마디의 틈을 찾아 칼을 순리대로 움직이니 힘이 들지 않고 칼날이 온전한 것입니다.
>
> 장자, 〈포정해우〉

포정은 고기를 잡는 백정이다. 단순한 백정이 아니고 왕의 고기를 잡는 사람이었다고 한다. 그가 고기를 잡을 때 나는 칼소리는 음악 소리를 듣는 듯 했다고 한다. 처음에 포정에게 소는 모두 소 전체로 보였다고 한다. 그런 그가 음악소리를 내게 되는 데는 단 하나의 방법이 있었다. 바로 마음으로 보려고 하는 진심이었다는 것이다. 그는 19년 동안 소를 잡았는데도 칼날은 새것과 같다고 한다. 아마 이것은 비유일 것이다. 어떻게 칼이 온전하겠는가. 항상 마음으로 대하려 하기 때문에 늘 대하는 일마다 최선을 다하게 될 것이고 그만큼 신중하니 겸손할 것이다. 이 이야기는 살아가는 우리에게 아름다운 삶에 대한 자세를 보여준다. 개인적으로 장자의 이야기 중에서 이 〈내편 양생주: 포정해우〉를 가장 좋아한다. 어떤 일을 하든 포정처럼 순리에 어긋나지 않고 그 본질을 잘 파악해서 마치 음악이 들리는 것처럼 기분 좋은 일이 되길 바라는 마음이다. 내가 생각하는 소박한 삶의 아름다움이다.

추사 김정희의 학문 역시 〈세한도(歲寒圖)〉에 나타난 포정해우와 같은 것이라고 생각한다. 김정희는 24세에 부친의 청나라 연행길을 수행한 자제군관이었다. 자제군관은 무관에 속한다고 한다. 김정희는 이때 중국의 문화 예술인과 지적 교류를 했다고 전한다. 특히 그는 중국의 경학의 대가인 옹방강(翁方綱)을 존경했다고 한다. 그는 옹방강의 학문적 경로를 밟아 우리나라의 비와 탁본을 고증하는 일을 했다. 이미 무학대사의 비이거나 고려 태조의 비라고 알려진 비를 신라 진흥왕의 순수비로 해독했다고 하니, 지금까지 참으로 문화와 역사에 대해 무지했다는 생각이 스스로 든다. 김정희 집안은 조선 후기의 가장 명망 있는 세도가에 속한다. 그러나 효명세자의 갑작스런 죽음으로 집안은 쇄락하기 시작하고 그는 제주도에 유배까지 가는 일을 겪게 된다. 그는 권위적인 조선사회에 반항이라도 하듯이 서얼 출신 박제가를 스승으로 모시고, 스님인 초의선사와 절친한 친구가 되고, 역관 등 중인들을 제자로 삼았다고 한다. 중인 출신이면서 우리나라의 지도인 〈대동여지도〉를 완성한 김정호와의 인연도 그러한 맥락에서 이해할 수 있을 것이다. 그러한 그의 삶의 집결체로써 마치 포정이 소를 잡는 것처럼 〈세한도〉는 그려졌다. 그래서 우리는 〈세한도〉라는 그림에서 마치 표정이 소를 잡을 때 내는 노래 소리를 듣는 것이 아닐까.

> 지난해 〈만학집〉과 〈대운산방문고〉 두 문집을 보내주더니 올해에는 우경의 〈황조경세문편〉을 보내왔도다. 이는 모두 세상에 흔히 있는 것도 아니고 천만리 먼 곳으로부터 사와야 하며 그것도 여러 해가 걸려야 비로소 얻을 수 있는 것으로 쉽게 단번에 손에 넣을 수 있는 것도 아니다. 게다가 세상은 흐르는 물살처럼 오로지 권세와 이익에만 수없이 찾아가서 부탁하는 것이 상례인데, 그대는 많은 고생을 하여 겨우 손에 넣은 그 책들을 권세가에게 기증하지 않고 바다 바깥에 있는 초췌하고 초라한 나에게 보내주었도다. 태사공이 이르기를 '권력으로 합한 자는 권력이 떨어지면 교분이 성글어 진다'고 하였는데, 군(君)은 그러지 않으니 태사공의 말이 잘못된 것인가. 공자께서 말씀하시기를 '날이 차가워져 다른 나무들이 시든 뒤에야 비로소 소나무와 잣나무가 여전히 푸르다는 사실을 알게 된다(歲寒然後知松栢之後凋)'고 했는데, 지금 그대와 나의 관계는 전(前)이라고 더한 것도 아니요, 후(後)라고 줄어든 것도 아니다. 아! 쓸쓸한 이 마음이여! 완당노인이 쓰다.
>
> 김정희 〈세한도〉발문 중

추사 김정희의 호는 완당(阮堂)으로도 널리 불린다. 그는 박지원과 박제가의 학문적 계승을 추구하였고, 금석문(金石文)을 비롯해서 사학, 문자학, 음운학, 천신학 등 포괄적 학문 연구를 진행했다. 마치 요즘 시대로 치자면 단과대 한 쪽의 모든 학문을 다 주무르고 있는 듯한 융합형 인재를 느끼게 한다. 이런 옛 학자들을 만날 때마다 한 없이 작아지는 느낌이다. 한 게만 이는 비보들이 요즘 희문하는 풍도이기 때문이다. 그는 삼국시대부터 조선까지의 우리의 서체를 연구하면서 새로운 서체를 연구하였고, 한국의 비문과 중국의 비문 연구에도 골몰해 자신의 독창적인 서채 창조에 도움을 받았다. 추사는 자신만의 독특하고 아름다운 서채를 만드는 데 급기야 성공한다. 추사를 처음으로 찾아가면서 제주도 모슬포 유배지와 기념관을 만났다. 그는 바깥 출입이 허락되지 않는 가장 모진 유배생활을 해야 했다는데, 그 와중에서도 부인에게 먹고 싶은 음식들을 보내달라고 했다는 자료를 보고 갑자기 웃음이 나왔다. 양평의 새미원이라는 공원에는 다산 정약용과 추사 김정희를 기억하게 하는 콘텐츠가 만들어져 있는데, 특히 세한도를 그대로 흉내낸 조그만 정원이 아기자기하게 조성되어 있다. 남양주와 양평에는 다산의 사색 길들이 만들어져 있는데, 다산은 강진 다산초당에서 여러 번 만났던 적이 있다.

다산의 학문의 정신은 그 자체가 바로 아름다움이다. 18년 동안 500여권의 생각을 책으로 하나씩 묶어 낼 수 있었다는 것은 학자의 의지와 노력을 넘어서 어쩐지 또다른 포정해우의 정신이 느껴지는 장인의 아름다운 정신이 아닐까 한다. 다산은 근처 해남에 있던 초의선사와 깊은 인연을 가진 것으로 알려져 있는데, 강진 옆에 영암이라는 곳에 가면 어마어마한 차 밭이 펼쳐진다. 그곳에는 초의선사의 문화 유적지가 여기저기 만들어져 있었다. 초의선사는 우리나라의 다신 즉 차의 신으로 유명하다. 그는 다도에 관한 책을 펴면 반드시 등장하는 인물이다. 〈동다송(東茶頌)〉과 〈다신전(茶神傳)〉이라는 그의 책을 보면서 차를 마시는 것이 단순히 마시는 행위가 아니라 마치 도를 닦는 것이거나 아름다운 정신을 가담는 수행의 과정임을 느끼게 했다. 초의선사로 인해 한국의 차 문화는 한층 발달하게 되었다고 한다. 그런 그가 다산과 매우 깊은 인연을 맺고 있었다는 것이 어쩐지 예사롭지 않게 들린다.

초의선사는 추사 김정희와 다산 정약용을 매우 친밀하게 알았던 것 같다. 초의선사는 추사와 함께 강진 다산 초당을 찾아 유배생활 하는 정약용을 스승처럼 섬기고 유학 경서를 읽고 실학정신을 계승하였다. 다산은 〈동다기(東茶記)〉를 쓰고 초의는 〈동다송(東茶頌)〉을 지으며 우리나라의 토산차를 예찬하였고 우리나라의 다도의 아름다움은 다산과 초의선사에 의해 중흥을 맞게 되는 것이다. 언젠가 양평에 수종사라는 절에 우연히 들리게 되었다. 그 절은 수양대군 세조와 깊은 연관을 가지는 곳으로 유명하다. 그런데 그곳에 가면 지나가던 행인들에게 차를 마시게 하는 곳이 있는데, 지금으로부터 약 200년이 안 되는 어느 날 우리문화의 걸출한 문화 영웅 3명 즉 다산과 추사와 초의선사가 그곳에서 차를 마셨다니 놀라울 뿐이다. 일부러 이 셋을 엮어서 만나려고 한 적은 없었다. 개별적으로 그들을 만나러 간 적도 있는데, 대부분은 우연찮게 이들의 매력적인 관계를 여행지 곳곳에서 만나게 되었다. 관계의 아름다움을 느끼게 하는 대목이다. 서로 차를 같이 음미하면서 글씨와 그림으로 맺어진 우정의 관계가 이 시대를 살아가는 우리에게 새삼 아름답게 느껴지는 것은 아마도 이런 우정을 나누기에 이 시대가 너무 각박하기 때문일 것이다. 상대방의 글을 보면서 그 의미를 이해하고 차의 맛을 공유할 수 있는 은은한 관계가 무척 부럽다. 학문의 아름다움을 펼쳤던 다산 정약용과 글씨와 서체의 아름다움을 이루었던 추사 김정희와 차의 아름다운 맛과 문화를 만든 초의선사는 모두 포정이 소를 잡을 때 내는 아름다운 노래 소리를 내는 관계이다. 이들은 우리문화를 아름답게 하는 문화의 정수에 서 있는 우정의 대표주자들이다.

3 ___ 한국의 그릇과 관련된 최소한의 아름다움

우리는 무심히 역사의 기준점이 사소한 그릇이라는 사실에 아무런 호

강진 청자문화제

기심을 느끼지 않고 있는 듯하다. 박물관에 가면 조각난 그릇조각들이 마치 후세인들의 해석을 기다리듯이 가지런히 놓여있는 것을 보게 된다. 호메로스의 〈일리아스〉를 읽다보면 전쟁의 인기 있는 전리품 중 하나가 세 발 달린 솥이라는 것을 알게 된다. 솥을 들고 서로 가져가겠다는 옛 그리스 벽화들을 보면서, 왜 저런 물건을 가지려고 싸우는 것일까 다소 의아했었던 적이 있었다. 그런데, 생각해보면 솥이나 그릇이 그렇게 간단한 물건이 아니라는 생각이 든다. 가장 기본적인 일상의 도구이지만 생활의 근간이 되는 것이기도 하다. 전쟁 중에 솥만 가지고 다니면 어디서나 끓여먹을 수 있기 때문이고, 집을 잃어도 솥만 가지면 굶어 죽지는 않기 때문이다. 우리의 1930년대 김유정이라는 작가는 소설 〈솥〉을 통해 이러한 상상력을 보여주었다. 들병이에게 푹 빠진 무능한 남자 주인공이 자기 부인의 속옷까지 들병이에게 가져다주고 급기야는 집에 있는 솥을 떼다 가져다주기에 이른다. 이를 안 부인은 악다구리를 써서 들병이에게서 울며불며 솥을 빼앗는 것이다. 남편의 외도에도 결코 빼앗기지 않아야 하는 것은 생활의 근간이 되는 솥이었던 것이다.

그러나 그릇이라는 것을 문화의 중심에 두고 본격적으로 생각해보면, 신석기인들이 빗살무늬토기를 사용했고, 청동기 사람들이 무문토기(無紋土器) 즉 무늬 없는 토기를 사용했다는 사실을 조금 신기하게 생각해 볼 수 있다. 시기적으로 빗살무늬가 먼저인데 어린 시절 이 사실이 쉽게 납득이 가지 않았다. 무늬를 넣는다는 것이 더 정교한 것 같은데, 무늬 없는 토기가 신석기 다음 시대인 청동기의 주요 그릇이었다. 그런데 조사해보니 청동기의 무늬 없는 토기들은 빗살무늬처럼 끝이 뾰족한 것이 아니라 평평한 것들이 많이 있었고 그 용도도 참 다양하게 진화되어 사용되고 있었다는 것을 알게 되었다. 신석기 인들이 강의 물결이나 천둥이나 번개를 나타내려고 활용한 빗살무늬는 주로 그릇이 갈라지거나 깨지는 것을 막아주었다고 한다. 그 이후로 토기는 더 단단해지고 정교해졌고 빗살이 사라졌다. 그 이유는 바로 토기를 구워서 단단하게 사용하기 시작했기 때문이다. 즉 그릇이라는 것을 불에 굽기 시작한 것이다. 신화에서 대장장이는 대대로 신기한 힘을 가진다. 유명한 신화학자 미르치아 엘리아데는 〈대장장이와 연금술사〉를 통해 신화 속에서 대장장이의 역할을 설명한 바 있다. 모든 신화에서 대장장이의 상상력은 신이한 신의 능력으로 통한다. 그리스의 헤파이스토스가 대장장이였던 것은 익히 모두 아는 사실이고, 우리 신화에서 석탈해 역시 대장장이가 그의 조상이라고 주장하였고, 가야의 김수로도 철을 자유자재로 다루었던 왕으로 알려져 있다. 신화 속에서 연금술은 무에서 유를 창출하기 때문에 창조적인 능력을 가진 것으로 알려졌다. 이러한 연금술의 상상력은 현대소설 파울로 코엘료 〈연금술사〉로 이어지고 있다.

고대로부터 인간에게 문명의 기본은 먹고 사는 문제였을 것이다. 그래서 그릇은 그들의 삶을 대변해주는 상징물들이라고 할 수 있다. 로저 스크러튼은 〈아름다움〉이라는 책에서 아름다움은 최상의 가치이고, 우리가 그것을 위해 더 이상의 이유가 제시되지 않아도 추구하는 어떤 것이라고 명명했다. 특히 그는 최소한의 아름다움이라는 말을 사용해서 가장 낮은 단계의 아름다움을 이야기하고 있다. 식탁을 차리고, 방을 정돈하고, 웹사이트를 디자인할 때 볼 수 있는 미니멀리즘적인 아름다움으로 미학적 영웅주의와는 다르다고 말한다. 그릇은 일상생활을 움직이는 미니멀리즘적인 최소한의 아름다움이라고 명명할 수 있다. 그렇기 때문에 우리는 그것이 아름답다고 생각하기 보다는 그것의 편리함에 더 관심을 주고 있는 경향이 있다.

그러나 우리문화에서 그릇은 문화적 뒷이야기를 가지고 있는 가장 중요한 최소한의 아름다움이라고 말할 수 있다. 〈삼국유사〉의 장보고(張保皐)의 이야기가 그릇과 관련되어 이야기 될 수 있기 때문이다. 장보고(張保皐) 시절에 일본에서는 고가의 자기를 많이 가진 사람의 권력이 커질 정도였다고 한다. 화려한 그릇을 소유한 것 때문에 신분의 질서가 위협당하고 있었다고 하니 참으로 놀라운 일이다. 장보고는 중국 월주요 자기를 들여와서 다시 내다 팔았던 조공무역을 하였다. 남의 나라에서 물건을 가져다 또 다른 나라에 되파는 것을 조공무역이라고 한다. 중국 월주요 자기는 장보고 시절에 가장 널리 알려진 국제화된 물건이다. 장보고가 주로 사용한 장사 방법이다. 그런데 가져오는데 걸리는 시간과 비용이 너무 컸던 모양이다. 장보고(張保皐)는 중국에서 도공을 들여와 우리나라의 남해안을 조사하게 했다. 가장 적합한 땅이 청자 문화제가 열리는 강진의 대구면이라고 한다. 그곳에서 나오는 흙이 자기 만들기에 가장 적합하다고 한다.

우리는 일상적으로 그릇을 도자기라고 부르는데, 도토라고 하는 붉은 진흙을 이용해 만든 것을 도기라고 하는데 주로 낮은 온도에서 구워지며, 자토라고 하는 흙으로 만든 자기는 1500도 이상의 온도에서만 구워진다. 도기와 자기를 합해서 도자기라고 부른다. 우리나라에 가장 유명한 고려청자는 그 연원을 장보고의 도자기 수입으로부터 비롯되었다고 볼 수 있다. 장보고 상단이 거래를 했던 곳에는 어김없이 해무리굽 자기들이 있다. 장보고 상단은 많은 자기를 중국으로부터 들여왔고, 특히 사치품이 되는 그릇들을 가져다 귀족들에게 팔았다. 그런데 일본의 장보고 관련 장소들, 자단목을 들여온 인도네시아, 이집트의 박물관에서도 이 해무리굽 자기는 발견되었다. 당시 많은 사람들이 쓰고 있었던 것이 아닐까하는 추측을 하게 한다. 장보고의 발자취는 현재 강진 청자문화제에서도 느껴진다. 흙과 물이 만나 새로운 창조물인 자기를 만들어 낸다. 그렇다면 도공들은 사회에서 천시 받아가면서 어떻게 그릇을 만드는 일에 전념할 수 있었을까. 예술에 대한 장인의식이 우리에게 고려청자라는 소중한 문화유산을 남긴 것이다.

청자문화제에서는 고려시대 청자를 만들었던 무명 도공들의 넋을 기리는 제의가 펼쳐진다. 그릇을 만드는 도공들은 역사적으로 늘 천시를 받았던 낮은 신분의 사람들이었다. 청자문화제는 고려시대 무명의 도공들을 기억하는 축제의 장을 만들었다. 무명 도공의 한은 고려시대에만 해당되는 것이 아니다. 무명이라는 말 안에 얼마나 많은 사람들의 눈물이 스며 있을지 짐작하게 한다. 도공들이 당시 마음의 안식처로 여기면서 기도를 올렸던 곳이 바로 강진의 〈정수사(淨水寺)〉라는 절이다. 〈청자문화제〉가 펼쳐지는 곳에서 멀지 않은 곳에 정수사가 있다. 그곳에는 고려시대 도공들의 위패가 모셔져 있는 도조사가 있다. 그 옆에는 도공의 넋을 기원하는 혼불등이 보인다. 청자를 굽던 도공들은 이곳에 와서 몸과 마음을 깨끗이 하고 어렵고 힘든 삶에 대한 고통을 인내하고 가족의 건강을 기원했다. 정수사에 모셔진 도공들의 넋을 위로하게 된다면 도공들의 삶이 저절로 느껴질 것이다. 고려청자를 보면 우아하고 섬세하고 화려해서 높은 신분의 사람들만 사용했을 것 같다. 실제로 권문세족들의 부를 늘리는 방법 중에 고려청자는 중요한 역할을 담당했다.

고려청자는 권문세족의 부를 증가시키는 수단으로 활용되었고, 많은 부를 가지는 지방 세력가들을 만들어냈다. 그릇으로 축적한 부와 권력으로 일개 지방의 장사꾼이 딸을 황후로 만들었던 일대 사건이 있었다. 고려시대에는 15개의 가문만이 왕실과 결혼을 할 수 있었다. 그런데, 이자겸의 난을 겪고 난 고려 왕실은 왕비를 폐위하고 장흥 관산의 임씨 처녀를 왕비로 들인다. 당시 이자겸은 왕의 외할아버지로 딸들을 왕실에 결혼시켜서 막강한 권력을 누리고 있었던 인물이었다. 이자겸의 난이 끝나고 이자겸의 딸들 역시 폐위당하고 만다. 이자겸은 영광으로 유배를 가게 되었다. 이 당시 장흥에는 임씨 아버지가 강진에서 나는 고려청자로 막대한 재산을 모은 부호로 유명했다. 당시에 막강한 부는 딸을 왕비로 만들었다. 그릇으로 부자가 된 사람과 그의 딸이 왕비가 된 이야기를 장흥 정안사 임씨 집안의 사당에서 들을 수 있었다. 이 이야기는 그 이전 시대를 살았던 장보고와 장보고의 딸을 생각나게 하기도 하고 김유신의 여동생 보희와 문희를 생각나게 하기도 한다.

장흥이라는 지명은 공예태후(恭睿太后)가 이 지방 출신이어서 붙여진 이름이었다. 임씨 처녀와 함께 영원히 흥할 곳이 되라는 의미의 지명이니 참 기분 좋은 이름이다. 강진 장군 최사진의 천거로 왕비가 된 장흥 임씨 공예태후를 기리는 사당 정안사 앞에는 조그마한 연못과 정자가 고즈넉하게 놓여 있었다. 아사지라고 하는 연못과 아사정이라고 하는 정자였는데, 참으로 애절한 인간사를 보여주고 있어서 감회가 남달랐다. 공예태후의 언니는 어느 날 천관산에서 이상한 기운이 내려오는 꿈을 꾸고는 동생에게 그 사실을 말한다. 꿈을 들은 동생은 비단을 주고 꿈을 사고 황후가 되는 것이다. 김유신의 여동생 보희와 문희의 이야기와 겹치는 부분이다. 보희 역시 신기한 꿈을 동생 문희에게 팔아버렸고 후에 무열왕이 된 김춘추의 부인이 바로 문희였다. 사람들에게 역사와 이야기를 헛갈리게 하는 화제의 드라마 〈선덕여왕〉의 춘추가 바로 무열왕이 된다.

선덕여왕 후 진덕여왕 다음 왕이 되는 것이다. 그런데 공예태후는 실제로는 임씨 집안의 맏딸이라고 한다. 설화는 사실과 다르게 민중들의 이야기 욕망이 쌓여서 만들어지는 것이다. 공예태후(恭睿太后)는 황후로서 최고의 복을 누린 사람이다. 5남 4녀를 두고 이 중에서 왕만 3명이나 배출되었고 그 아들들의 효심은 하늘을 감복시킬만 했다고 전한다. 그런데, 이 때 강진의 청자문화제가 펼쳐지는 대구면의 청자들이 최고 전성기를 맞았다고 한다. 2007년 인양된 태안바다에 침몰했던 청자가 이 시기의 것이라고 한다. 고려는 공예태후(恭睿太后)의 아들 중 하나인 명종 때 최우의 권유로 수도를 강화도로 옮긴다.

우리 문화에서 도자기와 뗄 수 없는 문화적 인물이 바로 장보고(張保皐)이다. 그릇 장사로 부호가 되어 딸을 신라의 왕실로 시집보내려다가 비참하게 제거된 인물이기도 하다. 장흥의 임씨 처녀의 아버지가 그릇으로 부호가 된 상인이라는 지점이 어쩐지 장보고의 이야기와 겹친다. 〈장도〉의 고유제를 시작으로 〈장보고 축제〉는 시작된다. 해마다 어린이날과 어버이날쯤에서 〈장보고 축제〉는 시작된다. 마을에서는 자발적으로 당제를 이어가지만 젊은 사람들이 없는 시골의 현실이다 보니 대부분 나이든 연장자들이었다. 조음도(장도는 조수간만의 차가 적어 조금물 때면 배를 타고 가지 않아도 건너다닐 수 있기 때문에 조음도라고 불린다고 한다)라고도 불리는 장도는 하루에 대여섯 시간 정도 걸어서 갈 수 있는 섬이라고 한다. 그래서 물때에 맞춰 가면 걸어서 갈 수 있는 가까운 섬이다. 그런데 우리가 구경 간 당제를 지내는 금요일 새벽은 물이 가득 차 있어서 배로 이동할 수밖에 없었다. 배는 특별한 장비가 없는 통통배와 같은 것으로 십여 명이 균형을 잘 맞춰서 타야만 기울지 않고 움직일 수 있다.

당제는 마을에서 정성스럽게 준비한 제사 음식이 올려지고 향을 피우며 시작한다. 상은 모두 세 상 차려진다. 중앙은 장보고 대사의 위폐가 모셔지고 양 옆에는 장보고와 절친한 관계로 유명한 정년 장군이 있고 정년 장군 맞은편은 혜일대사가 모셔져 있다. 1982년 까지는 장보고의 자리에 송징 장군이 모셔져 왔었다고 한다. 장보고는 신라 사람이고 송징은 고려 사람이다. 왜 고려 사람인 송징 장군이 여기에서 계속 모셔지다가 현대에 와서 장보고로 바뀐 것일까. 송징은 장보고의 다른 이름이라고 한다. 송징이라는 사람을 숭상하는 이유가 장보고의 업적과 상당히 일치한다. 특히 송징이 섬사람이고 무예가 뛰어났고 활쏘기에 능하다는 것이 장보고와 일치한다. 여러 가지 설화들이 비슷하거나 조금 변형되어 있다. 장보고의 또 다른 별칭으로 송징이라는 이름이 쓰였다고 생각하게 된 근거가 바로 구전되어오는 이야기들 때문이다. 송징과 엄장군이 주인공인 〈까투리섬〉의 이야기가 전해진다. 나라의 역적으로 몰린 장보고는 그 이름 그대로 기억될 수 없었을 것이다. 그래서 송징이라는 이름으로 불리고 엄장군은 염장이라는 장군의 전라도식 발음으로 지금껏 불려졌다. '염'과 '엄'자는 전라도 할머니 할아버지들의 발음에서 자주 혼동되어 발음된다고 한다. 간혹 어떤 곳에서는 장보고로 부르기도 했다고 전한다. 송징과 장보고는 모두 한사람이었던 것이라고 할 수 있을 것이다.

옛날부터 이곳은 나라의 제사 가운데 중사를 받는 여섯 곳 중에 하나였다고 전한다. 나라 제사에는 주로 소머리를 썼다고 한다. 나는 제사가 치러지는 동안 제사상 앞에서 굿을 하는 농악대들을 보면서 참 이상한 생각이 들었다. 무겁고 위엄스런 제사 중간에 왜 농악을 치는 것일까 궁금해진다. 아마 신도 인간처럼 이 날을 즐길 수 있기를 바라는 것이라 생각한다. 나는 난생 처음으로 이렇게 큰 제사에서 음복(제사가 끝나고 제사 음식을 나누어 먹는 것을 음복이라고 한다)이라는 것을 해보았다. 현재는 장도는 뜰배달이로 연결되어 마을과 수시로 오고 갈 수 있는 곳이다. 장도 우물터에서도 많은 자기들이 발견되었다. 장도에서 발견된 많은 그릇들은 장보고 박물관에 옮겨져 있었다.

장보고 시절 신라는 불교의 나라였고 차를 마시기 시작했다. 차를 마시기 위해서는 찻잔을 비롯한 자기가 필요했을 것이다. 이때 당나라에 갔던 신라선의 이름이 견당사였다. 이는 장보고의 선박이름이기도 하다. 전라도 지리산 자락의 쌍계사에 가면 차시배지 기념비를 볼 수 있는데, 우리나라에 차를 가지고 온 김대렴이라는 사람을 기념하고 있다. 아마도 장보고의 견당사 배를 타고 차를 가지고 들여왔던 것 같다. 장보고는 차를 마실 그릇을 가져오다가 급기야 직접 만들게까지 하였으니 우리의 식생활에 많은 영향을 끼친 것 같다. 불교를 국교로 삼았던 신라시대와 고려시대에는 모든 국민이 차를 즐겨 마셨으니 그릇이 많이 필요했을 것이다. 그런데, 고려시대의 서민들은 비싼 고려청자를 쓸 수가 없었다고 한다. 또한 권문세족들의 도공 착취 속에서 고려청자는 자연 도태할 수밖에 없었다. 조선시대 서민들이 사용했던 분청사기의 모태가 되는 고려의 녹청자는 이러한 민중의 필요에 의해서 개발된 그릇이었다. 주로 강진과 해남에서 만들어졌다고 하는데 남해안의 조개껍질을 빻아서 만들었다고 한다. 자기 박물관에 가면 당시의 생활상을 볼 수 있어서 흥미롭다. 그릇 하나에도 이렇게 즐거운 서사가 들어있음을 알게 된다. 이는 생활문화가 가지는 가장 소소한 아름다움이 아닐까. 어떤 학자는 이것을 두고 가장 하찮은 아름다움이라는 말을 하기도 한다.

신라와 고려시대의 그릇을 장보고(張保皐)와 연결해볼 수 있다면 조선의 그릇은 임진왜란과 연결해 볼 수 있다. 1592년 일본이 일으킨 임진왜란은 도자기 전쟁 즉 문화강탈 전쟁이라고 불리기도 한다. 이런 내용이 몇 년 전 광해군 시절 임신왜란을 배경으로 한 드라마 〈불의 여신 정희〉라는 드라마가 만들어지기도 하였다. 이 드라마의 주된 내용은 일본이 조선의 도자기를 가져가기 위해 혹은 조선의 도공을 데려가기 위해 온갖 나쁜 짓을 자행하는 것이 등장하였다. 당시 일본을 통일한 도요토미 히데요시는 유난히 조선의 도자기에 많은 관심을 가졌던 것으로 알려지고 있다. 따라서 많은 그릇과 도공들이 찬탈되었고, 국가적 기술이 유출되기에 이른다. 몇 년 전 학술조사차 일본의 사이타마 현 히다카 시에 갔을 때 고구려 신사로 불리는 〈고마신사(高麗神社)〉라는 곳을 가게 되었는데, 이 곳은 고구려의 후손이 지키는 신사라고 했다. 그곳에는 조선에서 온 도자기와 그릇이 전시되어 있었다. 조선의 도자기가 들어가기 전까지 대나무에 차를 마시는 문화가 있었다고 하니, 그릇을 구워서 단단하게 만드는 도자기에 일본식 이름이 붙여진 것은 지극히 상식적인 일이라고 볼 수 있다. 일상의 가장 흔한 그릇과 같은 것들이 역사적으로 많은 사건을 일으키면서 인류를 발전시켰다는 것이 최소한의 아름다움으로 이야기한 이유이다.

제2부

한국 신화의 미의식과 자의식의 태동

4장

한국 민간 신화에 등장하는 미의식

1 ___ 주체적 미의식과 삶을 향한 욕망

〈삼국유사〉의 〈낙산의 두 성인 관음과 정취 그리고 조신〉에는 조신설화라는 부부 이야기가 단행본 부록처럼 전해지고 있다. 조신은 지금의 강원도 낙산사라는 절의 사찰관리자로서 어느 날 절에 찾아온 민가의 아름다운 처녀를 연모하게 된다. 그러던 차에 그녀가 다른 곳으로 결혼 한다는 이야기를 듣고 매우 좌절하면서 불상 앞에서 불공을 드리다 깜박 잠이 들게 된다. 그런데 꿈속에서 그 아리따운 처자는 자신도 조신을 사모하였다고 고백하는 것이다. 이들은 그 때부터 부부로 살아가면서 여러 명의 자식을 낳는다. 그러나 그들의 생활은 점점 고단하기만 하고 가난과 굶주림에 허덕인다. 그때 부인은 이 난관을 극복할 계획을 먼저 제안하는 과단성을 보여준다. 그녀는 남편에게 "젊은 날 고왔던 얼굴과 아름다운 웃음도 풀잎 위의 이슬이 되었고, 지초와 난초 같은 약속도 회오리바람에 날리는 버들 솜이 되었습니다."라고 말하며 헤어지자고 말한다.

원효와 의상과 조선의 이야기가 있는 낙산사

다소 비약적인 상상력으로 보일는지 모르지만 이 이야기는 제주 무속신화의 여신들에게서 느낄 수 있는 삶에 대한 강한 생명력과 맥을 같이해서 흥미롭다.

'일만 팔천 신들의 고향'이 바로 제주도라고 부른다. 그러한 신들 중에서 80퍼센트 이상이 여성신이라는 것은 제주의 사회문화적이고 지리적인 것과 밀접한 연관성을 가진다. 우리는 〈송당본풀이〉와 〈궤네귓땅본풀이〉에서 돼지고기와 여성신화와의 관계를 살펴볼 수 있다. 기본적으로 제주도 민간 신화는 삼성혈에서 남자 셋이 태어났고 여자들은 배를 타고 유입된 구조에서 시작한다. 어찌 보면 토착신인 남성신과 유입된 이방신인 여성신의 끈질긴 갈등이 신화에 뿌리를 차지한다고 볼 수 있다. 따라서 우리나라 다른 지역에 전하는 이야기와는 다르게 여성과 남성의 갈등이 첨예하게 표출되고 있으며, 특히 여성 신들의 성격이 매우 자주적이고 강하게 등장하고 있는 것을 발견할 수 있다.

제주 무속신화에서 여신은 곡식을 들고 온 외지의 이주여성이기 때문에 주로 농경과 관련이 있다. 그녀들이 성으로 입성할 때 반드시 동반되는 것이 바로 오곡의 곡식과 소와 말이다. 이것들은 농경문화의 필수적인 산물로써 수렵 문화를 이루고 있던 토작 남신늘과의 갈등을 예고할 수밖에 없는 장치이다. 삼성혈에서 솟아난 남성신과 바다 건너 곡식을 가지고 온 여성 신들은 험난한 부부생활을 해야만 하는 운명을 가진다. 우선 이들 부부는 식생활 문화에서부터 모든 소소한 문화가 충돌할 수밖에 없다. 먹지 말아야 하는 고기를 먹어서 갈등을 보이는 신들이 유독 제주 무속신화에 많이 등장하는 것은 지리적 특성과 문화적 특성을 보여주는 지표들이다. 마빈 헤리스라는 작가가 문화를 수수께끼처럼 풀어가면서 돼지고기를 먹지 않는 민족의 기후와 종교와 생활양식을 결합시킨 것이 우리 제주 신화를 이해하게 하는 지점이기도 하다.

제주 무속신화의 부부들은 유교 사회에서 보여주는 전형적인 가정과는 상당히 다르다. 즉 전통 한국 부부의 기호학적 의미와는 다르게 매우 자의적이라는 점을 들 수 있다. 소쉬르는 이름을 나타내는 기표라는 것과 의미를 나타내는 기의라는 것 사이에는 필연성이 아니라 다양하게 달라질 수 있는 자의성을 가진다고 했는데 제주 신화의 부부관계들이 그러한 자의성을 띤다. 즉 고정된 관계가 아니라는 것이다. 특히 〈송당본풀이〉에 등장하는 부부의 관계는 남성과 여성의 권력 투쟁으로 볼 수 있고 토착신과 유입신의 갈등으로 볼 수도 있다. 솟아난 남신과 외지에서 이주한 여신들이 순탄하게 살아갈 수는 없었다. 일면 공감이 가는 말이다. 밭을 갈아야 하는 소를 잡아먹어버린다거나 거름을 공급하는 돼지를 잡아먹어버리는 남신들의 돌출행위는 부부에게 갈등의 원천으로 작용한다. 이는 자연과 인간의 생태적인 삶을 이해하면 자연스럽게 이해가 될 것이다. 제주의 부부 신들이 “땅 가르고 물 갈라서” 분산하는 극단적인 방법을 취한다는 것 역시 기존 다른 지역의 신화에서 찾아 볼 수 없는 요소이다. 제주의 신화에는 남성 신에게 절대적으로 복종하는 여성 신의 존재는 어디에서도 찾아볼 수 없다. 따라서 남성의 절대적인 권위도 없다. 척박하고 불리한 자연환경 속에서 삶의 주역으로 활동해야 했던 제주의 여신들은 자신들의 당당한 목소리를 낼 수밖에 없었을 것이다. 드라마 〈김만덕〉에서 우리는 제주 여성들의 부지런함과 무뚝뚝함 그리고 경제력을 함께 지켜볼 수 있다. 제주의 척박한 땅에서 거상이 된다는 김만덕은 어쩌면 제주의 신화들 속에서 볼 수 있는 주체적이고 자주적인 여신들의 현현이라고 볼 수 있다. 제주 신화 속 여성들이 우리들의 관심을 끄는 이유는 남성의 질서에 전복과 위반을 가져오는 단순한 이유 때문이 아니라 한 인간 안에서 남성성과 여성성이 공존하는 조화로운 존재인 양성성의 현대적 인간형을 보여주기 때문이다.

한라산에서 솟아나 사냥을 하면서 살아가는 남성 신들에게 어느 날 오곡과 송아지를 가지고 외지에서 이 섬에 찾아든 여성 신들의 결합이 〈송당본풀이〉의 내용이다. 즉 수렵문화와 농경문화의 충돌이 바로 남성 신과 여성 신의 갈등과 결합이라고 볼 수 있을 것이다. 수렵을 하던 습관을 가진 남성 신은 여성신이 중요하게 여기는 농경의 도구인 짐승을 잡아먹어 버린다. 〈송당 본풀이〉를 간단하게 재구성해서 살펴볼 수 있다.

〈송당본풀이〉에서 남성신 소천국은 오곡과 소를 가지고 외지에서 입도한 백주또와 결혼한다. 이들에게는 아들과 딸이 수십 명이 생기고 손자는 수백에 달한다. 그러나 수렵을 하던 소천국은 늘 노는 것이 일상이 된 인물이다. 그에게 일상은 사냥이었고 사냥은 필요한 때만 나가서 하면 되는 일이기 때문이다. 그런데 육지에서 들어온 백주또의 삶의 방식은 상당히 다르다. 그녀에게 삶이란 사냥처럼 비정규적인 노동이 아니라 늘 정규적인 노동을 요구하는 농사와 같은 것이다. 백주또는 사냥에 길들여져 노면서 지내는 남편에게 도시락을 싸주면서 소를 가지고 밭을 일구도록 종용해 들로 내보낸다. 그러나 지나가던 중에게 자신의 도시락을 줘버린 소천국은 배가 고픈 것을 참지 못한다. 급기야 밭을 갈기 위해 가져간 소를 잡아먹어 버리고 거기에서 그치지 않고 한 발 더 나아가 옆 밭의 소까지 잡아먹어 버린다. 자식을 위해 정기적으로 일정한 먹을 것을 마련하고자 했던 백주또는 밑천마저 잃어버린 셈이다. 남편이 잡아먹은 소는 수렵의 대상이 아니라 농경문화의 재산이었기 때문이다. 화가 난 백주또는 과감하게 남편에게 "땅 가르고 물 갈라 살림을 분산합시다"라고 냉철한 해결법을 제안한다. 부인과 헤어진 소천국은 다시 수렵 생활을 하면서 유유자적하게 살아간다. 그러나 이미 헤어질 때 백주또는 막내 아들을 잉태하고 있었고 그 아들 궤네깃또가 태어나 3살이 되자 아버지를 인식시켜주기 위해 소천국을 찾는다. 이때 아들이 장난으로 아버지 소천국의 수염을 잡아당기자 아버지는 화가 나서 아들을 무쇠석감에 담아 동해바다에 던져버린다. 수년을 떠다니던 무쇠석감과 아들 궤네귓또는 동해용궁에 도착하고 용왕의 막내딸과 결혼한다. 그 막내 사위 궤네귓또는 닥치는 대로 소와 닭을 먹어치워 용왕도 참지 못하고 막내딸과 사위를 다시 무쇠석함에 넣어 강남천자로 흘러가게 한다. 강남천자에 도착한 부부는 큰 난을 평정하였지만 강남천자에 머무르지 않고 제주에 다시 들어왔다.

이때부터 제주에는 "궤네귓또"를 맞이하고 기념하기 위해 돼지를 통째로 제사상에 올리는 풍습이 생겼다고 한다. 이는 농경문화의 대변인인 백주또와 수렵문화의 대변인인 소천국의 대립과 갈등을 그린 이야기이다. 당시 농경문화의 자식인 백주또의 자식을 동해에 돌려보냈으나 이 자식은 다시 제주로 돌아온다. 이는 어쩌면 농경문화와 수렵문화의 화해가 어느 정도 이루어진 것이라 하겠다.

그렇다면 왜 우리는 여성성의 새로운 아름다움의 이미지로 백주또의 상징성에 집중해야 하는가. 백주또의 삶의 자세가 무척 진보적인 양성성의 측면을 가지기 때문이다. 자신의 운명을 개척하면서 사랑을 얻고 곡모신이 된 〈세경본풀이〉의 자청비와 부모로부터 버림을 받지만 자신의 삶을 개척하고 부모를 다시 살린 〈삼공본풀이〉의 가믄장아기처럼 백주또는 남성적인 속성을 가진 여성 즉 양성성의 아름다움을 보여주는 인물이다. 대부분의 신화 속 이야기에서는 자신의 의견이 합리적으로 전달되지 않는 상황에서 가부장제의 여성들은 주로 인고와 견딤을 미덕으로 알고 넋두리와 인고의 인생을 살아야 했다. 그런데, 남편의 말도 안 되는 불합리한 상황에 백주또는 절대로 호락호락하지 않는다는 것이다. 또한 이미 헤어진 남편이지만 자식의 입장을 헤아려 부모를 만나게 하려는 의도 역시 무척 현대적인 발상이다. 아들을 데리고 이미 헤어진 남편을 찾으러 가는 것이다.

우리는 백주또의 이야기를 보면서 부부관계의 독립성을 보게 되며 자립적인 어머니의 상을 보게 된다. 백주또와 소천국 이야기는 오늘을 살아가는 우리에게 부부관계에 있어서 합리적인 대화와 소통이 무엇보다도 중요함을 보여준다. 백주또는 기존 신화와 옛이야기에서 활용하는 부부관계를 재점검하게 해주는 신화적 의미작용을 보여준다. 신화의 이야기는 모든 담론의 조직 원리를 가장 전형적으로 드러내준다. 김열규는 〈신부의 의미론〉이라는 이야기를 하면서 신부 측과 신랑 사이의 교환에는 신부 측에서 신랑에게 안겨주는 고통이나 난관이 포함된다고 말한다. 신부 측에서는 신랑에게 안겨주고 신랑은 그것을 받아넘겨야 한다고 말한다. 이러한 신부의 의미가 백주또에게는 해당되지 않는다는 것이 흥미롭다. 백주또의 부부관계와 부모와 자식관계를 살펴볼 때 무척 독립적인 인간의 존엄성이 보인다. 모성인 백주또에게 부성의 요소가 들어있고 여성이면서 남성성의 모습을 함께 가진다. 백주또는 양성성의 아름다움을 보여주는 인물이다.

의존적인 오늘날의 부모와 자식의 관계를 두고 볼 때 백주또와 소천국의 부모와 자식관계는 현대 문화를 다시 생각해 보게 한다. 소천국은 자식의 무례함을 참지 못하고 자식을 동해바다에 버리고 만다. 매우 비현실적이고 살벌한 부정이라고 느껴지는 지점이다. 그러나 신화는 극단의 이야기를 통해 현실을 반추하게 만드는 매개체라는 것을 상기한다면 이 이야기는 부모와 자식의 상징적 관계를 보여주는 것으로 이해해야 할 것이다. 조금만 더 넓게 생각해본다면 부모와 자식이 격을 갖추어야 한다는 현대적 의미로 재해석 될 수 있을 것이다. 부모와 자신의 삶이 독립적으로 존재할 수 있어야 함을 뒤에서 이야기할 〈세경본풀이〉의 자청비와 그녀의 부모들을 통해서 볼 수 있으며, 〈삼공본풀이〉의 가믄장아기와 그녀의 부모들의 관계를 통해 볼 수 있을 것이다. 우리는 〈송당본풀이〉의 소천국과 백주또와 궤네귓또에게서 부모와 자식의 독립적인 관계를 지켜야 하는 문화적 기의를 읽게 된다.

백주또의 "땅 가르고 물 갈라 살림을 분산합시다"라고 하는 냉철한 해결법과 이성적인 판단은 옛 이야기와 신화의 이야기에서는 찾아보기 힘든 매우 독특한 구조를 보인다. 미래를 중시하는 삶의 태도를 견지하는 양성성의 욕망을 가진 인물로 볼 수도 있을 것이다. 삶의 테두리를 정리하고 미래를 준비하는 여성들은 백주또의 현대적 현신들이다. 백주또는 양성성의 아름다움을 가진 실천적인 여성 인물로서 기존의 가부장적 질서를 넘어서는 양성성의 모성을 가진 인물이며 자존에 대한 미의식을 가진다고 볼 수 있다. 우리 신화의 여성 신들은 현대의 문화담론에서 이야기하는 알파걸적 속성과 양성성의 특성을 아주 오래전부터 아름다움을 원형적으로 그려 보이고 있다.

2 ___ 당당한 자기주장과 자의식의 발현

우리의 제주 무속신화에는 자기 자존감을 가장 중요하게 여기는 인물

제주도 산굼부리-하늘나라 옥황상제의 딸과 땅세계 남자가 사랑했지만 서로의 식생활이 달라 갈라지는 이야기가 있음

이 등장하는데, 바로 〈삼공본풀이〉의 가믄장아기이다. 제주 무속신화 〈삼공본풀이〉의 주인공 가믄장아기는 고전소설 〈심청전〉과 〈삼국유사〉의 〈효녀지은설화〉를 떠올리게 하며 어느 부분에서는 〈三國遺事〉의 〈무왕〉편에 등장하는 〈서동요〉이야기를 겹쳐서 떠올리게 한다. 최근 심청의 인신공희(人身供犧) 상상력은 현대소설에도 이어지는 상상력으로 활용되고 있는데, 대표적인 작품이 황석영의 〈심청〉과 이청준의 〈서편제〉라는 작품을 들 수 있다. 황석영의 〈심청〉에서는 19세기 중국 배에 팔려간 심청이 용궁에 간 것이 아니라 동아시아의 매춘의 경로를 보여주고 있다는 설정이다. 심청의 상상력은 우리 문화권에서 문화적으로 다양한 스펙트럼 속에서 조망되기도 하고 재생산되는 이야기이다.

그런데 제주 무속신화의 〈삼공본풀이〉의 막내딸 가믄장아기의 이야기는 고전소설에 등장하는 심청이와는 근본적으로 변별점을 가진다. 일단 가믄장아기는 부모로부터 매우 독립적이다. 김정숙은 가믄장아기의 가장 중요한 동기가 일과 신념이라고 할 수 있다. 일과 신념에 의해서 자기 자신을 삶을 개척하는 인물은 아니무스적인 속성을 가진 남성적 여성인 것이다. 〈세경본풀이〉의 자청비가 사랑하는 문도령을 한눈에 반해서 남장을 선택한 다소 디오니소스적인 감성적 인물이라면 가믄장아기는 집에서 쫓겨나 의탁하는 집의 막내아들을 매우 이성적으로 선택하는 아폴론적 인물이다. 즉, 그녀가 남편을 선택한 기준은 철저히 이성적인 판단에 의한다. 그녀는 부모에게 쫓겨나는 극한 상황에서도 감성적인 슬픔에 삶을 포기하지 않고 자신을 추스르는 이성적인 아폴론적인 인물이다. 그녀의 남편 선택의 기준은 벗처럼 지낼 마음씨 좋은 사람이다. 그녀는 남편을 주도적으로 이끌면서 엄청난 부를 일궈낸다. 그리고 자신을 쫓아버린 부모님들을 위해 두 언니처럼 말로 치장하는 효도를 하기보다는 부모를 위해 먹을 것을 장만하고 눈을 뜨게 해주는 실천적이고 이성적인 효도를 실행한다. 〈삼공본풀이〉의 이야기를 들어보자.

> 윗마을 남자거지와 여자 거지가 결혼해서 아이를 낳았는데, 첫째는 은장아기이고, 둘째는 놋장아기이고, 셋째는 가믄장아기 즉 나무바가지 아기이다. 그런데 이 거지가 셋째 딸을 나면서 집안에 운이 넘치기 시작해 부자로 살게 된다. 부모는 딸들에게 '누구 덕에 입고 행동하느냐?'라고 물었는데, 위의 딸들이 부모의 덕을 칭송하는 것과 다르게 막내 가믄장아기는 '내 배꼽 아래 선그뭇 덕으로 먹고 행동한다.'고 당돌하게 말한다. 이에 화가 난 부모는 딸을 내쫓게 되어 가믄장아기는 어느 초가집 마를 캐는 아들 셋을 둔 집으로 간다. 거기에서 가믄장아기는 가장 심성이 좋은 셋째 아들과 결혼해서 마를 캐는 곳으로 가서 어마어마한 금을 얻어 부자가 된다. 가믄장아기는 자신을 내쫓고 나서 거지가 되고 장님이 된 부모를 위해 거지 잔치를 열어 모시고 그들을 대접해서 마침내 눈을 뜨게 한다.
>
> 〈삼공본풀이〉 중에서-

여러 가지 이야기가 매우 재미있게 얽히고설킨 신화가 바로 〈삼공본풀이〉이다. 여기에서는 우리는 심청전의 모티프, 선화공주와 백제무왕이 된 〈서동요〉의 서동 이야기 모티프, 효녀 이야기, 반쪽이 설화 모티프 등이 얽혀있는 것을 볼 수 있다. 〈삼공본풀이〉처럼 우리 옛 이야기들에 등장하는 셋째 딸과 셋째 아들의 의미는 아주 특별하다. 매우 재주가 있거나 아니면 무척 바보스럽다. 가믄장아기는 재주 있는 셋째 딸이고 가믄장아기의 남편이 되는 셋째 아들은 반쪽이처럼 바보스럽고 충직하다. 이들의 만남은 남성적인 여성과 여성적이고 의존적인 남성의 조화라는 문화적 의미를 함축한다. 주체적이고 이성적인 가믄장아기에 비해 막내아들의 유일한 장점은 두 형들에 비해서 착한 마음을 가지고 있었다는 것이고 다행히 그것을 알아본 가믄장아기는 그를 낭군으로 맞이한다. 그런데 신기하게도 이 이야기는 신라의 선화공주 이야기와 백제의 무왕인 맛둥이의 이야기를 떠올리게 한다. 서동의 직업과 막내아들의 직업이 일치하고 있음을 보게 된다. 이들은 둘 다 부인 덕에 금을 발견한 인물들이다.

진평왕의 선화공주 역시 셋째 딸이며 공교롭게 부모에게 쫓겨나고 만다. 물론 가믄장이가 자신의 복 때문에 잘산다고 해서 쫓겨난 자발적 퇴출의 장본인이라면 선화공주는 타율적인 소문에 의해 억울하게 퇴출된 인물이다. 서동이라는 인물의 유언비어 때문에 강제로 궁에서 쫓겨난 인물이다. 하지만 이들이 남편과 더불어 부를 얻는 방법은 동일하다. 스스로 살 길을 모색하는 과정에서 금을 발견하게 된다는 것이다. 〈서동요〉에서는 셋째 딸 선화공주의 불미스런 행실이 세상에 노래로 회자되는 것을 괘씸히 여겨서 왕은 그녀를 왕궁에서 쫓아버린다. 결국 소문을 퍼트린 장본인 서동은 선화공수를 백제로 데려와 결혼하고 자신이 마를 캐던 곳으로 그녀를 인도한다. 그곳에는 금덩이가 쌓여 있으므로 그들은 결국 부자가 되고 아버지 진평왕에게도 인정을 받는 딸과 사위가 되었다고 이야기가 전한다.

선화공주와 서동이 발견한 금은 다소 횡재적인 성격을 가진다. 그러나 가믄장아기와 막내 아들이 발견한 금은 의미가 좀 다르다. 성실하고 심성이 고운 막내아들을 선택한 가믄장아기의 의지와 노력이 가미된 지혜의 결과이기 때문이다. 가믄장아기가 금을 얻는 과정에는 분명히 그녀의 의지가 반영되었다고 볼 수 있다. 그리고 선화공주와 서동이 금을 왕에게 전달한 것은 자신들의 입지를 확보하기 위한 것이었다고 볼 수 있다. 금을 신라에 전달한 다음 서동은 인정을 받아 무왕이 되었다고 전한다. 물론, 이것은 설화적 진실이다. 그러나 가믄장아기와 막내아들의 금은 보다 실천적인 부분에 쓰인다. 가믄장아기는 거지가 되고 눈이 먼 자신의 부모들을 위해 거지 잔치를 열고 눈을 뜨게 한다.

가믄장아기는 가난과 여성이라는 장애를 극복한 이야기 속의 양성성의 욕망을 가진 인물로서 지혜와 이성을 바탕으로 상황을 대처해나가는 인물이다. 적극적인 현대 시대의 도전적인 현대 알파걸의 모태가 되고 있다. 가믄장아기는 자신의 뜻을 굽히지 않고 자신의 신념에 따라 길을 위해 과감히 집을 나설 수 있는 강단을 가진다. 그렇다면 가믄장아기가 부모에게 부모의 덕이 아니라 자신의 선그믓 덕으로 먹고 입고 행동한다고 말한 이유는 무엇일까. 여기에는 부모와 자식의 관계 형성에 대한 신화적 의미가 들어있다. 결국 부모와 자식은 서로에게 종속된 관계가 아니라 서로에게 독립적인 관계여야 한다는 신화적 담론체계를 형상화한 것이다. 즉 현재를 살아가는 우리들에게 신화가 의미를 갖는 지점이라고 할 수 있다. 신화의 미토스는 현실을 이해하게 하는 로고스를 담고 있게 마련이다.

가믄장아기의 가출은 인간으로서 스스로의 자존을 인식한 여성임을 보여주기 위한 행위였다. 우리는 도전적인 양성성을 갖춘 현대 여성의 원형적 이미지를 〈삼공본풀이〉의 가믄장아기에게서 찾을 수 있다. 그러나 가믄장아기는 우리 신화에 등장하는 막내딸 콤플렉스도 잘 드러내주는 복합적인 인물 유형이다. 막내딸 콤플렉스란 부모를 위하거나 집안을 위해 자신을 희생하는 인물 유형으로 〈바리공주〉에게서 비롯된 용어이다. 가믄장아기 역시 마지막 딸로써 장님이 되어버린 거지 부모를 거두는 구원의 인물인 것이다. 희생의 이야기로 치자면 〈심청전〉을 들 수 있지만 근본적으로 가믄장아기와 심청이와는 거리가 있는 인물이다. 심청이는 공양미 삼백 섬 때문에 어쩔 수 없이 팔려간 인물이지만 가믄장아기는 스스로 자신의 운명을 선택한 여성이다.

여성은 전통적으로 자신에게 주어진 사회적 역할을 부모에게, 남편에게, 자식에게 종속시키는 경향이 있었다. 가믄장아기는 부모에게 종속된 자신의 존재를 과감히 분리시킬 수 있는 독립적인 자립심을 가진 인물이다. 태생부터 자존을 위해 고민하거나 열등감이 없는 도전적인 여성이 마국의 학자 댄 킨들런이 정의한 알파걸이라면 태생부터 부모로부터 독립심을 가진 여성이 바로 가믄장아기이다. 가믄장아기의 남편 고르는 태도 역시 진취적이고 현명하다. 그녀가 남편을 고르는데 있어서 부모의 의견이나 다른 사람의 조언은 의미가 없다. 그녀는 스스로 자신의 이성적 판단에 의해 남편을 선택한다. 그녀는 세 남자의 마를 먹는 방법을 보면서 인간됨을 판단한다. 위의 두 형은 살 많은 잔등을 자신들이 먹는 반면 셋째 아들은 그 부분을 부모님에게 준다. 또한 쌀로 한 밥을 세 아들에게 내놓자 위의 두 형은 먹어보지 않은 것이라고 사양하고 셋째만 즐겁게 받아먹는다. 따라서 가믄장아기는 셋째 아들을 자신의 남편으로 받아들인다. 즉 인간의 도를 알면서 삶에 대한 호기심과 도전을 가진 남성을 스스로의 판단으로 선택한 것이다. 기존 이야기들에서 배필이 정해진 것이 대부분이라면 가믄장아기가 스스로 자신의 짝을 선택하는 부분은 현대 시대를 살고 있는 여성들의 양성성의 욕망과 통한다.

부모가 만들어준 안정된 환경에서 자라고 또 기득권을 벗어나지 못하던 이야기 속의 여인들과는 다르게 가믄장아기의 외출은 무모하고 위험할 정도로 과감하기까지 하다. 남자 같은 여자라거나 소년을 모습을 띤 소녀라는 미야자키 하야오의 애니메이션 〈센과 치히로의 행방불명〉이나 〈하울의 움직이는 성〉의 여주인공 '치히로'와 '소피'를 보는 것처럼 현대적이고 적극적인 인물이 가믄장아기이다. 가믄장아기는 스스로 삶을 개척한다는 긍정적인 의미를 던져주는 이야기 속의 주인공이다. 버려졌지만 좌절하지 않고 자신의 길을 개척하는 당찬 여성이다. 자신의 일을 통해 수많은 난관을 극복하는 여성들을 이 가믄장아기의 모습에서 찾아볼 수 있을 것이다. 그렇다고 가믄장아기가 부모를 거부하는 배은망덕한 인물은 결코 아니다. 부모에게서 떨어져 나와 스스로를 진정한 성인으로 발전시켜 나가면서 동등한 인격체로 성장하는 것이다. 우리는 신화 속 이야기들에서 자신의 진로를 스스로 결정해서 사회로 나아가는 이 시대의 가믄장아기들을 상상해 볼 수 있을 것이다. 현대 사회는 누군가의 생각이 아니라 스스로 현명하게 자신의 배우자를 찾아가는 신화 속 가믄장아기들이 많아지고 있다. 우리 신화의 오래된 이야기에 이렇게 급진적이고 미래 지향적인 양성성의 여성이 있다는 사실이 참으로 새롭게 다가온다. 가믄장아기를 효와 관련되거나 희생제의 측면에서 논의하는 일방적인 방식에서 벗어나 인간의 아름다운 성장과정과 독립이라는 측면에서 받아들여 볼 필요가 있다. 여성의 자립적 정신이 미의식으로 이어질 수 있는 지점은 미학의 의미가 계몽의 논쟁으로 이어지는 것에서 근거를 찾을 수 있다. 인간의 아름다움에 대한 인식은 자존감으로 이어지며, 그것은 삶을 기획하고 설계하는 힘으로 이어지기 때문이다.

3 ___ 개척의식과 도전의식의 아름다움

우리나라 제주 무속신화에 나오는 여성들은 하나같이 전복적이고 도발적이다. 특히 〈세경본풀이〉의 자청비는 전복성과 도발성에 있어서 최고라고 할 만하다. 어째서 이러한 여신이 등장하는 것일까. 우리는 그 실마리를 찾기 위해 신화가 빠롤이고 의미작용의 한 양식이라고 지칭했던 롤랑바르트를 다시 상기해볼 필요가 있다. 신화 읽기가 미토스 안에서 로고스를 찾는 것임을 상정할 때 〈세경본풀이〉의 '자청비'는 여러 측면에서 논의가 가능하다. 여성의 몸으로 네 명의 남자와 어떤 사회적 역학관계를 보이는지 살펴보면서 자청비라는 여성이 가지는 개척의식과 도전의식을 살펴 볼 수 있다. 자청비는 먼저 하늘나라 목도령을 사모한다. 그리고 목도령에게 사랑을 선택받는 타자가 아니라 사랑의 주도권을 자신이 가지는 주체성을 보인다. 다음으로 부모 특히 아버지와 대립하는

제주도 삼성혈-솟아난 남신과 입도녀의 신화

인물로 등장한다. 여자로서 죽은 사람을 살려내는 재주를 가졌기 때문에 그녀는 아버지에게 쫓겨나고 만다. 또한 자기 집의 정수남이라는 하인이 자신을 범하려 하자 지혜를 발휘해서 그를 물리친다. 마지막으로 시아버지의 시련에 기꺼이 도전함으로써 오곡을 얻어 인류를 위한 곡모신이 된다. 제주 무속신화의 담론을 통해 신화 담론을 권력과 관련된 언어의 앙상블로 볼 수도 있지만 신화담론 자체를 의미의 앙상블로 바라볼 수도 있다. 우리는 제주 무속신화의 담론을 통해 여성의 의미구조를 양성성의 측면에서 바라볼 수 있다.

제주의 독특한 신화구조를 제주의 자연환경과 연결시키는 것은 전 세계 신화의 변별점을 두고 볼 때 너무나 자명한 일이다. 홍수가 일어나기 쉬운 지역에서는 어김없이 홍수신화가 창조신화의 일부분으로 등장한다. 건조한 사막의 척박한 기후는 인간을 미이라로 만드는 영혼불멸의 사상과 피라미드로 신화화되었다. 그리고 밤과 낮의 여신들이 등장했고 지상의 왕과 지하의 왕을 만들어 냈다. 북유럽의 극야와 백야의 자연환경과 거대한 숲은 이그드라실이라는 우주목을 만들어 냈고 심지어 라그나로크라고 불리는 신들의 황혼 즉 세상의 종말을 신화의 세계에서 그려내고 있다. 일 년의 절반이 극야와 백야가 번갈아 오고 있는 자연 조건을 생각하면 신화의 발생을 짐작하게 된다. 따뜻한 그리스의 지중해 문화는 다양한 사랑과 증오와 갈등과 전쟁의 신화를 만들어냈다. 일본 역시 섬나라의 특성에 맞게 신들의 자식이 섬으로 태어나는 신화 이야기가 전해져오고 있다. 메소포타미아 바빌로니아 지역의 수메르 신화에서 영웅 길가메쉬가 영생을 얻고자 하지만 결국 뱀에게 어렵게 구한 영생의 약초를 빼앗기는 것은 그 지역의 자연 생태계를 잘 보여주는 것이라 할 수 있다. 바로 이러한 관점에서 우리의 제주도 역시 시형적으로 매우 독특한 곳이라는 사실에 주목할 필요가 있다. 제주도의 신화에는 유독 자연환경을 담아내는 독특한 신화들이 존재한다는 것이다.

우리나라에서 제주의 바다는 제주 무속신화의 세계를 이해하는 매우 중요한 요소가 될 것이다. 남성들은 배를 타고 나가면 불의의 사고를 당하기도 했을 것이다. 결국 생활의 근간을 지켜야 하는 여인들은 바다로 물질을 나가야 했을 것이고 그러다 보니 여성 중심의 경제 구조를 보일 수밖에 없었을 것이다. 제주 신들의 80퍼센트는 여신들이라고 하는 것이 납득이 되는 지점이다. 〈초공본풀이〉, 〈이공본풀이〉, 〈삼공본풀이〉, 〈칠성 본풀이〉 등 여성 신들이 너무나 많이 등장한다. 이들 제주도 무속신화에는 여성신들 만큼이나 특징적으로 특이하게 많이 보이는 상상력은 바로 꽃이 많이 등장한다는 것이다. 특히, 〈이공본풀이〉와 〈세경본풀이〉에 등장하는 웃음 웃을 꽃, 싸움 싸울 꽃, 절망 꽃, 살오름 꽃, 오장육부 만들 꽃, 숨쉴 꽃, 환생 꽃, 피가 살아 오르는 꽃, 죽은 사람 살아내는 꽃 등 수많은 꽃들은 제주 무속신화의 세계를 사회 문화적이며 자연 환경적으로 이해하게 해주는 신화적 상상력들이다. 현용준은 제주 무속신화에는 저승 세계에 꽃감관이 이승의 인간들을 관리하고 있다고 말한다. 즉 현생의 꽃이라는 매개체를 통해 미지의 신화 세계 혹은 저승세계를 연결시키는 상상력인 것이다.

꽃과 관련된 신화 상상력은 중국 남반부의 소수민족들의 신화에서 보이는 것과 비슷한 상상력이 보인다. 중국 소수 민족들의 신화의 주인공들 역시 대부분 여신들이라는 점이 우리의 제주 무속신화의 상상력과 만나고 있다. 그녀들 역시 꽃을 관장하고 그 꽃은 바로 인간세계를 나타내며 여신들은 바로 태양의 상징이기도 하고 거미의 여신이 되기도 한다. 중국 남반부의 소수민족들의 신화에서 거미의 여신들은 바로 직물의 여신들이 되고 있다. 제주의 여신들은 직, 간접적으로 꽃과 관련된 인물이 매우 많으며, 특히 자청비는 꽃 이외에도 곡모신이 되고 있다는 유사점이 있다. 동서양의 태양은 까마귀라는 새와 연결되는데, 신기한 것은 직물짜기와도 동시에 연관되어 이야기 된다는 것이다. 대표적으로 그리스의 태양의 신 아폴론의 수호 동물은 바로 까마귀이다. 그리고, 아테나는 매우 베짜는 솜씨가 좋은 아라크네와 베짜기 시합을 하는데, 이때 아테네는 올리브 나무를 수놓았지만 아라크네는 신들의 음란한 성문화를 수놓아 결국 아테네의 저주를 받게 된다. 그녀는 거미로 변해버리고 만 것이다. 서양 신화의 태양과 직물과 까마귀의 관계는 우리나라의 〈연오랑 세오녀〉의 이야기 안에서도 그대로 드러난다. 연오랑과 세오녀는 공통적으로 오(烏) 즉 까마귀를 가진 이름이다. 또한 일본으로 이들이 건너가자 신라에는 해와 달이 없어져 버렸고, 고국으로 귀환을 요구하는 사람들에게 그들이 준 것은 세오녀가 직접 바느질한 옷이었다. 태양과 까마귀와 직물의 재미있는 관계가 여기에서도 보인다. .

다시 자청비로 돌아와 보자. 우리의 옛 여인상들은 자청비의 모습과는 반대로 사랑에 있어서 대부분 선택을 받는 수동적인 존재로 그려진다. 어쩌면 선택되는 것이 한국 여인들의 운명이었을지도 모른다. 여자의 운명론적 사유는 오랫동안 유교 사회를 거치면서 우리 사회에 더욱 고착화되는 타율적 이데올로기로 고착화되었다. 사실 조선 시대의 대표적인 러브스토리인 〈춘향전〉의 춘향은 이도령에게 선택되어 사랑을 받은 수동적인 인물 유형이다. 선택받은 사랑에 대해서 그녀는 끝까지 정절을 지켜냄으로써 사랑을 성취한 여성이다. 마치 우리의 이야기들은 무의식중에 〈춘향전〉의 사랑을 유전자처럼 닮으려고 했던 경향이 있다. 이러한 사랑 담론은 비단 한국의 것만은 아니다. 전 세계에서 600개가 넘는 신데렐라 부류의 이야기들은 바로 이러한 수동적인 사랑구조를 보인다는 것이다. 여성은 사랑을 하는 데 있어서도 누군가의 선택을 받아야 하는 수동적인 자세를 지닐 수밖에 없는 것이 가부장제 신화 구조에서 형성되는 스토리텔링의 구조였다. 그러나 우리 신화 〈세경본풀이〉의 주인공 자청비는 그와는 매우 다른 독특한 이야기 구조를 보여준다. 자신의 사랑을 스스로 찾아가는 자청비에게서 현대 여성의 주체성의 그림자를 읽게 된다.

〈세경본풀이〉의 자청비는 어떤 인물이었을까. 현대에서는 자청비는 술로 만들어지고 있는 상품이름이다. 곡모신이라는 의미와 미인이라는 이미지가 겹쳐져서 만들어진 술 이름으로 보인다. 사실 동서양의 여신들은 화장품과 악세사리와 옷과 심지어 음료를 상징하는 아이콘으로 작용한다. 머리의 뱀을 가진 메두사는 유명한 〈베르사체〉의 아이콘이고, 북유럽의 아름다운 여신 프리야는 〈프리야 앤 노스〉라는 보물의 상징 아이콘으로 쓰인다. 마법의 노래를 불러 오디세우스의 항해사들을 모두 물에 빠지게 한 세이렌은 〈스타벅스〉의 주인공으로 전 세계에 무언의 커피 광고 노래를 여전히 부르고 있다. 승리의 여신 니케는 스포츠 나이키의 상징으로 활용되고, 새벽의 여신 에오스는 카메라의 성능과 연계되어 올림포스 카메라의 상품이름으로 쓰인다. 아름다움의 여신 비너스는 유명한 세계 속옷 브랜드의 이름이고, 밤의 여신 녹스와 헤라는 화장품의 상품 로고로 활용되고 있다. 페르세포네라는 딸을 하데스에게 빼앗기고 전 세계를 울면서 통곡하던 데메테르 여신은 곡식의 여신답게 쎄레스라는 트럭의 이름이 되기도 하고 자연주의를 지향하는 향수 회사의 대표 이름이 되기도 한다. 정말 재미있는 것은 중국의 항아 여신이다. 이 여신은 인간세계로 추방당한 남편 예(羿)가 가져다 준 불사약을 혼자 몰래 마셔버리는데, 몸이 둥둥 떠서 하늘로 오르다가 달에 숨었다. 중국에서는 달 로켓 우주선을 항아로 지칭하고 있다. 이는 미래 우주의 세계와 과거 신화의 세계가 미묘하게 겹치는 이름이라고 할 수 있다. 어쩌면 현대는 신화를 사고 파는 시대가 아닌가 하는 생각이 들 정도이다.

자청비는 아니무스적인 속성이 강한 남성적 여성이라고 할 수 있다. 반대로 남자 주인공 문도령은 아니마적 속성을 가진 여성적 인물이라고 볼 수 있다. 자신의 운명을 스스로 개척해가는 자청비는 궁극적으로 곡물신이 되는 여신이다. 그러나 곡물신이 되기까지 파란만장한 그녀의 삶의 스펙트럼은 현대를 살아가는 여성들의 모습과 겹치는 현대적 상상력을 담고 있다. 구체적으로 〈세경본풀이〉를 들여다보면서 어떻게 양성성의 아름다움이 실현되고 있으며 그러한 양성성이 어떤 문화적 작용과 함의를 가지는지 살펴보기로 하자.

> 자청비는 김진국 대감과 자지국 부인 사이에 귀하게 태어난 아이였다. 그녀는 자신을 의미화 하는데도 매우 적극적이다. 심지어 그녀는 그녀의 몸종 손이 예쁜 이유가 항상 빨래를 해서라고 말하자 주천강 연못에 빨래를 하러 갈 만큼 적극적인 성격이다. 우연히 하늘나라 문도령은 빨래하는 자청비를 보고 첫눈에 반해 땅세계로 내려오는데, 자청비 역시 그를 보자마자 그를 마음에 두고 남장을 하고 그와 함께 글공부 길에 오른다. 그녀는 자청해서 그와 동거동락 하면서 자신이 여자임을 밝히지 않고 있는데, 어느 날 문도령의 아버지인 하늘나라 옥황의 소환소식이 전해진다. 함께 서당에서 하산한 자청비는 돌아가는 길에 냇가에서 목욕을 하자고 문도령에게 제안하고 버들잎에 자신의 마음을 담은 편지를 쓴다. "눈치 없는 문도령아, 멍청한 문도령아, 연 삼년이나 한 이불 속에 짐을 자도 남녀 구별 눈치 모른 문도령아"리고 흐르는 물에 띄운다. 자청비와 문도령은 백년가약을 약속하고 문도령은 박씨 하나를 남기고 하늘나라로 떠난다. 그러나 박이 익어 가면 만나자던 문도령은 소식이 없고 자청비 집안의 하인인 정수남은 자청비를 범하려고 한다. 자청비는 지혜를 발휘해서 정수남을 죽이는데 그녀의 부모들은 오히려 딸을 나무라고 집에서 쫓아버린다. 그녀는 서천꽃밭을 지키는 꽃감관의 황세곤간의 막내사위가 되어 살오는 꽃, 피가 살아 오르는 꽃, 죽은 사람 살아내는 꽃들을 얻어 정수남을 살려서 부모에게 보내주지만 죽은 사람을 살려내는 것이 불길하다고 그녀

> 의 부모에게 결국 다시 쫓겨난다. 우여곡절 끝에 문도령을 만나지만, 이미 문도령은 혼인이 정해져있었다. 곧 결혼을 앞둔 문도령은 부모님께 자청비에 대해서 고하지만 옥황상제는 자신의 며느리 자리를 쉽게 허락하지 않는다. 물길 위의 작두날을 가르고 걸어올 수 있어야만 며느리가 되는데 자청비는 드디어 이를 완수한다. 하늘 옥황에 큰 난리가 났는데 자청비는 서천꽃 밭에서 가져온 꽃으로 난을 수습하게 되고 땅 한 조각 물 한 조각 내주겠다는 시아버지의 제안을 거절하고 오곡의 씨앗을 얻는다. 그녀는 문도령과 7월 보름 백중에 인간세계로 내려온다, 문도령과 자청비가 세경의 신이 된 이유이다.
>
> 〈세경본풀이〉 중에서

위의 이야기처럼 자청비는 사랑에 적극적인 여신이면서 농경의 여신이기도 하다. 자청비가 보여준 사랑의 의미주조와 그녀의 선택에 개척의식이 어떻게 들어나고 있는지 살펴보자. 먼저, 문도령의 사랑을 얻기 위해 남장을 선택한 과감함을 개척 의식의 첫 번째 특성으로 볼 수 있다. 자청비는 남녀관계를 주도적으로 끌고 가는 남성적 여성인 아니무스적인 인물이다. 아름다운 손을 가지기 위해 "주천강 연못에 빨래를 하러 갈 만큼 적극적인 성격"이다. 그녀는 자신의 아름다움을 적극적으로 개발하고자 하는 여성성을 가지지만 자신의 사랑을 위해 과감히 변장까지 하는 아니무스적인 속성을 가진 여성이다. 자청비는 문도령을 "마음에 두고 남장을 하고 그와 함께 글공부 길에 오르는" 인물이다.

다음으로 하인 정수남이 그녀를 범하고자 하자 그를 진정시켜서 이성적으로 대처하고 위기를 물리칠 수 있었던 것을 들 수 있다. 자청비는 지혜를 발휘해서 정수남을 죽이는데 그녀의 부모들은 오히려 딸이 집안의 재산인 하인을 죽였다고 딸을 나무라고 그녀를 집에서 쫓아버린다. 그런데 자청비가 쫓겨난 후에 그녀는 다시 남장을 선택한다. 자신이 사랑하는 남자와 함께 하기 위해 남장을 선택했던 것처럼 그녀는 자신의 위기를 극복하기 위해 다시 남장으로 "서천꽃밭을 지키는 꽃감관의 황세곤간의 막내사위가 되어 살오는 꽃, 피가 살아 오르는 꽃, 죽은 사람 살아내는 꽃들을 얻어 정수남을 살려서" 자신의 부모에게 빚을 갚으려 한다. 자신을 지키기 위해 자청비는 자발적으로 남성을 선택한다.

드디어 문도령과 하산하면서 먼저 사랑 고백을 한다. 그러나 다시 돌아 오겠다던 문도령은 돌아오지 않고 자청비는 자청해서 문도령을 스스로 찾아간다. 그녀는 시련의 통과제의를 적극적으로 받아들인다. 고전소설 속의 여주인공들이 현숙한 모습으로 기다리는 망부석의 이미지라면 그녀는 스스로 사랑을 찾아가는 망부운과 같은 존재이다. 사랑과 운명에 맞선 〈세경본풀이〉 주인공 자청비는 남녀 간의 사랑에 있어서 여성이 남성보다 더 적극적이고 능력도 더 우수한 신화 속 알파걸이다. 또한 여성원리의 생산력과 번식력으로 읽혀지는 〈세경본풀이〉는 오곡을 가지고 하강한 자청비의 농경기원신화로 읽히고 있다. 자청비는 망부석처럼 한 자리에서 자기의 사랑을 기다리며 인내하는 유형이 아니라, 마치 망부운처럼 자신의 의지에 의해 사랑을 쟁취한 이야기이다. 여기서 망부운이란 중국의 신화학자 위 앤커에 의하면, 운우지정(雲雨之情) 즉 아침에는 구름으로 저녁에는 비로 무산을 돌아다니는 무산무녀의 신화가 다른 지역으로 전해진 이야기이다. 무산무녀의 주인공은 염제신의 요절한 세 째 딸 요희를 가리키는데, 그녀는 요초로 다시 태어나 사람들이 그것을 먹으면 사랑을 받는다고 한다. 한 여인의 신화에 무산무녀와 같은 망부운 상상력과 요초와 같은 망부석의 기다림을 이야기하는 신화 상상력이 공존하고 있는 것이다. 이처럼 망부운 전설의 주인공 여성들은 수동적으로 사랑을 기다리는 것이 아니라 자신의 사랑을 적극적으로 지켜내고 찾아가는 능동적인 현재형 인물들이라고 할 수 있다.

또한 우리는 자청비가 문도령 부모님의 허락을 받기 위해 스스로 험난한 통과의례를 수행했던 점을 눈여겨 볼 수 있다. "물길 위의 작두날을 가르고 걸어올 수 있어야만 며느리가 되는데 자청비는 드디어 이를 완수한다."는 것은 자청비의 남다른 영웅성을 보여주는 것이다. 그리고 그녀는 하늘나라의 난을 평정하고 시아버지에게 보답으로 받는 것이 권력의 끝자락인 "땅 한 조각이나 물 한 조각"이 아니라 "곡물"이라는 점은 그녀를 문화적 개척 의식의 욕망을 가진 인물로 읽게 한다. 자청비가 궁극적으로 선택한 것이 땅이나 물과 같은 권력이 아니라 어머니의 모성을 느끼게 하는 곡물이라는 점이 포용적인 여성성을 더 부각시킨다. 여성의 몸으로 남장까지 해서 그녀가 얻어낸 것은 비단 사랑에 머무르지 않는다는 점이다. 그녀는 한 인간을 사랑하는데 성공한 것이 아니라 인류를 위해 곡식을 얻어낸 포용적인 문화영웅이다.

우리 시대에 자청비는 도발적이고 주체적으로 인식되는 사랑의 아이콘이다. 그녀에게 사랑의 의미작용은 매우 전복적인 상상력이다. 사랑은 선택받는 행위가 아니라 스스로 선택하는 자발성을 가진 의미 체계로 변화시키고 있기 때문이다. 사랑을 위해 남장을 하고 사랑을 위해 죽음을 불사하는 용기를 보이고 사랑을 통해 세상을 보듬는 곡물신이 된다는 것은 양성성의 상상력을 보여주는 것이다. 능동적이고 자발적인 사랑의 주체가 남성이라는 기존의 이야기 담론 체계에 사랑의 역학관계를 바꾸는 인물이다. 여성이 온전히 자신의 특성을 지켜가면서 자신의 자리를 찾아가는 일은 지극히 어려운 일이었다. 하지만 자청비는 옛 이야기 속에서 매우 주체적이면서 자주적인 여성상이다. 그렇다고 아름다움이나 여성적인 것을 포기하면서 찾아가는 것은 결코 아니다. 그녀는 아름다움을 위해 빨래를 자청하는 매우 적극적인 여성인 것이다. 자청비는 개방적이고 자주적인 제주 여신들의 원형이라고 평가되곤 한다.

자청비는 현대 살아가는 여성들에게 정신적인 강인함과 아름다움의 신화적 멘토를 제공해줄 수 있는 적극성을 가진 인물이다. 사실 요즘 자청비와 같이 자신의 삶을 개척해가는 여성들이 점점 많아지고 있다. 어느 신화학자의 말을 떠올려 보면, 신화의 귀환인 것이다. 자청비는 자신의 생각을 합리적으로 풀어가는 여성으로서 갈등과 포기가 아니라 대화와 극복이라는 긍정의 힘을 가지는 여성이다. 또한 자청비는 남녀 간의 관계나 부모와의 관계에서 결코 자신을 잃어버리는 소극적인 유형이 아니다. 그녀는 누군가에 의해서 살아가는 수동적인 인물이 아니라 스스로를 지켜내는 힘을 가진다. 또한 현재의 자신을 더욱 발전시켜서 보다 더 큰 자아로 나아갈 수 있는 전형적인 알파걸적인 속성을 보인다. 알파걸은 태생부터 차별이나 부당함을 인정하지 못하는 이 시대의 주체적이고 능동적인 여성들을 일컫는 신조어이다. 자청비는 신화 속의 알파걸이라 칭할 수 있다. 그녀는 어렵게 도달한 마지막 시험의 자리에서 자신의 영달이 아니라 세상을 보듬을 수 있는 오곡을 원하였다. 자신을 더 큰 자아의 세계로 던질 수 있는 여성이다. 즉 자신의 능력을 적극적으로 활용해서 세상으로 나아가는 도발적인 여성인 것이다. 자청비는 현대를 살아가는 많은 여성들과 닮은 부분이 많은 주체성을 가진 여신이자, 자기의 삶에 적극적으로 도전하는 여성이라고 할 수 있다. 신화 속에 사는 여성이 현대를 사는 여성과 가장 잘 겹쳐지는 캐릭터이다.

5장

삼국유사에 등장하는 기이한 미의식

1 ___ 귀신과 현실의 세계를 잇는 미의식

우리나라 귀신의 원형은 아름다운 처녀이다. 왜 하필이면 처녀이며 그것도 아름답기까지 할까. 요절한 아름다운 여자는 하나같이 한을 품고 귀신이 된다. 〈삼국유사〉 속 귀신과 도깨비 역시 아름다운 여자와 관련이 있다는 점에서 어떤 연관성을 가질 수 있지 않을까. 우리나라 〈도깨비〉의 문화적 원형은 〈三國遺事〉의 〈비형랑과 도화녀〉의 '비형'과 〈처용랑과 망해사〉의 '처용'이리고 할 수 있다. 신화학자 김열규는 비형이라는 도깨비를 귀신과 인간의 중간자라고 말한다. 비형이란 존재는 이것과 저것, 여기와 저기의 중간적 존재라는 것인데, 무엇인가 서로 다른 것들이 맞닿아있는 곳에 자리 잡은 존재라는 것이다. 처용 역시 우리의 기억 공간을 채우는 도깨비의 원형에 속하는 인물이다. 축사의 의미를 가지고 대문이나 기와에 넣어지는 화상이 된 것으로 보아 처용은 노깨비의 원형이었을 것이다. 성(聖)과 속(俗)의 의미, 즉 공포와 두려움의 대상이자 친

근함에 대한 상반된 기호작용을 보이고 있는 증거가 되는 셈이다. 이 근거를 이어령의 논의에서 찾아볼 수 있다. 그는 처용을 이야기하면서 속의 공간에서 성의 공간으로 승화한 인물이라고 평한다. 그는 〈三國遺事〉의 〈처용랑과 망해사〉의 언술은 헌강왕과 처용의 동일한 서사가 반복되는 양상으로 보았다. 즉 헌강왕과 처용은 놀이를 끝내고 돌아오다가 장애에 부딪친다는 것이다. 헌강왕은 길을 잃고, 처용은 네 개의 다리 때문에 일상의 잠자리에 돌아갈 수 없게 된다는 것이다. 이러한 문제를 풀어내는 방법으로 춤과 노래가 결합되는데, 헌강왕은 동해용이 나타나 춤과 노래를 부르는 것으로 해결되고 처용의 춤과 노래는 역신의 말에 의해 덕으로 찬양된다는 것이다. 그래서 처용은 속에서 성으로 나아가는 종교적이고 초월적인 존재가 된다는 것이다.

그러나 우리가 여기에서 주목할 것은 비형의 어머니인 도화녀와 처용의 부인인 처용부인은 둘 다 그 사회에서 소문난 미인이었다는 점이다. 아름다운 미인들은 자신이 속한 사회에서 쉽사리 융화되지 못하고 성과 속의 양가성의 그네 줄을 타야만 하는 것이다. 그녀들과 관계를 맺고 있는 비형과 처용 역시 그 사회의 이방인들이었다는 것이다. 고대 그리스의 기이한 형상을 한 괴물들은 당시 페르시아 사람들의 야만성을 드러내기 위한 기호로 작용되었다. 그리스 신화에서는 성(聖)과 속(俗)의 경계만이 아니라 남녀의 성(性)의 경계까지 넘나들고 있다. 이처럼 이방인은 다른 문화권에서는 비정상적으로 속된 형상으로 그려지기도 하고 아마존의 전사들처럼 초월적인 힘을 가진 신성한 존재들로 그려지기도 하였다. 〈삼국유사〉 속의 비형의 경우, 자신이 인간의 자식임에도 불구하고 그는 철저하게 인간과 귀신의 존재로 살아가야 하는 철저한 이방인이었던 것이다. 어떻게 죽은 임금이 살아있는 여자와 함께할 수 있었고 귀신의 자식까지 낳을 수 있었는지 그리고 태어난 아들이 왜 이방인으로 혹은 귀신으로 살아야 하는지는 역사의 사실성과 너무나 밀착되어 있는 이야기이다. 〈도화녀와 비형랑〉의 이야기는 〈화랑세기〉를 중심으로 다시 재편한 이종욱의 〈색공지신 미실〉이라는 역사 해설서를 통해 살펴볼 수 있다. 〈도화녀와 비형랑〉의 역사와 이야기 사이에 드러난 비형의 탄생의 성스러움을 살펴보자.

> 임금은 이레 동안 그곳에 머물렀는데, 항상 오색구름이 지붕을 감싸고 방 안에 향기가 가득하였다. 그런데 이레 후 왕은 갑자기 종적을 감추었다. 도화녀가 이로 인해 임신하여 달이 차 곧 해산하려고 하자 천지가 진동하였다. 한 사내아이를 낳으니 이름을 비형(鼻荊)이라 하였다.
>
> 〈기이 제1편: 도화녀와 비형랑〉

역사의 아이러니이지만 이렇게 기이한 아름다움을 가진 여인에게서 비정상적으로 태어난 자식들은 하나같이 비범함을 가진다. 〈삼국유사〉의 〈도화녀와 비형랑〉을 통해 역사의 이야기에서 단서가 될 만한 부분을 살펴보자. 진흥왕이 죽자 둘째 아들 금륜 태자가 진지왕이 된다. 진흥왕이 죽었을 때, 사도황후와 미실과 미실의 동생 미생과 미실의 남편 세종은 왕의 죽음을 일체 발설하지 않았다고 한다. 그들은 둘째 아들 금륜 태자를 왕으로 추대하기 전에 미실과 먼저 정을 통하게 했으며 태자가 왕으로 즉위하면 미실을 왕후로 봉하기로 밀실계약을 해 놓기에 이른다. 그러나 전왕을 모신 미실이 황후가 될 수 없다는 신하들의 격렬한 반대 여론을 핑계로 진지왕은 미실을 황후로 맞아들이지 않는다. 그러나 미실은 화랑들의 존경을 받고 있는 국선 문노를 자기편으로 영입하면서 문란한 진지왕의 폐위에 앞장서게 된다. 문노는 진지왕의 폐위에 가담한 후 아찬이라는 큰 버슬을 받는나. 4년간 통치를 했던 진지왕은 어머니 사도왕후와 색공연인 미실에 의해서 쫓겨난 셈이다. 역사의 아이러니가 아닐 수 없다.

〈삼국사기〉에는 갑자기 폐위된 왕이 죽었다고 명기되어 있지만, 〈화랑세기〉에 보면 3년간 굴에 갇혀 있다가 죽었다고 한다. 바로 〈도화녀와 비형랑〉 이야기의 비밀이 풀리는 지점이다. "이 해에 왕이 폐위되어 죽고, 그 후 2년 만에 도화녀의 남편 역시 죽었다. 열흘 남짓이 지난 어느 날 밤에 왕이 생시와 똑같은 모습으로 도화녀의 방에 와서 말하였다."에서 폐위된 후 2년이라고 했으니, 사실은 유궁에 갇혀 있었던 때인 것이다. 진지왕은 갇혀 있던 유궁에서 잠깐 나오게 된다. 그리고 도화녀의 집으로 가서 도화녀와 이레 동안 머무는 것으로 유추해야 맞을 것 같다. 그래서 태어난 자식이 바로 귀신의 자식인 비형랑이다.

〈삼국유사〉에는 "한 사내아이를 낳으니 이름을 비형(鼻荊)이라 하였다. 진평대왕(眞平大王)은 아이가 매우 특이하다는 말을 듣고는 거두어 궁중에서 길렀다."의 내용이 나온다. 세간에서 죽었다고 생각했던 왕은 아직 살아있었고 그 왕이 몰래 유궁을 빠져나가 아름다운 도화녀를 만났고 비형랑이라는 귀신의 아이를 얻은 것이다. 그래서 이미 세상에 없는 것으로 되어 있는 진지왕의 자식인 비형랑은 귀신의 자식이라는 해괴한 별명을 가지고 기구한 운명을 살아야만 했을 것이다. 그는 밤마다 왕궁 담을 넘어 귀신들과 어울렸다. 귀신들은 아마도 비형과 같이 자신의 존재를 드러내기 어려운 음지의 자식들이었을 것이다. 진평왕은 그를 불러 귀신 친구 중 유능한 인물을 정계에 등용시키기까지 한다.

> 왕이 비형랑을 불러 물었다.
> "네가 귀신들을 거느리고 논다는 것이 사실이냐?"
> 비형랑은 대답하였다.
> "그렇습니다."

〈중략〉

왕이 또 물었다.

"귀신들 중에서 인간 세상에 나와 정치를 도울 만 한 자가 있느냐?"

비형이 대답하였다.

"길달(吉達)이란 자가 있는데 나라의 정사를 도울 만합니다."

왕이 말하였다.

"데려 오너라."

이튿날 비형이 길달과 함께 나타나자, (왕은) 그에게 집사의 벼슬을 내렸다. 길달은 과연 충직하기가 세상에 둘도 없었다.

〈삼국유사 : 기이 제1편 : 도화녀와 비형랑〉

비형랑이 자꾸 귀신들과 논다는 소문을 듣고 진평왕은 그를 불러 귀신 친구들과 함께 하룻밤 사이에 다리를 놓게 하는데, 아마도 매우 빨리 완성된 것을 하룻밤이라고 하지는 않았을까 싶다. 왕은 비형랑에게 친구 중 유능한 인재인 길달을 추천받아 정계에 등용시킨다. 그런데 비형랑이 친구 길달을 죽인다는 내용이 나와 또 호기심이 발동한다. "하루는 길달이 여우로 둔갑해 도망치자 비형은 귀신을 시켜 붙잡아 죽였다. 그래서 귀신들은 비형의 이름만 듣고도 무서워 도망쳤다."라고 하는 이야기가 나온다. 비형랑은 세상 사람들에게 무서운 이름으로 기억되기에 이른 것이다. 귀신들이 무서워하는 비형랑은 귀신을 쫓는 문구가 되었다고 한다. 아웃사이더 이방인이 속(俗)의 현실 세계에서 받아들여지지 못하고 결국 공포심을 불러일으키는 성(聖)의 세계로 나아가고 있는 것이다.

그래서 귀신들은 비형의 이름만 듣고도 무서워 도망쳤다. 그때 사람들이 노래를 지어 불렀다.

성스러운 임금의 넋이 아들을 낳았으니,

비형랑의 집이 여기로세.

날뛰는 온갖 귀신들이여,
이곳에는 함부로 머물지 말라.

민간에서는 이 가사를 써 붙여 귀신을 쫓곤 한다.

〈삼국유사: 기이 제1편: 도화녀와 비형랑〉

김열규의 말대로 여기와 저기에도 속하지 못한 비형은 이방인으로서 성과 속을 오가다가 궁극적으로는 이 두 가지 속성을 모두 가진 양가성을 가진 인물이다. 처용 역시 이방인이다. 비형이 아름다움의 서사와 연관된 기이한 탄생이라면 처용은 아름다움과 연관된 기이한 사랑담이다. 기이한 아름다움은 비형랑이나 처용처럼 축사의 기능을 수반하게 하는 매개체가 된다. 처용 역시 비형처럼 문화의 이방인이었다. 우리는 〈삼국유사〉에 나오는 '처용랑과 망해사'를 살펴볼 수 있다. 왕은 당시 물가에서 쉬고 있는데 구름과 안개가 캄캄하게 덮쳐 길을 잃었는데, 주위사람들에게 그 이유를 물었다. 당시 신하들이 왕에게 전한 이유는 다음과 같다.

"이는 동해에 있는 용의 변괴이니, 마땅히 좋은 일을 하여 풀어야 합니다."

그래서 왕은 동해용을 위해 근처에 망해사라는 절을 짓게 하고 구름이 거친 포구의 이름을 개운포라고 하였다. 동해의 용은 매우 기뻐하면서 자신의 일곱 아들을 데리고 나와서 왕의 수레 앞에서 덕을 찬양하며 춤을 추었다. 그 중 한 아들이 바로 처용이라고 한다. 왕은 그를 서울로 네려와 정사를 맡겼고, 미녀를 주어 아내로 삼게 하였다. 그런데 아내가 매우 아름다워 역신이 밤이 되면 몰래 와서 그의 아내와 자고 가는 것이었다. 처용이 밖에서 일을 하고 돌아와 보니 두 사람이 자고 있었다고 한다. 그것을 본 처용은 화를 내기는커녕 노래를 부르고 춤을 추었는데 역신은 처용의 그런 태도를 보고 얼른 도망을 갔다는 것이다.

> 동경(東京) 밝은 달에 밤새도록 노닐다가
> 들어와 자리를 보니 다리가 넷이구나.
> 둘은 내 것이지만 둘은 누구의 것인가.
> 본래 내 것이지만 빼앗긴 것을 어찌하리.

이 노래를 듣자 역신은 "제가 공의 처를 탐내어 지금 범했는데도 공이 노여워하지 않으니 감탄스럽고 아름답게 생각됩니다. 맹세코 오늘 이후로는 공의 형상을 그린 그림만 보아도 그 문에는 절대로 들어가지 않겠습니다."라고 말하고 줄행랑을 쳤다고 한다. 〈처용랑과 망해사〉이야기는 신화적인 환상성 뿐만 아니라 사회문화적인 자료로도 매우 요긴하다는 평가를 받고 있다. 마치 신라 말기 사회의 한 단면을 보여주는 영상처럼 선명하게 그려져 있기 때문이다. 참고로 헌강왕 때는 신라가 망하기 일보직전의 상황이라는 것을 기억해보기로 하자. 우선, 서울의 정경을 살펴볼 수 있다. "제49대 헌강대왕(憲康大王)대에는 서울로부터 동해 어귀에 이르기까지 집들이 즐비하게 늘어서 있고 담장이 서로 맞닿았는데, 초가집은 한 채도 없었다."라고 묘사한다. 49대 헌강왕은 875년에서 886년에 통치한 왕으로서 당나라 희종에 의해서 책봉된 왕이다. 당시 사회에서는 처용무가 유행했으며, 서울의 민가들은 모두 기와로 덮이고 사치와 환락의 시대였다고 하며 신라의 쇠퇴기가 시작되었던 때라고 전한다. 동해용의 아들로 낯선 신라에 와서 적응하는 처용은 역신이라는 속(俗)의 세계와 대결한다. 그는 춤과 노래로 역신을 물리치면서 성(聖)스러운 의미를 부여받는다. 비형과 처용은 이방인으로서 살아가야하는 운명을 거친다. 비형은 길달이라는 친구를 죽이고 처용은 역신을 물리침으로써 성(聖)과 속(俗)의 양가적 의미를 마침내 획득하고 있는 것이다. 그러한 성(聖)과 속(俗)의 양가적 이미지는 도깨비의 원형 속에 그대로 남겨지고 있다. 도깨비는 이방인이 성(聖)과 속(俗)의 인식구조를 거치는 과정에서 만들어진 개념이라고 할 수 있다.

이처럼 비형랑과 처용의 기이한 탄생과 축사의 기능은 도화녀와 처용부인의 그로테스크한 아름다움에 기인한다. 최선경은 도화녀와 처용부인과 관련되는 남성들이 일상적 인물이 아닌 신이나 신의 속성을 지닌 인물이라는 점에서 엘리아데가 이야기하는 신성혼의 의미를 가진다고도 볼 수 있다고 주장한다. 즉 죽은 임금을 불러내고 역신을 불러들일 만큼 기이한 아름다움은 예사롭지가 않은 것이다. 그로테스크한 아름다움은 도깨비와 귀신처럼 기이한 이미지로 현신되면서 축사의 성격을 갖는다. 처용의 이야기에서는 "그의 아내가 매우 아름다웠으므로 역신(疫神)이 흠모하여 사람으로 변해 밤이 되면 그 집에 와 몰래 자곤 하였다."고 기술하고 도화녀의 이야기에서는 "사량부(沙梁部)의 민가의 여인이 얼굴이 고와 당시 사람들이 도화랑(桃花娘)이라 불렀다. 왕은 이 소문을 듣고 궁중으로 불러 관계를 맺으려 하였다."고 기술된다. 즉 기이한 아름다움의 서사를 활용해 〈삼국유사〉는 축사의 신성성을 획득하는 소통 구조를 보이고 있는 셈이다. 이와 같이 귀신이나 요괴와 연루된 미의식은 중국의 경우도 비슷했는데, 중국의 〈요재지이〉라는 소설집에는 귀신과 인간의 사랑이 다양하게 그려지고 있고, 심지어 현대 영화〈천녀유혼〉, 〈화피〉, 〈화벽〉 등이 모두 이 책에서 기인하고 있다는 점이 흥미롭다.

2 ___ 민중의 대리욕망적 표상과 미의식

〈삼국유사〉 속에는 꿈에 의해서 왕후가 된 아름다운 두 여인이 존재하고 귀신과 연관된 두 여인도 존재한다. 더불어 논의할 수 있는 아름다움의 서사는 보다 더 치명적인 사건이다. 아름다움 때문에 '납치'되거나 쫓겨나서 길가에 나앉게 되는 '유기'상상력을 보여주는 아름다움도 있다. 선화공주와 수로부인이 바로 그 주인공들이다. 아름다움의 서사가 왕후가 되기도 하고 귀신과 연관이 되기도 했던 것과는 다르게 이제는 그 아름다움 때문에 사단이 벌어지는 것이다. 〈三國遺事〉속에 등장하는 여성 중에서 가장 치명적인 아름다움과 독특한 자아를 가진 이가 바로 수로부인이다. 이 여성의 행보를 보면 고대의 여성이 아니라 현대의 철부지 여성처럼 보이기 때문이다. 자신의 주장을 아무런 거리낌 없이 던질 수 있는 여성이며 뭇사람들의 사랑을 받는 여성이기도 하다. 심지어 자연의

삼척 수로부인 공원

신물들에게도 늘 관심거리가 되는 여성이다. 수로부인의 행보를 따라가 보면 양성적인 인물을 만날 수 있을 것이다.

> 성덕왕 대에 순정공이 강릉태수로 부임하여 가다가 바닷가에서 점심을 먹었다. 옆에는 바위가 마치 병풍처럼 둘러쳐져 있었는데, 높이가 천 길이나 되었고 위에는 철쭉이 활짝 피어 있었다. 순정공의 부인 수로가 그것을 보고서 주위 사람들에게 말하였다.
>
> "누가 내게 저 꽃을 꺾어 바치겠소?"
>
> 따르던 사람이 말하였다.
>
> "사람이 오를 수 없는 곳입니다."
>
> 다들 나서지 못하였으나 옆에서 암소를 끌고 지나가던 노인이 부인의 말을 듣고는 그 꽃을 꺾어 와서 가사도 지어 함께 바쳤다.
>
> 그 노인이 어떤 사람인지는 아무도 몰랐다. 다시 이틀째 길을 가다가 임해정에서 점심을 먹는데, 바다의 용이 갑자기 부인을 낚아채 바닷속으로 들어가 버렸다. 공이 넘어지면서 발을 굴렀으나 어쩔 도리가 없었다.
>
> 또다시 한 노인이 말하였다.
>
> "옛 사람이 말하기를 '여러 사람의 말은 무쇠도 녹인다'고 하니, 바닷속 짐승인들 어찌 여러 사람들의 일을 두려워하지 않겠습니까? 경내의 백성들을 모아 노래를 지어 부르면서 지팡이를 강 언덕을 두드리면 부인을 다시 볼 수 있습니다."
>
> 공이 그 말에 따르니, 용이 부인을 모시고 바다에서 나와 (그에게)바쳤다. 공이 부인에게 바닷속의 일을 물었다. 부인은 이렇게 말하였다.
>
> "일곱 가지 보물로 꾸민 궁전에 음식들은 맛이 달고 매끄러우며 향기롭고 깨끗하여 인간 세상의 음식이 아니었습니다."
>
> 부인의 옷에도 색다른 향기가 스며 있었는데, 이 세상에서는 알아볼 수 없는 것이었다.
>
> 수로부인은 절세미인이어서 깊은 산이나 큰 못 가를 지날 때마다 신물에게 빼앗겼으므로 여러 사람이 해가를 불렀다.
>
> 〈삼국유사: 기이 제2편 : 수로부인〉

순정공이 강릉태수로 부임되어 길을 가다가 그의 부인 수로가 일을 당하는 것은 우연히도 모두 점심을 먹는 때이다. 첫 번째 점심을 먹는 부분에서 수로부인은 벼랑 위에 핀 꽃을 꺾어오기를 뭇사람에게 소개한다. 그곳은 부인을 따르던 사람이 말하는 것처럼 "사람이 오를 수 없는 곳"이다. 그런데 기적처럼 지나가던 노인이 벼랑에 올라가 꽃을 꺾어 와서 부인에게 가사와 함께 바친다. 그 노래가 바로 헌화가이다. 그런데 이 부분에서 수로부인의 행동을 자세히 살펴보자. 점심을 먹을 때 부인은 자신이 좋아하고 보고 싶은 것을 주력해서 보는 여인이었다. 수로부인은 자신이 예쁘다고 생각하는 것을 당당하게 요구할 수 있는 알파걸이다. 그러나 그녀의 미모는 일연의 말대로 절세미인이었던 것 같다. 즉 팜므파탈의 요소가 드러난다는 것이다. 팜므파탈적인 아름다움은 지나가던 노인에게도 벼랑에 올라갈 수 있는 힘을 주었던 모양이다. 꽃과 함께 가사를 바쳤다는 표현에서 그러한 요소를 읽어낼 수 있다. 두 번째 사건도 점심을 먹는 곳이다. "바다의 용이 갑자기 부인을 낚아채 바다 속으로 들어가 버렸다."라고 전한다. 점심을 먹는다는 일상적인 행위보다는 벼랑의 꽃을 보거나 바닷가에서 용에게 잡혀간다. 이는 단순히 수로부인의 아름다움으로 돌리기보다는 수로부인의 성향에 대한 상상을 가능하게 한다. 호기심과 아름다움과 강한 자기주장이 수로 부인의 양성적 아름다움의 성향을 강화시킨다. 수로부인의 일련의 사건들은 그녀의 호기심이 불러온 것이라는 생각을 해 볼 수 있다.

수로부인의 호기심은 여기에서 끝나지 않는다. 용에게 잡혀간 수로부인은 "일곱 가지 보물로 꾸민 궁전에 음식들은 맛이 달고 매끄러우며 향기롭고 깨끗하여 인간 세상의 음식이 아니었습니다."라고 이계(異界) 체험을 이야기한다. 수로 부인의 성향은 항상 뭔가를 알고 싶어 하는 지석 호기심이 풍부한 여성일 것이다. 서양에서 데메테르라는 여신은 딸 페르세포네를 잃어버리고 밤낮을 식음을 전폐하며 울부짖는다. 결국 그녀는 신들을 움직여서 하데스에게서 딸 페르세포네를 찾아오지만 이미 딸은 지하세계의 음식을 먹은 후 였다. 따라서 그녀는 1년의 절반은 지상에서 보내고 1년의 다른 절반은 지하에서 보낸다. 인류는 그녀들의 이러한 사건 사고에 의해 봄과 여름을 가지고 가을과 겨울을 가지게 된 것이다. 수로부인의 바다 속 음식 체험은 페르세포네와 자주 비교되고 있고, 더 나아가 현대 소설가들은 수로부인을 현대적으로 소설화할 때 기후와 연관시켜 상상하곤 한다.

수로부인의 아름다움은 신물도 질투할 만 한 것이었다. 수로부인은 절세미인이어서 깊은 산이나 큰 못 가를 지날 때마다 신물에게 빼앗겼으므로 여러 사람이 해가를 불렀다. 즉 헌화가(자줏빛 바위 가에/ 암소 잡은 손 놓게 하시고/ 나를 아니 부끄러워하시면/ 꽃을 꺾어 바치겠나이다)처럼 그녀를 위해 사람들은 나이 여하를 막론하고 노래를 불러 바쳤다. 해가(거북아, 거북아! 수로부인을 내놓아라/ 남의 아내를 약탈해 간 죄 얼마나 큰가?/ 네가 만약 거역하고 내다 바치지 않으면/ 그물을 쳐 잡아서 구워 먹으리라)는 용왕에 들어간 수로 부인을 구출하기 위해 불렀던 주술적 노래였다. 자신의 주장을 당당하게 말할 수 있는 수로부인은 신화 속에서 사는 미시족이면서 치명적인 팜므파탈적인 속성을 가진다. 그러나 그녀는 민중의 힘을 한데로 모으는 순기능 역시 가진다. 민중의 강한 염원이 신도 움직일 수 있다는 논리가 통하는 것이다. 즉 선화공주와 수로부인은 치명적인 아름다움 때문에 납치되고 유기되는 지경에 이르지만 민중을 하나로 묶는 순기능을 하는 아름다움의 문화적 소통 구조를 보여주고 있다. 민중의 마음이 가상의 선화공주를 불러낼 수도 있고 민중의 염원이 납치된 수로부인을 되찾을 수도 있다는 것이다.

나라를 멸망할 정도의 절세미인을 경국지색(傾國之色)이라고 한다.

침어(浸魚)라는 별명을 가진 중국의 미인 서시는 어느 날 강변에서 강물에 자신의 아름다운 모습을 비추었는데, 그때 물 속을 수영하던 물고기가 수영하는 것을 잃고 물 속으로 가라앉았고, 초선이라는 미인은 달을 보고 있을 때 구름 한 조각이 달이 부끄러워 달을 가렸다고 한다. 양귀비는 한 술 더 떠서 꽃밭을 지날 때면 꽃이 부끄러워서 고개를 숙였다고 하는 말이 전한다. 인간의 절대적인 아름다움을 과장하기 위해 경쟁자는 인간이 될 수 없다는 의식이 깔려있고, 이것은 어쩌면 자연의 아름다움이 절대성을 가진다는 의미로도 읽힐 수 있는 역설미를 가진다. 수로부인을 잡아갔다는 용이나 잠수를 한 물고기나 달을 가린 구름이나 고개 숙인 꽃들은 모두 인간의 욕망이 빚어낸 이야기일 것이다. 현실적으로 수로부인은 잠시 몰래 놀러 갔다가 돌아 왔을 수도 있고, 서시를 본 물고기는 지쳐서 잠수를 한 것일 수도 있고, 달을 가린 구름은 그냥 흐르고 있었을 것이고, 꽃 역시 저녁 무렵이면 고개를 숙이고 아침에 다시 고개를 들게 마련이다. 결국 자연의 절대성에 인간의 미의식을 견주어 그 아름다움을 절대화하려는 것은 인간의 욕망의 표출일 것이다.

3 ___ 이상세계를 향한 징검다리로써 미의식

우리가 주지하다시피 〈서동요〉라는 노래는 선화공주를 얻기 위한 서동의 술책이다. 〈서동요〉를 통해 선화공주는 신라의 진평왕에게 쫓겨나고 백제의 서동과 백년가약을 맺는다. 아름다움은 치명적인 결과를 낳고 있는 것이다. 수로부인 역시 치명적인 아름다움 때문에 용에게 납치되는 인물이나. 수로부인을 구하기 위해 불렀던 〈해가〉는 납치한 부인을 돌려주지 않으면 구워서 먹겠다고 협박까지 한다. 일단 〈무왕편〉의 인용구를

서동요 축제 속 선화공주

살펴보도록 하자.

〈무왕(옛 책에는 무강(武康)이라고 했으나 잘못이다. 백제에는 무강왕이 없다)〉

제30대 무왕(武王)의 이름은 장(璋)이다.

〈중략〉

선화 공주님은 남몰래 짝지어 두고

서동방(薯童房)을 밤에 몰래 안고 간다네.

〈중략〉

그리고는 함께 백제에 도착하여, 어머니가 준 금을 내어 앞으로 살아갈 계책을 세우러 하였다. 서동이 크게 웃으며 말하였디.

"이것이 무슨 물건이오?"

공주가 말하였다.

"이것은 황금인데, 백 년 동안 부를 이룰 수 있습니다."

서동이 말하였다.

"내가 어려서부터 마를 캐던 곳에는 이런 것이 흙덩이처럼 쌓여 있소."

공주는 그 말을 듣고는 매우 놀라며 말하였다.

"이것은 천하의 지극한 보물입니다. 당신이 지금 금이 있는 곳을 아신다면 이 보물을 부모님의 궁궐로 옮기는 것이 어떻습니까?"

서동이 말하였다.

"좋소."

그래서 금을 모았는데, 마치 구릉처럼 쌓였으므로 용화산(龍華山, 지금 익산(益山)의 미륵산) 사자사(師子寺)의 지명법사(知命法師)가 있는 곳으로 가서 금을 운반한 방법을 물었다.

법사가 말하였다.

"내가 신통력으로 옮겨줄 수 있으니 금을 가져오시오."

공주가 편지를 써 금과 함께 사자사 앞에 갖다 놓으니 법사는 신통력으로 하룻밤 사이에 신라의 궁궐에다 금을 날라다 놓았다. 진평왕은 그 신비스런 변화를 이상하게 여겨 서동을 더욱 존경하였고, 항상 글을 보내 안부를 물었다. 서동은 이 일로 말미암아 인심을 얻어 왕위에 올랐다. 〈중략〉

《삼국사》에 "이는 법왕(法王)의 아들이다"라고 했는데, 이 전기에서는 과부의 아들이라고 했으니 알 수 없는 일이다).

〈삼국유사: 기이 제2편: 무왕편〉

부모에게 거의 버려지다시피 쫓겨난 선화공주는 서동을 따라 백제로 온다. 그러나 그녀는 마를 캐던 맛둥이를 백제의 왕으로 만드는 능력을 발휘한다. 또한 서동이 발견한 금으로 아버지의 인정을 받아내고 백제 미륵사를 건립하게 하는 신화적 상상력을 주는 인물이다. 김혜진은 신라인들의 미의식을 황금과 연관시키면서 아름다움이 황금을 더욱 빛나게 하는 것이라고 주장한다. 그러면서 선화공주의 농염한 아름다움과 금의 아름다움을 연결시킨다. 물론 서동과 선화공주의 이야기는 역사와는 간극이 있는 이야기이다. 위의 인용구처럼 서동, 즉 무왕은 29대 법왕의 아들이며 그의 부인 역시 부여의 귀족 집안 딸일 가능성이 강하게 주장되고 있기 때문이다. 그러나 우리는 선화공주의 아름다움의 서사를 어디까지나 신화로 접근하기 때문에 그녀의 미륵사 재건은 민중의 염원과 관련을 시킬 필요가 있다. 이 설화의 배경에는 두 나라의 극심한 전쟁이 있었고 두 나라의 민중들은 그 어느 때보다 평화를 원하고 있었을 것이다. 즉 선화공주의 치명적 아름다움은 전쟁을 하던 두 나라에 일종의 이야기를 통한 완충적 문화공간을 만들어내고 있다고 볼 수 있다. 따라서 〈서동요〉의 이야기와 선화공주의 이야기는 민중의 염원이 들어간 집단의식의 한 방식일 수 있다.

〈선화공주〉의 이야기는 요즘으로 말하자면, 연애스토커 범죄이다. 자신과 아무런 관계도 없는 여성을 자신이 좋아한다고 SNS에 퍼트려서 그녀의 명예를 손상시켜서 자신의 이익을 취하려는 범죄행위이다. 이 〈서동요〉이야기를 요즘 여대생들과 아름다운 이야기라고 논의하면서 공부하기는 쉽지 않다. 도무지 현실성이 없는 이야기이다. 또한 납득이 되지 않는 부분은 딸의 소문을 접한 아버지 진평왕의 이야기이다. 딸의 진심을 들으려고도 하지 않고 딸을 궁궐 밖으로 내친 것은 요즘 학생들의 시선으로는 용납이 안 되는 지점이다. 엄마가 준 금 덩어리를 가지고 서동과 금산을 발견하고 선화공주는 하룻 밤에 금을 모두 신라의 아버지에게 옮긴다는 이야기에 국부유출이라는 주장을 서슴없이 하는 자유분방함을 요즘 학생들은 가지고 있다. 그리고 자신을 비합리적으로 버린 아버지에게 금 전체를 바친다는 것도 동의하지 않는다. 우리 시대에 서동의 이야기는 재미있게 각색될 많은 원천적 상상력이 들어 있는 것 같다. 요즘처럼 아름다움의 강박관념에 쫒기는 시대도 없을 것이다. 취업 성형이라는 말이 더 이상 여성의 전유물이 되지 않고 많은 남성들도 익숙하게 사용하는 시대가 되었다. 왜 예뻐야 일을 잘 하는 것처럼 보이는 것일까. 심지어 예쁘다는 자본주의와 깊게 결탁하는 이념적 사회 용어가 되어가고 있다. 예쁜 가격, 착한 가격, 착한 음식점, 착한 고기, 예쁜 음식 등 예쁘다와 착하다는 서로 왔다갔다 하면서 마치 소통하는 개념어가 되어 버렸다. 예쁘지 않으면 착하지 않는가, 반대로 예쁘면 반드시 착한가. 왜 우리사회는 유독 이러한 고정 관념에 삶을 더욱 피폐하게 만들고 있을까. 서로 다른 많은 아름다움이 존재하는 사회가 건강한 사회일 것이다. 그러한 사회를 위해 무엇을 해야 할 것이지 생각해 볼 필요가 있을 것이다.

4 ___ 꿈을 통한 지혜와 용기의 자의식적 미의식

이야기의 신성성을 확보하는 가장 중요한 중간 매개체는 꿈을 활용하는 전략이다. 꿈에 의해서 황후가 되었다는 기록으로 고려시대 공예태후의 이야기가 있다(1109–1183년). 공예태후는 고려 인종의 부인으로 황

전남 장흥 정안사
공예태후

후가 되는 과정에서 꿈에 의한 현시를 받는다. 장흥 천관사에는 황후가 되는 꿈이 전해오는데, 〈삼국유사〉의 김문희가 황후가 되는 이야기와 거의 흡사한 내용이다. 그 지역에서 〈왕비사당〉은 고려시대 '공예태후'를 기리고 있는 정안사(定安祠)를 부르는 칭호이다. 정안 임씨 공예태후는 당동마을에서 태어났다고 하는데, 실제로 정안사 문 앞에는 그녀를 기리는 시비가 세워져 있고 정안사 입구에는 '아사정'이라는 정자와 '아사지'라는 작은 연못이 있었다. 공예태후는 언니의 신기한 용꿈을 사서 왕비가 되었지만 꿈을 판 언니는 슬픔을 못 이겨 연못에 몸을 던져 죽었다고 하는 전설이 내려오고 있었다. 빠져 죽은 연못을 아사지라하고 그 옆에는 아사정을 지어 죽은 이의 원혼을 위로하였다고 한다. 공예태후가 이 지역에서 탄생했기 때문에 그 이후로 '길이 흥할 고장'이라는 의미로 지역의 이름이 '장흥(長興)'으로 붙여졌다고 전한다.

위의 이야기가 전승되었을 시기 이후에 일연이 살았다는 점은 고려에 전해져 오는 이야기의 한 양식으로서 꿈이라는 매개체가 활용되었다는 것을 예측하게 한다. 일연은 시기적으로 공예태후와 시차를 두고 〈삼국유사〉를 쓴다. 이미 황후가 되기 위한 이야기 전략으로 "꿈"에 의한 신성성 확보의 이야기 구조는 존재했던 것이다. 꿈 해몽을 통해 왕이 되는 이야기가 〈기이편: 원성대왕〉편에 등장하고 있다. 원성왕은 복두를 벗고 흰 삿갓을 쓰고 12현의 가야금을 들고 천관사 우물 속으로 들어가는 꿈을 꾼다. 처음 해몽하는 이는 직책을 잃고 감옥에 갇히는 흉몽이라고 풀이하지만 나중 해몽하는 사람은 면류관을 쓰고 왕위에 올라 궁궐에 입성하는 좋은 징조라고 풀이한다. 결국 원성왕은 나중 풀이처럼 꿈에 의해 왕이 되는 사람이다.

〈가락국기〉의 '허황옥'과 〈태종 춘추공〉의 '김문희'는 가야와 관련된 여성이라는 공통점을 필두로 몇 가지 중요한 상상력이 거론될 수 있다.

이들은 꿈으로 황후가 된 여성들이다. 허황옥은 머나먼 아유타국의 공주인데 그녀의 부모의 꿈을 통해 왕후가 되는 계시를 받는다. 김문희 역시 언니의 꿈을 통해 현시된 계시를 비단으로 사서 왕후가 된다. 그렇다고 그녀들의 황후 되기가 그렇게 녹녹한 것은 아니다. 그녀들은 고통을 감내하고 죽음을 불사한 용기를 가진 여성들이다. 황후가 되는 조건으로 가장 중요한 것은 외적 아름다움뿐만 아니라 내적으로 강인한 아름다움을 중요하게 부각하고 있다. 허황옥은 황후가 되기 위해 머나먼 바다를 건너야 하는 고된 입사식의 제의적 절차를 거친다. 김문희 역시 불에 타는 장작더미 위에서 위기를 겪는 제의적 절차를 거쳐야 했다. 꿈이란 환성성을 통해 아름다움과 신성성의 신화전략을 본문에서 찾아보면 다음 인용구에서 찾아볼 수 있다.

> A “저는 아유타국(阿踰陁國)의 공주인데, 성은 허씨(許氏)고 이름은 황옥(黃玉)이며 나이는 열여섯 살입니다. 본국에 있던 금년 5월에 부왕과 왕후가 저를 보고 말하기를 ‘아비와 어미가 어젯밤 똑같이 꿈속에서 상제(上帝)를 보았다. 상제께서 가락국의 임금 수로는 하늘이 내려 왕이 되게 한 신성한 사람으로, 새로 나라를 세웠으나 아직 짝을 정하지 못했으니, 그대들은 모름지기 공주를 가락국으로 보내 수로왕의 짝이 되게 하라고 말을 마치자 하늘로 올라가셨다. 그런데 꿈에서 깨고 난 후에도 상제의 말이 귀에 남아 있으니 너는 여기서 빨리 우리와 작별하고 그곳으로 향해 가거라.’ 라고 하셨습니다. 그래서 저는 배를 타고 멀리 신선이 먹는 대추(蒸棗)를 구하고, 하늘로 가서 선계(仙界)의 복숭아(蟠桃)를 좇으며 반듯한 이마(螓首)를 갖추어 이제야 감히 임금의 얼굴(龍顔)을 뵙게 된 것입니다.”
>
> 〈삼국유사: 기이 제2편: 가락국기〉

> B 금관(金官)에 있는 호계사(虎溪寺)의 파사석탑(婆娑石塔)은 옛날 이 고을이 금관국으로 있을 때 세조(世祖) 수로왕의 왕비 허 왕후 황옥(黃玉)이 동한

(東漢) 건무(建武) 24년 무신년 (48년)에 서역 아유타국(阿踰陁國)에서 배에 싣고 온 것이다. 처음에 공주가 부모의 명을 받고 바다에 배를 띄워 동쪽으로 향하려 하다가 수신(水神)의 노여움을 사 건너지 못하고 돌아와 부왕에게 아뢰자, 부왕이 이 탑을 배에 싣고 가라고 했다. 그래서 무사히 바다를 건너 남쪽 언덕에 정박했다. 이 배에는 붉은 돛대와 붉은 깃발을 달았고, 아름다운 주옥을 실었기에 주포(主浦)라 이름했다. 처음 공주가 비단 바지를 벗던 언덕을 능현(綾峴), 붉은 깃발이 처음으로 들어오던 해안을 기출변(旗出邊)이라 했다.

〈삼국유사: 탑상편: 금관성의 파사석탑〉

C 이전에 어느 날 문희의 언니 보희가 꿈에 서악(西岳)에 올라가 오줌을 누었더니 경성에 가득 차는 꿈을 꾸었다. 아침에 동생에게 꿈 이야기를 했더니 문희는 그 말을 듣고 말하였다.

"내가 이 꿈을 살게."

그러자 언니가 말하였다.

"무슨 물건을 주겠니?"

동생이 말하였다.

"비단치마를 주면 되겠어?"

언니는 말하였다.

"그래."

〈중략〉

그런데 어느 날, 김유신은 누이가 임신한 것을 알고는 크게 꾸짖었다.

"네가 부모에게 알리지 않고 임신했으니. 어찌 된 일이냐?"

그리고는 그의 누이동생을 불태워 죽일 것이라고 온 나라에 소문을 퍼뜨렸다. 어느 날 선덕여왕이 남산으로 행차하기를 기다렸다가 뜰에 장작을 쌓아 놓고 불을 붙여 연기가 일어나게 하였다.

왕이 남산에서 그것을 내려다보고는 무슨 연기냐고 물으니 신하들이 말하였다.

"김유신이 그의 누이를 불태워 죽이려는 것입니다."

왕이 그 까닭을 묻자 말하였다.

"그 누이가 지아비 없이 임신을 했습니다."

왕이 물었다.

"누구의 소행인가?"

이때 춘추공이 앞에서 가까이 모시고 있다가 안색이 갑자기 변하자, 왕이 춘추공을 보며 말하였다.

"이는 네 소행이구나. 빨리 가서 구하라."

그래서 공은 임금의 명을 받들어 말을 달려 왕명을 전하고 (화형을) 중지시켰다. 그 뒤에 혼례를 치렀다.

〈삼국유사: 기이 제1편: 태종 춘추공〉

위의 세 인용구에서 우리는 꿈의 환상성이 신성성을 확보하는 전략으로 활용되었다면 이들이 황후가 되는 과정은 제주 무속신화의 〈세경본풀이〉의 자청비의 시련 극복 구조를 보인다. 즉 황후가 되는 과정이 매우 고생스러운 제의절차를 수반한다는 것이다. 자청비는 사랑에 적극적인 여성이면서 아름다운 여성이다. 그러나 그녀가 농경의 신이 되는 과정은 매우 적극적인 자유의지와 희생적 제의가 반드시 수반되어야 한다. 그녀는 갖은 고생 끝에 사랑하는 문도령을 만나기 위해 하늘나라에 가지만 문도령의 아버지 옥황상제는 그녀에게 불구덩이와 날카로운 칼날 위를 걷게 한다. 칼날 위를 건너온 자청비는 "땅 한 조각과 물 한 조각"과 "오곡" 중에 선택을 해야 한다. 결국 그녀는 오곡을 선택한다. 자청비는 혹독한 입사 제의 의식을 치르고서야 곡모신이 되는 것이다.

허황옥은 어느 날 자신의 꿈이 아니라 부모의 꿈에 나타난 황당한 이주명령을 받아들인다. 그러나 인도에서 가야로 오는 길은 험난하기 이를 데가 없었을 것이다. 인용구 두 번째에서 보듯이 "처음에 공주가 부모의 명을 받고 바다에 배를 띄워 동쪽으로 향하려 하다가 수신(水神)의 노여움을 사 건너지 못하고 돌아와 부왕에게 아뢰자"라는 구절을 보면 공주가 바다를 건너 가야로 오는 과정은 목숨을 건 모험이었을 것이다. 꿈에 의한 예언을 실현하는 과정에서 고통의 여정은 지극히 당연한 통과제의일 것이다. 가야에 도착한 공주는 자신이 도착한 것을 제의적으로 처리하는 신성성을 보인다. 즉 "처음 공주가 비단 바지를 벗던 언덕을 능현(綾峴), 붉은 깃발이 처음으로 들어오던 해안을 기출변(旗出邊)이라 했다."라는 것을 통해 공주의 아름다움은 신성성을 확보하는 신화전략을 구사한 셈이다.

김문희 역시 마지막 인용구에서 살펴볼 수 있듯이 언니의 꿈을 대신 산 아름답고 지혜롭고 당찬 여인이다. 자신의 미래를 위해 언니보다 영민하고 적극적으로 행동하는 것을 볼 수 있다. 김춘추의 옷고름 꿰매기를 거부했던 언니와는 다르게 김춘추의 호의를 받아들이면서 당당하게 황후가 되는 여인이다. 그렇다고 그녀의 황후 되기가 그렇게 쉬운 것은 아니다. 그녀는 불붙인 장작더미 위에서 죽음을 각오한 모험적 제의를 거쳐야 하기 때문이다. 마치 자청비가 불길 위를 걸어야 하는 것과 비슷한 입사식이다. 허황옥과 김문희는 꿈으로 얻은 황후자리에 자신의 고통과 희생이라는 제의를 거쳐 황후가 되는 신화전략을 보인다.

이들의 결혼은 단순히 여자와 남자의 결합이라는 것 이상의 의미를 지닌다는 점에서 주목할 필요가 있다. 서로 다른 두 문화의 융합이라는 새롭고 생산적인 문화적 의미를 가진다. 허황옥은 가야와 아유타국이라는 문화 융합을 보여주며, 김문희는 가야와 신라의 융합이라는 의미를 가진다. 아유타국의 공주가 가야의 황후가 되고 나서야 가야는 나라의 제도와 문물이 정비되고 관직과 가옥이 정비되는 모습을 보인다. "왕이 왕후와 함께 사는 것은 마치 하늘에 땅이 있고 해에 달이 있으며, 양에 음이 있는 것과 비유할 수 있었다."라고 전하고 있다. 김문희와 김춘추의 결합은 아들 문무왕으로 이어지면서 가야의 시조에게 제사를 지내게 된다. 즉 그들의 결합이 문화 간 융합이었음을 입증하는 것이라 할 수 있다. 허황옥과 김문희는 꿈의 환성성에서 시작해서 고통과 시련의 제의 절차를 거쳐 마침내 문화융합이라는 신화성을 획득하는 문화 기호학적 소통 구조를 보이고 있는 것이다.

6장

사회와 이념에 지배된 타율적 미의식

1 ____ 찾아가는 자비와 지혜의 불교적 미의식

일연은 〈三國遺事: 기이편〉 서문에서 우리의 선조가 알에서 태어난 신이한 이야기가 황당한 것이 아니라 중국 신화의 신이함에 대응되는 자주적인 이야기임을 주장한다. 그는 감성과 이성의 조화와 균형에 많은 관심을 가진 것으로 보인다. 김부식이 〈삼국사기〉를 편찬한 이유가 중국의 역사서와 같은 삼국의 역사서를 기술하고자 한 것이라면, 일연의 〈삼국유사〉의 편찬 동기는 민중에게 남겨진 이야기를 기록하는 것으로 우리민족의 남겨진 이야기를 오늘날에 다시 온고지신하는 자세로 읽히도록 하는 것이었다. 일연은 신이한 이야기 중심의 역사서를 만들면서 항상 실재와 허구 사이의 문지방에 서 있어야 했다. 그때 그에게 필요한 것은 이성과 감성의 적절한 조화를 가질 수 있는 비판적 상상력과 냉철한 이성과 창의적 상상력이었을 것으로 생각된다. 비로 냉철한 이성과 비판적 사고력이라는 경첩을 활용하고 있는 것이다. 〈장자〉라는 책에서 있음과 없음의 중간, 쓸모있음과 쓸모없음의 중간에 냉청하게 서 있는 것이 바로 지혜라고 말한다. 경첩은 한옥에서 문을 이쪽과 저쪽으로 잘 지탱해주는 중간 문고리이다. 일연은 마치 경첩을 활용하는 것처럼 허구와 실제를 적절히 오가면서 불심을 잃지 않고 이야기 하고 있다.

〈삼국유사〉 서문의 이야기는 경첩의 이쪽 저쪽을 오가는 같은 일연스님의 고민의 흔적을 보여준다. 그가 논리적 근거로 끌어들여 펼친 것은 중국의 신이한 이야기이다. 서문의 이야기를 인용하면 "황하(黃河)에서 그림(河圖)이 나오고 낙수(洛水)에서 글(洛書)이 나오면서 성인이 나타나게 되었으며, 무지개가 신모(神母)를 둘러싸서 희(羲)를 낳고, 용이 여등(女登)과 관계하여 염(炎)을 낳고, 황아(皇娥)가 궁상(窮桑)이라는 들에서 놀다가 자칭 백제(白帝)의 아들이라는 신동(神童)과 관계하여 소호(少昊)를 낳고, 간적(簡狄)이 알을 삼키고서 설(契)을 낳고, 강원(姜嫄)은 거인의 발자국을 밟고서 기(棄)를 낳았으며, 요(堯)의 어머니는 잉태한 지 열넉 달 만에 요를 낳았고, 패공(沛公)의 어머니는 용과 큰 못에서 교접하여 패공을 낳기에 이르렀다. 그 뒤에 일어난 이와 같은 일을 어찌 이루 다 기록하랴! 이렇게 본즉 삼국의 시조가 모두 신비스러운 기적으로부터 태어났다는 것도 무엇이 그리 괴이하다고 하랴. 이것이 신비로운 기적 이야기를 이 책의 첫머리에 싣게 된 까닭이며 그 의도도 바로 여기에 있다."라고 진술하고 있다, 이는 중국의 역사적 기술에 기댄 〈삼국사기〉와는 사뭇 다른 자주 의식의 발현이라고 볼 수 있다. 중국의 이야기가 합당하다면 우리 역시 그러하다는 주체적 사상의 발현인 것이다.

〈삼국유사〉의 〈가락국기〉는 김수로의 탄생, 김수로의 시련과 갈등과 성장, 김수로와 허황옥의 만남과 결연, 김수로와 허황옥의 이상적인 통치, 김수로와 허황옥의 죽음, 죽음 후의 놀이 등으로 구성된다. 〈가락국기〉를 위시로 한 가야의 이야기를 구성하는 일연 스님은 부처가 세상에 전하고자 한 '자비'와 '지혜'에 대해서 논하고자 한 것이다. 유독 '자비'와 '지혜'라는 관념에 많은 관심을 두었던 것이 눈에 들어온다. 그 대표적인 것이 선덕여왕에 대한 진술이다. 김부식이 암퇘지나 암탉으로 선덕여왕을 비하했던 것에 반해 선덕여왕이 "미리 안 세 가지 지혜"에 대해서 논의할 만큼 '지혜'는 중요한 중심 화두였던 것 같다. 삼국에 불교가 전래되기 전 시대인 가야를 다루면서 그가 묘사한 것은 김수로의 신이한 출생과 함께 그의 지혜로운 사람됨이었다. 김수로의 통치 방법이 매우 민주적이었음을 보여주는 문구들이 보이고 있는데 이는 왕으로서 자비심과 지혜를 가진 것으로 이해해도 좋을 듯 하다. 수로왕은 황후 허황옥과 함께 운영하는 모습으로 그려냄으로써 권위적이지 않은 민주적인 군주로 그려진다. 또한 탈해왕과의 결투 장면을 다루면서 김수로의 지혜와 자비와 포용심을 보여주었다. 수로는 탈해가 매로 변하면 독수리로 변하고 탈해가 참새로 변하면 새매로 변했다. 탈해가 변신한 것보다 훨씬 더 강하고 우월한 새로 변신을 한 수로이지만 자신에게 위해를 가하는 상대방을 잡아먹지 않는 자비로운 지혜를 가진 불교적 군주로 그려냈다. 유명한 종교학자 미르치아 엘리아데는 지혜가 성스러움을 가진다고 말한다. 왜냐하면 지혜는 하늘에서 오는 것이기 때문이다. 이 땅에 불교가 공인되기 훨씬 전에 이미 불교의 자비와 지혜가 실현되고 있었음을 보여주는 것이다. 이는 가야의 역사를 길게 기술한 일연의 숨은 의도로 보인다. 우리나라에 불교는 중국을 거쳐서 들어온 것이 아니라 인도에서 더 먼저 주체적으로 들어왔음을 이야기하는 측면이 강하다.

황후와의 민주적인 집권 통치 모습과 탈해에 대한 자비로운 아량은 지혜로운 군주의 모습을 보여주는 것으로 생각해 볼 수 있다. 〈가락국기〉에는 "수로왕은 국가를 다스리고 집을 정돈하여, 백성들을 아들처럼 사랑했다. 그 교화는 엄숙하지 않아도 위엄이 있고, 그 정사는 엄하지 않아도 잘 다스려졌다. 더구나 왕이 왕후와 함께 사는 것은 마치 하늘에 땅이 있고 해에 달이 있으며, 양에 음이 있는 것과 비유할 수 있었다. 그 공(功)은 도산씨(塗山氏)가 하(夏)나라를 보필하고, 요 임금의 딸들(唐媛)이 요씨(嬌氏)를 일으킨 것과 같았다."라는 부분을 수록하고 있다. 이러한 글귀는 마치 절 앞에 서 있는 석등과 같은 지혜의 상징성을 띤다. 석등은 부처를 보기 전에 사찰에서 만나는 부처님의 지혜를 현현하는 상징물이다. 무명을 밝히는 부처의 말씀은 진리와 지혜의 등불로 간주되며 인간의 어리석음을 밝혀준다고 말한다. '자등명 법등명'이 전하는 것처럼 가야 수로왕의 이야기는 직접적인 불교와 부처에 대한 이야기는 아니지만 마치 석등과 같은 상징적 이야기 역할을 한다. 아마도 일연은 불교의 아름다움이란 자비와 지혜라고 생각했을 것이며, 김수로의 이야기를 통해서 직접 재현하고 싶었던 것 같다.

〈가락국기〉는 부처의 나라인 인도에서 온 황후 허황옥을 아내로 받아들여서 부처가 구현하고자 하는 자비와 지혜의 나라를 보여주고자 한 것이라 볼 수 있다. 이 허황옥의 도래설에 대한 논의는 여러 각도로 연구 논의가 진행되고 있는 듯하다. 그러나 대부분의 논의는 인도 아요디아의 공주인 신분과 그 나라가 쌍어(雙魚), 즉 두 마리의 물고기를 중요한 상징으로 보고 있다는 것에는 큰 이견은 없어 보인다. 따라서 김수로왕과 허황옥의 왕릉에 그려진 쌍어의 근원을 인도와의 관련 하에서 읽어내는 듯하다. 가야와 가락은 모두 물고기라는 동일한 어원적 의미를 가진다고 한다. 즉 가야라는 나라를 다룬 〈가락국기〉의 저술의도에는 불교의 아름다움에 대한 성찰이 매우 강하게 드러난 것임을 알 수 있다. 〈가락국기〉의 지역인 김해에는 허황옥과 그녀의 오빠인 허보옥 즉 장유화상이 가야에 들어올 때 함께 전래되는 불교설화가 매우 많다. 또한 칠불사상(七佛思想)이나 칠성신앙(七佛信仰)이 허황옥의 일곱 아들과 연관됨을 보여주는 설화가 많이 남아있다고 전한다. 지금도 김해시 장유사에 가면 허황옥이 오빠인 장유화상의 사리탑을 만나게 된다. 이야기에 의하면 김수로의 일곱 아들은 장유화상의 제자가 되어 칠성신앙의 시발점이 되었고, 장유화상은 신선이 되었다고 전한다. 원래 허황옥의 아들은 10명이라고 전하는데, 첫째 아들 거등은 왕위를 물려받았고, 둘째와 셋째는 어머니의 성씨인 허씨를 받았다고 한다. 장유화상은 허황옥의 일곱 아들을 데리고 지리산에 들어가서 그들을 모두 성불시켰다고 한다. 수로왕은 그곳에 철불사를 지어서 기뻐했다고 하는 설화가 전해진다. 이는 불교가 가야와 무척 밀접한 상관성을 가진 나라라는 것을 보여주는 것이다. 일연은 〈삼국유사〉에서 허황옥의 오빠에 대해서는 기록하지 않고 있지만, 남겨진 설화에는 불교의 전래를 알리는 것들이 많다.

일연은 되도록 허황옥과 김수로에 집중시켜 계속적으로 가야에 대해서 책 여기저기에 기록하고 있다. 계속되는 가야에 대한 논의는 김유신의 동생 김문희가 태종 무열왕과 결혼해 아들 문무왕을 낳는 부분으로 이어진다. 김유신은 금관가야의 9대 구형왕의 손자인 왕손이었고 그러한 그가 자신의 여동생을 전략적으로 김춘추와 연결시킨 것에는 정치적 의도가 상당했던 것으로 보인다. 그러나 일연 스님이 가야에 대해서 관심을 둔 부분은 바로 문무왕이 집행한 제사 의례에 있다. 신라와 가야의 결합의 상징인 문무왕이 관심을 둔 것이 바로 가야의 시조인 김수로였다는 것에 주목할 필요가 있다. 가야는 이미 망한 나라이지만 신라에서 그 명맥을 유지하고 있는 것이다. 그 역시 가야라는 나라와 불교의 상관관계를 유추해낼 수 있을 것이다. 일연이 문무왕의 가야에 대한 관심을 기록한 데에는 정치적인 고려뿐만이 아니라 가야와 불교의 연관성을 고려했을 것으로 보인다. 문무왕은 일연 스님이 지혜로운 여왕이라고 추켜세운 선덕여왕의 후광을 가장 잘 활용한 왕이다. 지혜로운 여왕이면서 불

민속박물관 선덕여왕의 모형

교 사찰을 장려한 여왕이 죽어서 자신을 묻어달라고 한 곳은 "낭산의 남쪽 도리천"이었다. 주지하듯이 도리천은 불교의 부처님이 사는 수미산 33개의 하늘 꼭대기에 있는 신성한 곳이다. 따라서 모든 사찰은 사천왕사만 지나면 부처님이 사는 수미산이 되는 것이고 불국사의 청운교와 백운교처럼 여러 개의 계단은 하나씩의 하늘이 되는데 그것이 바로 33천이 된다는 것이다. 33천 꼭대기에는 도리천이 놓이는데, 모든 절의 수미산은 부처님이 안치된 대웅전이 되는 것이다. 따지고 보면 선덕여왕이 이야기한 도리천은 어디라도 도리천이 될 수 있었던 것이다. 사천왕사만 그 밑에 세우면, 그곳은 도리천이 도리 수 있기 때문이다.

〈문무대왕〉편의 이야기에서는 선덕여왕이 도리천 가운데 묻어달라고 한 〈선덕여왕의 세 가지 지혜〉 부분의 이야기와 맞물린다. 선덕여왕이 예언한 도리천이란 문무왕이 사천왕사(四天王寺)를 짓고 나서야 그 정확한 위치를 얻은 것이다. 사천왕사란 부처의 세계에 들어가기 위해 거쳐야 하는 관문 같은 곳이다. 선덕여왕이 묻힌 곳이 그녀가 말한 낭산 남쪽이 도리천인지는 당시로서는 잘 알 수 없었다. 그러나 문무왕이 낭산 남쪽에 사천왕사를 짓고 나서야 바로 그곳이 도리천임을 후세 사람들이 알게 되었다고 한다. 부처의 나라에 들어가기 위해서는 사천왕사를 거쳐야 하고 그곳에서 33개의 하늘을 지나서 수미산 꼭대기인 도리천에 도달하기 때문이다. 문무왕이 사천왕사를 지어서 선덕여왕의 예언이 맞아떨어진 것인지 아니면 선덕여왕의 이야기를 받들어 문무왕이 그곳에 사천왕사를 지어 선대 왕의 권위를 바로 세워 자신의 통치에 요긴하게 활용한 것인지 정확히 알 수는 없다.

문무왕의 지혜는 선덕여왕의 지혜를 활용할 수 있었다는 점에서 주목할 필요가 있을 것이다. 이강옥은 〈가락국기〉를 형성시키는 여덟 층위의 의식을 이야기한다. 9간등의 의식, 김수로와 그 소속집단의 의식, 동시대 지역주민의 의식, 후대 가야 왕족의 의식, 후대의 지역 주민의 의식, 문무왕의 의식, 고려 문종과 찬술자의 의식, 일연의 의식 등으로 세분화시킨다. 여기에서 주목할 것은 문무왕의 의식도 고려하고 있다는 점이다. 〈三國遺事〉에서는 문무왕 이후에 가야에 대한 기억의 명맥은 김유신과 문무왕을 기억하는 신문왕으로 이어진다. 신문왕은 불안한 통일정국을 다스릴 통치수단이 필요했었다. 그가 기댄 것은 김유신과 문무왕의 업적과 지혜였다. 문무왕과 김유신은 가야라는 공통 고리로 이어질 수 있는 인물들이다. 그들이 후손인 신문왕에게 준 것은 '만파식적(萬波息笛)'이라는 마법의 소리를 내는 피리였다. 신문대왕은 아버지 문무왕의 바다용과 선대 김유신의 북두칠성과 천신의 후광을 이용해 삼국을 조화롭게 다스리고자 하였다. 따라서 신이한 이야기인 만파식적이 만들어져서 회자되었을 것이다. "거센 물결을 잠재우는 피리(萬波息笛)"를 만들어야만

했을 것이다. 그 피리를 불면 "적병이 물러가고 병이 낫고 가뭄에는 비가 오고 장마가 개고 바람이 자고 파도가 잦아졌다"고 묘사하고 있으니, 참으로 신묘한 것이다.

만파식적(萬波息笛)은 부처님이 내는 가릉빈가와 같은 소리를 상기시킨다. 가릉빈가는 아름다운 음성을 가진 새로 극락정토에 살고 있다고 한다. 알 속에 있을 때부터 아름다운 소리를 내는데 마치 부처님의 음성처럼 아름답고 오묘하다고 한다. 따라서 이 새의 소리는 부처님의 밝은 소리에 비유되기도 한다. 부처의 지혜와 진리는 삼국의 정세가 흔들리는 상황에서도 마치 연꽃처럼 피어난다. 〈가락국기〉에 등장하는 황금색 알은 임금과 백성이 함께 화합하는 원융사상(圓融思想), 즉 하나씩 분리하지 않고 하나의 통합된 의식을 보여준다는 일부의 주장은 일견 타당해 보인다. 가야라는 나라에 들어간 불교의 진리가 수세기를 거치는 과정에서 피리 소리로 육화되어 나오면서 세상 속으로 자비와 지혜의 아름다움을 조화롭게 이끌어내고자 한 것이라 볼 수 있다.

2 ___ 강요된 가치관과 섬뜩한 삼강적 미의식

가끔씩 지방에 가면 옛날에 권세를 누렸던 양반집들이 아직도 남아 있는 것을 보게 된다. 그 동네 어귀에 간간히 서 있는 열녀사당 역시 눈에 들어온다. 열녀사당이 여성의 아름다운 정조를 기념하기 위함인데, 언제부터인가 그 사당에는 슬픈 사연이 서려 있을 것만 같이 느껴진다. 일종의 강요된 정절과 비정한 타살이 숨겨있을지도 모르기 때문이다. 드라마 〈별에서 온 그대〉의 여자 주인공은 조선시대 열녀 이데올로기에 의해 결혼과 동시에 죽어야 하는 운명이었다. 삶에 대한 욕망이 가득 찬 꽃다운

경기 이천 열녀비

청상과부의 유일한 선택권이 죽음이라는 비정한 이야기가 보였다. 최근에 만들어졌던 영화 〈조선의 명탐정〉 역시 열녀 이데올로기에 의해 죽음을 강요받던 조선의 젊은 며느리가 유일하게 살 수 있는 방법은 여자임을 포기하고 남자 장사꾼으로 살아가는 방법이었다. 이를 학자들의 용어로 표현하자면 강요된 삼강적 아름다움이라고 지칭할 수 있다.

〈삼강행실도〉라는 책은 현대의 우리가 보더라도 흥미로운 책이다. 조선판 웹툰인 셈이다. 글을 모르는 사람을 위해서 그림으로 서사를 이야기하고 있기 때문이다. 세종 13년 1431년에 왕의 명령으로 만들어진 이 책은 조선과 중국의 모범적인 이야기를 충신, 효자, 열녀 편으로 구성되었다. 특히 조선 여성의 정조관념과 아름다운 내면의 바로미터로 이 책이 담당한 역할을 참으로 크다고 할 수 있다. 직제학이라는 지위를 맡은 설순이 왕의 명령에 의해 군신, 부자, 부부의 모범적인 미덕을 담으려고 했다고 전한다. 특히 〈열녀편〉에는 중국의 이야기에 덧붙여 우리나라의 사례 여섯 가지를 싣고 있다. 이책의 그림은 오늘날의 만화를 보는 느낌과 비슷하다. 글을 읽지 않아도 그림을 보고 모범적인 행실을 따르게 하려는 의도로 화가 안견의 주도아래 많은 화가들이 참여했다고 전한다.

여기서 주목하는 여성의 아름다운 정조를 강조하기 위해 어떻게 인물을 그리고 있는지 자세히 살펴보면 일단 뚜렷한 이목구비를 들 수 있을 것이다. 저항하는 여성들의 절규하는 모습이 생생하게 그려짐으로써 열녀의 기본 덕목이 강인한 지조에 있음을 강조한 듯하다. 조선의 여성에게 주는 일종의 도덕 교과서인 셈이다. 물론 글을 읽을 줄 아는 사람들을 위해 글을 남겼기 때문에 어떤 내용인지 쉽게 알 수 있도록 기록되었다. 누군가가 읽어줘도 쉽게 이해될 수 있도록 구성된 책인 셈이다. 열녀편에 소개되고 있는 여자들의 수가 무려 94명에 달한다. 이렇게 많은 여자가 소개되었다는 것은 그만큼 여자들에게 강제로 부여된 덕목이 많았다는 반증이기도 하다. 한나라의 이야기인 〈정의(貞義)부인이 목을 찔러 죽다〉를 들여다 보자.

– 정의(貞義) 부인이 목을 찔러 죽다 (한나라)

악양자(樂羊子)의 아내는 어느 집안의 사람인지 알 수 없다. 악양자가 일찍이 길을 가다가 금 한 덩어리를 주워 가지고 돌아와 아내에게 주었다. 아내가 말하기를, "제가 듣기로 지사는 도천(盜泉)이란 이름을 가진 샘물은 마시지도 않고 청렴한 사람은 한숨지으며 가져오는 음식은 먹지 않는다고 합니다. 하물며 버려진 것을 주워서 이득을 꾀하여서 그 행실을 더럽혀서야 되겠습니까?"라고 했다. 악양자가 크게 부끄럽게 여겨서 들에다 그 금을 버렸다. 그리고 멀리 스승을 찾아가서 공부를 하며 7년 동안 집에 돌아오지 않았다. 아내는 항상 몸소 부지런히 시어머니를 봉양했을 뿐만 아니라, 또 멀리 악양자에게도 음식을 대주었다. 일찍이 다른 집의 닭이 뜰 안으로 잘못 들어온 적이 있었는데 시어머니가 몰래 잡아먹었다. 아내가 그 닭을 앞에 놓고 먹지 않고서 흐느껴 울었다. 시어머니는 이상히 여겨서 그 까닭을 물으니 아내가 말하기를 "가난해서 다른 집의 닭을 잡아먹는구나 하고 생각하니 너무 슬퍼서 그럽니다"라고 했다. 이 말을 듣고 시어머니는 마침내 그 닭을 먹지 않고 버렸다. 뒤에 도둑 가운데 그 아내를 범하려고 하는 자가 있었는데, 먼저 그 시어머니를 협박했다. 아내가 그 소리를 듣고 칼을 들고 나오니 도둑이 말하기를, "칼을 버리고 내 말대로 하면 살려주겠다. 만약 내 말을 따르지 않으면 네 시어머니를 죽이겠다."라고 했다. 아내는 하늘을 우러러 탄식을 하고, 칼을 들어 목을 찔러 죽으니 도둑도 그 시어머니를 죽이지 못했다. 태수가 그 이야기를 듣고 도둑을 체포하여 죽인 뒤에 아내에게 비단을 내려서 예에 맞게 장례를 지내도록 했다. 그리고 '정의(貞義)'라는 호를 내렸다.

〈삼강행실도: 열녀편〉 중에서

이 이야기를 보면 참으로 황당하기 그지없다. 남편은 지나가다가 금을 주워서 집안으로 가지고 들어온다. 분별없는 남편은 남의 것인지 내 것인지에 대한 판단력이 없어보인다. 그러한 남편을 일깨워서 글공부를 보내고 혼자서 고생하면서 시어머니를 봉양하고 남편 글공부에 필요한 음식을 불평없이 댄다. 그 와중에 시어머니는 자기 집에 잘못 들어온 닭을 잡아먹으려고 죽인다. 부인은 시어머니를 나무라기 보다는 자신의 가난을 원죄로 여기며 흐느껴 운다. 시어머니 역시 그 닭을 버리고 며느리의 뜻을 따른다. 그러다 집에 도둑이 들자 도둑은 시어머니를 죽이겠다고 협박한다. 그녀는 도둑에 맞서 스스로 먼저 칼에 찔려 죽음을 자처한다는 이야기이다. 이 이야기 안에 여성은 철저히 욕망이 배제된 상태이다. 마치 국가의 열녀 이데올로기라는 감옥에 갇혀 인간의 자존감은 버리고 살아야 하는 것이 운명처럼 보인다. 지혜롭고 판단력이 좋아야 하는 며느리에 비해 금을 가지고 집에 들어오는 남편이나 남의 집 닭을 잡아 먹는 시어머니는 대책 없고 분별력이 떨어진다.

임진왜란으로 나라를 버리고 몽진한 선조에 대해서 백성들의 원한은 이루 말할 수 없었다. 한편, 버려진 왕궁을 진두지휘하면서 굳건히 지켜낸 광해군의 인기는 높아졌다. 선조는 죽기직전 많은 우여곡절이 있었지만 3살짜리 영창대군을 세자로 세울 수는 없었기 때문에 죽기 전 광해군에게 왕위를 물려준다. 광해군은 중립외교로도 유명한 왕인데, 그는 중국과는 변별되는 우리의 것에 중요한 강조점을 두었다. 그때 탄생한 문화적 보물이 바로 허준의 〈동의보감(東醫寶鑑)〉이다. 동의(東醫)라는 것은 중국의 북의(北醫)나 남의(南醫)에 대항한 우리나라의 의학이라는 개념이 들어간 이름이다. 광해군은 〈삼강행실도〉도 다시 증보하게 했는데, 중국의 이야기를 실었던 초판과는 다르게 신분고하를 막론하고 오직 우리나라의 충과 효와 열녀를 기록하도록 하였는데, 1613년 광해군 5년 유근이 지은 〈동국신속삼강행실도〉가 그것이다. 동국이라는 말을 붙인 것은 〈동의보감〉의 작명과 같은 이치로 우리나라에만 전하는 독창적인 본보기임을 말해주는 것이다. 서문에는 유근수의 서(序)로 시작되며, 말미에는 유몽인의 글이 실려 있다. 충신, 효자, 열녀의 미담이 될 만한 이야기로 총 18권에 이르며, 한 사람의 이야기에 그림 한 장과 한문과 한글이 뒤따르고 있다. 〈안영사의〉라는 그림의 주인공은 전라도 남원 사람인데, 임진왜란 때 어머니의 행적을 찾지 못하자 스스로 상복을 입고 의병 고경명 의장을 따라서 왜적을 무찔렀고, 왜적에게 쫓길 때에도 도망가지 않고 용감하게 끝까지 싸우다 전사한 인물이다. 임진왜란 후에 민심의 도의정신이 재정비되어야 함을 염두해 두고 발간한 기획서라고 할 수 있다.

조선시대 〈삼강행실도〉나 〈동국신속삼강행실도〉에서 보여주는 여성을 보면서 서양 고대 비극 작가인 소포클레스의 〈안티고네〉를 떠올려 볼 수 있다. 아빠 오이디푸스가 예언자 테이레시아스의 신탁 이야기를 듣고 눈을 찔러 장님이 되고 엄마 이오카스테는 자결하고 만다. 졸지에 눈먼 아빠를 모셔야 하는 서양판 심청이가 된 것이다. 설상가상으로 에테오클레스와 폴리테이케스 두 오빠는 외삼촌 크레온 왕국에서 한 명은 영웅으로 또 한 명은 역적으로 둘 다 죽어서 돌아온다. 크레온 왕은 그녀에게 역적인 오빠의 장례를 금하고 영웅인 오빠 장래만을 허락하는 것이나. 그러나 그녀는 필사코 그들이 모두 자신의 혈육임을 포기할 수 없다는 주장을 하면서 결국 크레온에 맞서 죽음을 맞이하고 만다. 나는 〈안티고네〉 이야기를 보면서 국가의 이데올로기에 자신의 가치관을 대립시키고 있는 안티고네의 심리적 괴로움을 공감하고자 해 본다. 엄마와 아빠는 이미 신의 천륜을 어겼기 때문에 죽을 수 밖에 없었고, 남은 오빠들마저 차가운 주검으로 돌아온다. 그녀는 신의 질서에 강한 배신감이 들었을 것이다. 그토록 모진 운명을 준 신의 법에 그녀는 강하게 반발하고 있었을지도 모른다는 생각이 든다. 표면적으로는 크레온 왕의 국법에 대한 저항으로써 자연법을 수호한 것처럼 보이지만 어쩌면 안티고네의 저항은 신에 대한 저항인지도 모른다는 생각이 든다. 왜냐하면 그녀는 자신이 죽으면 사랑하는 연인인 크레온의 아들 하이몬이 온전하게 살 수 없을 것이라고 생각했을 것이고, 그를 사랑하는 엄마 에우뤼디케는 온전하게 생활할 수 없다는 것을 짐작했을 것이다. 그럼에도 불구하고 그녀는 극단의 죽음을 선택한 것이다. 그만큼 그녀는 신의 사랑과 가정의 질서에 어깃장을 놓고 싶었던 것은 아닐까하는 생각이 든다.

〈안티고네〉에서 보여준 안티고네의 자결 장면이 〈삼강행실도〉의 "정의(貞義) 부인이 목을 찔러 죽다" 라는 글을 보면서 오버랩되는 것을 느낀다. 어쩌면 이 아내는 삶이 고단해서 스스로 자결한 것은 아닐까. 이야기 안에 아내의 삶에 대한 욕망과 애정은 느껴지지 않는다. 분별없는 남편과 시어머니를 위해 희생만 강요당하는 삶이 그녀에게는 과연 행복이었을까. 도둑들한테 시어머니가 해를 당하면 자기는 살아 남아도 결국 불효의 죄를 짓는 것이고 정절을 의심받는 억울함까지 느낄 것이다. 그녀는 아마도 가장 욕되지 않는 자신의 행복한 죽음을 스스로 선택한 것일 수도 있다. 강요된 가치관은 여성에게 삼강적 아름다움을 강요했고 그 안에 서 있는 여성들의 삶은 불행해 보인다. 결국 열녀란 남은 살아 남은 자들이 자신의 권력과 부를 증가시키기 위한 위선적인 장치였을 것이다. 그리고 열녀라는 이데올로기는 그 시대를 살았던 무수히 많은 여성들을 동아줄처럼 묶고 있었을 것이다.

3 ___ 새로운 지식 권력과 교양미의 지향

인수대비, 즉 소혜왕후 한씨는 역사 드라마에서 가장 이야깃거리가 많은 소재이다. 시아버지가 그 유명한 수양대군 세조이기도 하고, 손자가 할아버지에 버금가는 유명인사 연산군이기 때문이다. 이 둘의 공통점은 혈육을 죽인 폐륜이다. 세조는 왕이 되기 위해 어린조카를 죽이는가 하면 연산군은 어머니의 원수를 갚는다는 핑계로 갖은 악행을 저지르고 할머니 인수대비를 죽음으로 몰고 간다. 심지어 할머니는 3년 상을 받을 자격이 없다면서 25일 장례로 간소화시킨다. 왕위를 얻기 위해 어린 조카를 죽음으로 내모는 비정함과 온갖 악행으로 왕위 자리에서 쫓겨나는 폐륜적 행동을 살펴볼 수 있다, 소혜왕후 인수대비는 자신의 남편 의경세자를 젊은 나이에 먼저 보내고 아들 성종을 왕으로 만들어 조선의 기틀을 완성한 성군으로 만들어 낸다. 또한 그녀의 친정 집안의 고모 둘이 명나라 3대 태종과 명나라 5대 선종의 후궁으로 갈 만큼 집안의 위세가 대단한 인물이라고 전해지고 있다. 조선 시대판 로얄 패밀리였던 셈이다. 요새 속된 말로 금수저를 타고 난 주인공이다. 소혜왕후는 남편이 죽자 왕궁에 살라는 시부모 세조와 정희황후의 만류에도 불구하고 출궁해서 사가에서 살아갈 정도로 분별력이 있는 인물이다. 그녀를 위해 시아버지 세조가 지어준 곳이 바로 오늘날 우리에게 인기 많은 덕수궁이다.

그녀는 사가로 나왔지만 당시 여성들에게는 찾아 보기 힘들게 학문에 정통했다고 전한다. 조선 여자의 문화를 단순히 현모양처가 아니라 교양미와 리더십이라는 관점을 제공해 주는 여성이다. 그녀에게는 타고난 리더십이 있었던 것처럼 보인다. 소혜왕후는 독실한 유교 인텔리이며 동시에 불교신자였기 때문에 불경에도 조예가 깊었다. 그녀는 당시 여성들과는 다르게 언어에도 매우 관심을 가지고 열심히 배움을 청했던 것 같다. 그녀는 범어(梵語,산스크리트어), 한어(漢語), 국어(國語) 3자체(三字體)로 서술한 불경과 부녀자의 예의범절을 가르치기 위하여 편찬한 〈내훈(內訓)〉이라는 책을 집필하였다. 이 책은 〈열녀〉, 〈여교〉, 〈명감〉, 〈소학〉 등에서 발췌하여 엮어 편찬한 것으로 조선 시대판 발췌본 산문집이라고 할 수 있다. 이 책을 통해 조선 여인들의 내면적 아름다움을 함양하는 수신서를 만들고자 했던 것 같다. 즉 고전을 온고지신(溫故知新)해서 나라의 질서는 남성이 만들어 놓은 것이라는 의존적인 생각을 벗어나 여성에게 적합한 덕목만을 발췌하고자 한 것이 매우 흥미롭다. 여성을 위한 여성 리더십이 발현되어 새로운 교양미를 만들고자 한 것이다. 이 당시에는 이 책이 필요하기도 하였던 것처럼 보인다. 당시 고려를 계승한 왕실의 문화는 무척 자유분방하였고, 유교적 법도는 잘 지켜지지 않았다. 왕실에서도 그러한 문란한 도덕적 질서는 존재했던 것으로 보인다.

〈내훈(內訓)〉을 집필한 소혜황후 인수대비에게 가장 큰 복병은 아들 성종의 부인 고르기였다. 〈내훈〉이라는 규범적인 책의 덕목을 갖춘 며느리를 고르고 싶었겠지만 아들 성종의 첫 부인은 일찍 죽고 만다. 둘째 부인은 후궁출신인데 그녀는 성종에게 손톱으로 할퀴는 불경을 저질러서 시어머니에 의해 폐위되는 비운을 맞는다. 성종은 인수대비의 둘째 아들이다. 아버지의 죽음으로 왕의 자리와는 거리가 있는 것처럼 보였지만 작은 아버지 예종이 왕위에 오른지 얼마 되지 않고 죽사 왕으로 추대되는 행운을 얻는다. 여기에 인수대비의 막강한 로비력이 힘을 발휘했다는 것은 이미 잘 알려져 있는 역사적 사실이다. 비록 사가에 나와 있었지만 인수대비 소혜왕후는 당시 신력가였던 신숙주와 한명회 같은 인물들과 교류하였다. 그녀는 시어머니 정희황후의 절대적인 신임까지 얻고 있던 차이라 당시 신력가인 한명회의 사위가 된 둘째 아들 자산군을 왕위에 올리는 데 성공할 수 있었다. 아들을 다시 왕으로 올린 인수대비는 한발 물러서고 두 발 앞서는 지혜를 가졌던 것 같다. 그런데 그녀에게 복명은 마땅한 며느리 고르기에 있었던 것 같다.

아들을 왕이 되게 하는 한발 물러서고 두발 나아가는 인수대비의 전략과 지혜는 고구려와 백제를 건설하는데 막강한 힘을 보탰던 소서노를 생각나게 한다. 소서노는 부여국 권력자의 딸이고 남편을 잃고 두 아들 비류와 온조를 키우고 있었지만 주몽을 도와 고구려 건국에 힘을 보탠다. 그러나, 주몽의 부인과 아들 유리가 찾아왔을 때 투기하거나 분란을 일으키지 않고 두 아들을 데리고 새로운 나라 건설을 위해 남하하는 과단성까지 가진다. 그녀는 아들 온조를 도와 한강 근처 위례성에 도읍을 정하고 백제라는 국가를 건설하기에 이른다. 역사에서는 소서노가 잘 정리되어 있지 않지만 그녀의 힘은 결코 무시할 수 없는 막강한 힘이다.

인수대비는 연산군의 어머니를 폐위시킨 것으로 인해 손자 연산군과 심한 갈등을 겪기도 한다, 자신이 폐위시킨 며느리를 제헌왕후(齊獻王后)로 추숭하려고 하는 손자 연산군이 그녀에게 그다지 곱게 보이지 않았을 것이다. 연산군 역시 자기의 생모를 폐위시켜 죽음으로 몰고 간 할머니에 대해 미움이 매우 컸을 것이다. 결국 손자와의 언쟁 후에 죽음을 맞이하는 인수대비는 왕의 어머니라는 지위로 묘를 조성하지 못하고 남편 의경세자의 격에 맞추어 묘를 조성하게 한다. 며느리를 폐위시킨 정도의 규범적인 강단은 어디에서 온 것일까. 우리는 그녀가 지은 〈내훈〉의 내용을 살펴보면서 소혜왕후가 새롭게 규정하는 조선 여인의 내면적 아름다운 덕목은 무엇이며 어떠한 여성 리더십을 그리고 있는지 살펴보자.

〈내훈〉의 서에서 소혜왕후는 "천지의 영(靈)을 타고나 5상(常)의 덕을 머금고 태어난 사람들이 옥과 돌, 난초와 쑥 같은 차이가 생기는 것은 수신(修身)의 도(道)를 바르게 교육받지 못했기 때문"이라고 적고 있다. 나라의 정치 역시 남자에게만 달려있는 문제가 아니라 여성이 바른 도리를 가져야 온전히 운영되기 때문에 부녀자 교육에 힘써야 한다고 생각했다. 남자는 호연한 마음을 가졌고 뜻은 오묘한 진리를 찾는 데 두어 옳고 그름을 분별할 수 있다고 보았다. 그러나 여자는 오로지 방적(紡績)· 침선(針線)이 잘 되었는가만 따지고 덕행을 알지 못하므로 성인의 가르침을 부녀자에게도 가르치려는 의도를 가지고 있었다.

이 책은 언행장(言行章)· 효친장(孝親章)· 혼례장(婚禮章)· 부부장(夫婦章)· 모의장(母儀章)· 돈목장(敦睦章)· 염검장(廉儉章) 등 7장으로 구성되고 있는 것을 확인할 수 있다. 이상적이고 아름다운 여인상으로는 부덕을 갖춘 자이며 며느리로서 효친해야 하고, 어진 아내로서는 공경하고 인내해야 하며, 어머니로서는 어질고 엄하고 의롭고 자애로움을 가지고 있어야 한다고 주장한다. 이런 확고한 철학적 기반 하에 쓰여진 책이니 만큼 자기의 주변에서부터 이러한 덕목이 실현되길 바랬을 것이다. 따라서 이 모든 것에 부합되지 않는 연산군 생모 윤씨를 급기야 폐위시키는 데에 이르게 된다. 〈내훈〉 중 대표적인 글 하나를 들어서 살펴보도록 하자.

– 적선지가(積善之家)는 필유여경(必有餘慶)

강절 소선생이 자손에게 경계하여 말했다.

"상품(上品)의 사람은 가르치지 않아도 선하고, 중품(中品)의 사람은 가르친 뒤에 선해지며, 하품(下品)의 사람은 가르쳐도 선하게 되지 않는다. 가르치지 않아도 선한 이가 성인이 아니고 무엇이며, 가르친 뒤에 선한 이가 현인이 아니고 무엇이며, 가르쳐도 선하지 않은 이가 어리석은 자가 아니고 무엇이겠는가. 이에 선(善)이라는 것은 길함을 이르고 선하지 않다고 하는 것은 흉함을 이른다는 것을 알 수 있다.

길한 사람은 눈으로는 예가 아닌 색을 보지 않고, 귀로는 예가 아닌 소리를 듣지 않으며, 입으로는 예가 아닌 것을 말하지 않고, 발로는 예가 아닌 곳을 밟지 않는다. 선한 사람이 아니면 사귀지 않고, 의로운 물건이 아니면 취하지 않으며, 어진 사람 가까이하기를 영지와 난초에 나아가듯 하며, 악한 사람 파하기를 뱀과 전갈을 두려워하듯 한다. 이와 같다면, '그는 길한 사람이 아니다'라고 말하는 자가 있어도 나는 그 말을 믿지 않을 것이다.

흉한 사람은 말이 어긋나고 간사스러우며, 행동거지가 음험하고, 이익을 좋아하여 비리를 꾸미며, 음란함을 탐하고 재앙을 좋아한다. 선량한 사람 미워하기를 원수같이 하고, 법 범하기를 물 마시고 밥 먹듯 하여, 작게는 자기 몸을 죽이고 본성을 멸하며, 크게는 종족을 전복시키고 후사를 끊어지게 한다. 이와 같다면, '그는 흉한 사람이 아니다'라고 말하는 자가 있어도 나는 그 말을 믿지 않을 것이다.

전(傳)에 이런 말이 있다. '길한 사람은 선을 행하되 시간을 부족하게 여기며, 흉한 사람은 선하지 않은 일을 행하되 역시 시간을 부족하게 여긴다.' 너희들은 길한 사람이 되길 원하는가, 흉한 사람이 되길 원하는가?"

소혜왕후 〈내훈〉 중에서

위의 글은 성인(聖人)과 현인(賢人)은 작은 것이 쌓여 큰 것을 이룸을 알기 때문에 악의 조짐을 자라게 하지 않고, 반면 어리석은 자는 서리를 밟으면 얼음이 얼듯 작은 악이 모여 큰 악에 이름을 깨닫지 못하기에 흉인이라 말하고 있다. 여성들에게 옳고 그름의 기준을 제시함으로써 행동의 교훈서가 되고자 한 것이라 할 수 있다. 이는 남성 지식인에 의해 구성된 여성의 도덕규범과 외적으로 크게 달라보이지는 않지만 여성 스스로가 지식의 중심에서 자신들의 행동규약을 체계화시키고 있는 점은 높이 살 필요가 있다. 여성을 교육시키는 것에 인식이 있었으며 여성의 역할 역시 남성 만큼이나 중요하다는 것을 인식하고 있었기 때문에 남자 사이에 규범이 된 유교이념을 여성들을 위해 따로 정리할 수 있는 힘을 가졌다. 소혜왕후는 15세기를 살다가 여성이지만 21세기 여성 리더십과 인간의 아름다움에 대한 덕목에 무관하지 않다. 우리시대 진정한 미는 지나치게 획일화되고 있는 외향성을 가지고 있기 때문이다. 비록 〈내훈〉이 지배층의 이데올로기를 강화하기 위한 지배 논리로 활용된 것이라는 점을 간과할 수는 없다. 하지만, 여성이 단순히 침선과 방적과 요리에만 자신의 미를 추구하기 보다는 지식에 의해 스스로의 내면을 다져야 한다는 생각에는 매우 선진적인 사고가 들어있는 것이라는 점을 높이 평가하고자 한다. 현대에도 미학에 대한 논쟁은 계몽의 논쟁으로 이어지는데, 당시 인수대비의 내훈은 계몽과 미학이 함께 반영된 작품이라고 할 수 있다.

서양에서도 미에 대한 일련의 논란이 있었던 것 같다. 앞 서문에서 잠깐 언급했던 호메로스의 〈일리아스〉와 〈오디세이아〉가 바로 그 대상이라고 볼 수 있다. 가장 아름다운 여인에게라는 불화의 신 아레스의 사과가 결국 아름다움에 대한 인간의 사고에 질문을 던진 셈이다. 철없는 파리스는 아테나, 헤라, 아프로디테 세 여신의 제안을 좀 더 신중하게 골랐어야 했다. 가장 아름다운 여인을 상으로 준다고 한 아프로디테의 제안은 인간이 생각하는 원초적인 미의식이 매우 표면적이고 허상적이라는 것을 보여주는 것이다. 헬레네를 선택한 파리스는 무서운 운명을 맞이하고 만다. 자신의 아버지 나라인 트로이가 결국 멸망당하고 마는 것이다. 트로이를 물리치고 돌아오는 오디세우스의 일행이나 이미 빨리 고향으로 돌아 간 아가멤논은 모두 불행한 운명을 겪는다. 먼저, 아가멤논은 전쟁에서 승리했지만 부인에게 비참하게 살해되는 운명을 맞이한다. 그리고 그 부인인 클뤼타임네스트라는 딸 엘렉트라와 아들 오레스테스에게 살해당하고 아들 오레스테스는 그 결과 정신이 이상해지고 만다. 오디세우스 역시 험난한 귀로를 거친다. 키르케라는 괴물 여인의 항해 방해가 있었고, 칼립소라는 여인이 7년을 오기기아 섬에 머두르게 한다. 그리고 세이렌이라는 바다의 괴물을 만나서 그녀의 노래 소리를 이겨내고 나우시카라는 공주를 만나기도 한다. 오디세우스에게는 다양한 아름다운 여인들이 등장한다. 그러나, 궁극적으로 오디세우스가 찾는 아름다움은 부인 페넬로페라는 종착지인 것이다. 문제를 일으켰던 헬레네의 아름다움에서 결국 모든 것은 페넬로페의 지혜와 현숙한 미로 완성되는 것이다. 그리스인들이 느끼는 미의식의 파편화된 생각들이 결국 페넬로페라는 지혜와 규범과 질서의 미로 귀착되는 것으로 볼 수 있다. 이는 인수대비, 즉 소혜왕후가 고려의 자유분방한 미의식을 바로잡고 조선 유교의 미를 정착하는 과정과 얼마간 닮아 있는 것처럼 느껴진다.

7장

사회적 이념에 맞선 전복적 미의식의 반란

1 ___ 정치와 권력의 도구가 된 팜므파탈적 미의식

'흥청망청'이라는 말이 있다. 사전에 어원을 살피면 돈이나 물건 따위를 아끼지 않고 마구 쓰는 모양을 나타내는 말이라고 적혀있다. 최근 조선왕조실록의 다양한 보급화로 이 말의 어원이 연산군과 장녹수와 연관이 있음을 어렵지 않게 알게 된다. 원래 흥정은 연산군이 만든 국가음악기관이라고 한다. 지금의 국립국악원 정도로 이해해야 할 것인데, 조선후기의 국가 음악기관이다. 조선은 예와 악을 통치이념으로 내세운 나라였기에 국가음악기관에 다른 때보다 많은 투자와 노력을 기울였다. 왕에 따라서 정도의 차이만 있을 뿐이며 그 중에서 특히 연산은 음악에 각별한 애정을 기울였다고 전한다. 이덕일 〈조선왕을 말하다〉에서 보면 연산군일기와 중종실록의 사관은 연산군이 흥청들과 대궐이나 길가에서 집단 혼음(混淫)을 벌인 것처럼 자주 묘사했지만 흥청은 연산군의 혼음(混淫) 대상이 아니라 국가 소속의 전문 음악인들이었다고 말한다. 그런데,

그 흥청이 중에 장녹수라는 여인이 들어 있었다. 조선시대의 장희빈과 더불어 팜므파탈의 대명사가 된 소문난 여인이기도 하다. 사람들은 연산군 시절 흥청이들이 나라를 망친다는 의미로 망청이라고 했다고 한다. 그 말의 어원은 흥청으로 뽑혔던 장녹수를 떠나서는 이야기하기가 어려울 듯하다.

지나가던 꽃도 부끄러워 고개를 떨구었다는 양귀비의 아름다움은 현대의 시선으로 보면 도무지 이해가 가지 않는 아름다움으로 보인다. 일단 라인을 중요하게 생각하는 현대적 미인관에는 차이가 많기 때문이다. 양귀비는 좀 많이 뚱뚱한 모습으로 등장한다. 조선의 흥정이었다는 녹수 역시 좀 이해가 가지 않는 배경을 가진다. 장녹수는 자료에 따르면 천한 출생과 이미 결혼도 하고 자식까지 있는 창기였다. 현대로 치자면 무척 경쟁력이 없는 여성인데, 연산군에게 발탁되었다고 한다. 그녀의 팜므파탈의 비결이 절대동안피부였으며 가무를 비롯한 다방면의 예술에 다재다능한 능력을 소유한 것으로 기록된다. 그녀는 요조숙녀와는 거리가 먼 진정한 팜므파탈이었던 것 같다. 그녀가 연산군을 조롱하고 모욕했지만 연산군은 그녀를 오히려 무척 총애하여 모든 상벌이 장녹수의 영향 하에 이루어졌다고 전한다. 그녀의 탐욕으로 그녀의 일가친척은 벼슬을 얻기에 이르고 장녹수와 측근들의 횡포는 점점 극을 달하여 백성들의 원망이 하늘을 찔렀다고 전한다. 아름다움이 나라를 망친 예이다. 그녀의 최후는 비참한 참수형이었고 사람들의 분노는 그녀의 시신에 돌을 던져 화풀이를 하였다고 한다. 우리에게는 영화 〈왕의 남자〉로 연산군과 장녹수의 이미지를 기억하고 있다.

〈장자 내편: 덕충부〉에는 미녀와 추녀에 대해 두 개의 다른 관점의 이야기를 보여주고 있다. 〈미녀와 추녀〉 이야기와 동시효빈(東施效嚬)이라는 이야기가 있다. 술진 주막의 주인은 미녀와 추녀를 아내로 두었다고 한다. 사람들은 미녀가 당연히 사랑받을 것이라 여겼는데, 의외로 추녀가 사랑을 받고 있었다. 주인에게 그 내용을 물으니 미녀는 자신이 예쁘다는 것을 과시해서 조금의 겸손도 없었지만 추녀는 자신이 예쁘지 않다는 것을 알기 때문에 늘 겸손하고 공손히 지아비를 섬겼다고 한다. 그 주막 주인은 외적인 아름다움을 보는 것이 아니라 그 내적인 아름다움을 보고자 했던 것이라 하겠다. 또 하나의 미녀와 추녀 이야기는 동시라는 추녀가 서시라는 예쁜 여자를 따라하는 이야기이다. 그 내용의 전말은 다음과 같다.

서시는 마을 서쪽에 사는 시(施)씨 성을 가진 여인이라 서시(西施)라고 불렀습니다.

그 마을 동쪽 언덕에는 시(施)라는 성을 가진 추녀가 살았는데 동쪽에 사는 시(施)씨라 해서 동시(東施)라고 불렀습니다.

동시와 서시는 한 마을에 사는 미인과 추녀의 대표적인 여인들이었습니다.

동시는 추녀였기 때문에 예쁜 여인들이 입는 옷을 사 입고 그들의 행동과 자태를 흉내 내서 자신의 모습을 감추려 하였습니다.

자연히 서시는 동경의 대상이었고, 동시는 서시처럼 되기 위해서 늘 서시의 모든 행동을 관찰하고 따라 했습니다.

선천적인 가슴통증이 있었던 서시가 어느 날 길을 가다 갑자기 통증을 느껴 두 손으로 가슴을 움켜쥐고 이맛살을 찌푸렸는데 그것을 본 동시는 그것이 서시가 남들에게 미인으로 인정받는 행동이라 생각하여 자기 동네로 돌아와서 자기도 가슴을 쥐어뜯고 이맛살을 찌푸리며 돌아다녔습니다.

그렇잖아도 못생긴 동시가 얼굴까지 찡그리며 다니는 것을 본 동네 사람들은 모두 고개를 설레설레 저으며 가까이 하기를 더욱 꺼렸습니다.

〈장자: 동시효빈(東施效顰)〉

동시는 서시의 아름다움을 늘 외적인 것으로만 이해하고 그녀의 모든 일거수일투족을 따라하곤 했는데, 서시가 가슴이 아파 두손으로 가슴을 움켜지며 이맛살을 찌푸리는 것조차 아름다움의 비결로 오해하고 만다. 그녀 역시 자기 동네에서 그런 이상한 꼴로 다니니 사람들은 고개를 절래절래 하면서 더 가까이 하지 않았다는 이야기이다. 한 이야기는 그 마음이 아름다운 추녀가 사랑을 받는 것이고 뒤의 한 이야기는 마음이 아름답지 않기 때문에 추녀는 더욱 더 미움을 받는 이야기이다. 결국 미녀를 취할 것인가 추녀를 취할 것인가. 혹은 미녀와 추녀의 기준은 무엇인가가 논의할 쟁점이다. 그 마음이 추하면 아무리 예뻐도 추하고 그 마음이 고우면 아무리 예뻐도 추하다는 이야기인 것이다.

팜므파탈은 남성의 세계를 무너뜨리는 파괴적인 잔혹한 미라는 비난을 받아왔지만 요 근래 문화평가에서는 다소 다른 해석들도 등장한다. 즉 자신의 자존을 지키기 위한 여성의 주체적 미라는 일부 의견도 존재하는 것 같다. 그래서 로마를 중심으로 보면 클레오파트라는 팜므파탈이지만 이집트를 중심으로 보면 민족을 지키는 여성 영웅으로 보여질 수 있다는 것이다. 그렇다고 장녹수가 그런 대의적인 팜므파탈이 된다는 이야기는 결코 아니다. 장녹수는 흥청만청이라는 말처럼 나라를 망하게 하는 부정적 팜므파탈이었다. 그러한 부정적 팜므파탈의 잣대에 걸려드는 여성이 또 하나 있는데, 바로 숙종의 여자 장옥정, 즉 장희빈이다.

장희빈은 장녹수처럼 처참한 죽음을 맞는 조선의 부정적 팜므파탈에 속한다. 그녀의 악행은 조선왕조의 가장 유명한 것이니만큼 드라마와 영화로 가장 많이 만들어졌을 정도이다. 숙종의 빈이자 경종의 어머니로 등장하고 인현왕후를 죽이기 위해 저주 굿을 했던 조선 시대 악녀의 대명사이다. 장자의 견해로 따져보자면 가장 미녀이지만 가장 추녀인 셈이다. 사실 장자의 이야기의 주인공은 미녀의 마음과 추녀의 마음을 잘 알아보는 주막집 주인의 현명함에 있다고 할 수 있다. 숙종은 그런

점에서 한참 떨어지는 판단력을 가진 사람이라고 볼 수 있는데, 마음의 추녀와 미녀를 구분하지 못하고 중전 인현왕후를 쫓고 장희빈을 중전으로 봉한다.

장희빈은 숙종의 첫 부인 인경왕후가 천연두로 죽고 나서부터 숙종의 총애를 받았다고 기록된다. 그러나, 장희빈은 출신이 천하고 성품이 극악하다는 이유로 숙종의 어머니인 명성왕후에게 미움을 사서 출궁하여 민가에 살고 있었는데, 숙종 역시 천연두를 앓았다고 한다. 사경을 헤매는 아들을 기원하기 위해 명성왕후는 무당이 지시한 대로 속옷 차림으로 물벌을 서야 했다. 혹독한 겨울에 터무니 없는 무당의 지시인 물치성을 지내다 결국 지독한 독감에 걸려 시름시름 앓다가 죽게 된다. 그 후에 다시 장희빈은 입궁이 가능해졌다. 돌아온 장희빈에 대한 총애가 지극한 숙종의 행동에 의해 당시 많은 당쟁이 있었고 상소가 있었다. 결국 인현왕후는 중전에서 물러나게 되고 장희빈은 권세에 날개를 달게 된다. 인현왕후는 숙종에 의해 폐출되기에 이르는데 그녀는 폐비 윤씨와 비교할 바가 아니며 그녀의 인성이 여후와 흡사하다고 비교하였다. 인현왕후 민씨에게 물어진 죄는 죽은 시부모의 계시를 빙자하여 왕에게 거짓을 고한 죄, 왕의 육체를 조롱한 죄, 투기로 내전(內殿)의 일을 조정으로 확대시켜 국정을 어지럽힌 죄, 내전에서 궁인의 당파를 나누어 붕당을 일으킨 죄였다. 그러나, 결국 인현왕후는 뒷날 다시 궁으로 돌아오고 그녀가 죽도록 굿을 한 장희빈은 비참한 말로를 맞는다.

〈조선왕조실록(朝鮮王朝實錄)〉의 숙종편을 보면 그야말로 변덕스러운 왕을 만나게 된다. 그러한 변덕이 당파를 이용하고 여성들의 미모와 투기를 정치적으로 이용한 것이라는 생각이 들 정도이다. 주막의 주인처럼 추녀이지만 마음의 덕을 바르게 볼 수 있는 사람이라면 당시의 처참한 투기극은 일어나지 않았을 지도 모른다. 팜므파탈과 치명적인 여성의 아름다움은 결국 남성 질서가 만들어 낸 이야기일지도 모른다. 그리스 로마 신화에 보면 가장 아름다운 여성 헬레네는 트로이 전쟁의 원인으로 화자된다. 그러나 정작 따지고 보면 이 헬레네라는 여성의 의지는 별로 보이지 않는다. 일단 탄생부터가 헤라의 눈을 피해서 제우스가 레다라는 백조와 사랑을 나눈 뒤 태어난 여자가 클뤼타임네스트라와 헬레네이다. 그러한 헬레네는 남성 구원자들의 헬레네를 지키기 위해 자신들이 노력한다는 맹세에 의해 스파르타의 메넬라오스의 아내가 된다. 이 역시 남자들의 편의주의적인 발상이다. 혹시 싸움이 나면 안 되기 때문에 오디세우스는 그러한 제안을 하게 된다. 헤라, 아프로디테, 아테나 등 세 여인의 아름다움의 자존심 싸움은 트로이 왕자 파리스를 이용해 결판을 내고 그 선물로 파리스는 헬레네를 얻게 되는 것이다.

트로이 전쟁은 헬레네를 찾기 위한 대의명분을 가지지만 실질적인 목표는 트로이 해상권장악을 위한 영토전쟁과 상권전쟁이었다. 〈일리아스〉와 〈오디세이아〉를 보면 헬레네의 적극적인 의지를 찾아보기 힘들다. 물론 그녀 역시 신들의 마술에 걸려 파리스를 사랑하고 있지만 그녀의 사랑은 패권 전쟁의 핑계대기로 보여진다. 이런 맥락에서 볼 때 우리 역사에서 왕들과 당파싸움은 여성의 아름다움을 교묘하게 활용하면서 진행되어 왔다는 생각을 하게 된다. 경국지색이라는 말은 나라를 망칠 만큼의 치명적인 아름다움을 말한다. 그러한 치명적인 아름다움이 권력화는 여성 스스로가 만들어 낸 것일 수도 있지만 타의적으로 활용되고 있는 경우도 허다하다. 아름다움이라는 것은 남성들의 질서 속에서 갈등의 요인으로 작용한 것으로 보인다.

2 ___ 남성지식 사회에 맞선 여성지식의 미의식

추남과 추녀에 대해 〈장자〉만큼 많은 이야기를 한 고전은 드물 것이다. 〈장자〉 내편 〈덕충부〉편을 보면 온통 절세 추남과 절세추녀들이 등장한다. 가장 흥미롭게 읽은 추남은 그 유명한 〈애태타 이야기〉이다. 〈장자〉의 이야기에도 여성은 아름다움과 추함의 담론 한 중앙에 존재한다. 그런데, 남성은 다르다. 남성은 절대 추남의 이야기인 애태타가 등장하고 절세미남의 이야기는 등장하지 않는다. 남성의 이야기에는 덕이라는 개념이 더 부각되는 듯해 보인다. 애태타의 이야기를 들어보자.

> 노나라 애공이 공자에게 물었습니다.
>
> "衛나라에 못생긴 사람이 있었는데, 이름은 애태타라 합니다. 그 사람과 함께 시간을 보낸 남자들은 그 사람 생각에 곁을 떠나지 못하고, 그 사람을 본 여자들은 부모에게 '딴 사람에게 시집가느니 그 사람의 첩이 되겠다'고 조르는데, 그 수가 열 몇 명으로 아직도 계속 늘어간다고 합니다. 그 사람은 나서서 주창하는 일이 없고, 언제나 사람들에게 동조할 뿐입니다. 임금의 자리에 앉아 사람들을 죽음에서 구해준 일도 없고, 곡식을 쌓아두고 사람들의 배를 채워준 일도 없습니다.
>
> 거기다가 몹시 추하게 생겨서 세상을 놀라게 할 정도입니다.
>
> 동조할 뿐 주창하는 일도 없고, 아는 것이라고는 자기 주변의 일상사를 넘지 못합니다. 그런데도 남자 여자가 그 앞에 몰려드는 것은 그에게 반드시 보통 사람들과 다른 무엇이 있기 때문일 것이다.
>
> 그래서 저도 그 사람을 불러 살펴보았습니다. 과연 주하기가 세상을 놀라게 할 만했습니다. 그러나 저도 한 달이 채 못 되어 그 사람됨에 반했고, 한 돌이 채 못 되어 그 사람을 믿게 되었습니다.
>
> 마침 나라에 재상이 없어서 제가 나라 살림을 맡기려 했더니, 모호한 응답을 하는데 분명하지는 않지만 사양하는 듯 했습니다. 저는 민망한 생각이 들

었지만 나라 살림을 떠맡겼습니다. 그랬더니 금방 저를 떠나가 버렸습니다.

저는 뭔가 잃어버린 듯 마음이 아팠습니다. 이제 아무와도 이 나라를 다스리는 기쁨을 함께할 수 없을 것 같습니다. 이 사람은 도대체 어떤 사람입니까?"

〈중략〉

지금 애태타는 말을 안 하고도 사람들의 신임을 얻고, 아무런 공적이 없으면서도 사람들의 사랑을 받습니다. 나라 살림을 다 맡아달라고 하면서도 맡아주지 않을까봐 염려하게 됩니다.

이 사람은 반드시 자신의 재질을 온전히(才全) 하면서도, 그 덕(德)을 밖으로 드러내지 않는 사람일 것입니다. "

애공이 물었습니다.

"자신의 재질을 온전히 한다(才全)는 것이 무슨 뜻입니까? "

공자가 대답했습니다.

"죽음과 삶, 생존과 파멸, 성공과 실패, 가난과 부유함, 현명함과 어리석음, 비방과 칭찬, 주림과 목마름, 추위와 더위, 이것이 모두 사물의 변화요 命의 운행으로서 우리앞에 밤낮으로 번갈아 나타나지만, 우리의 앎으로는 그 시원(始原)을 헤아릴 수 없습니다.

그러므로 이런 것들이 마음의 조화를 어지럽히거나 마음속 깊은 곳으로 들어오게 할 수 없습니다.

마음이 조화롭고 즐겁도록 하고, 시원히 트여 기쁨을 잃지 않도록 해야 합니다. 밤낮으로 틈이 없도록 하고, 만물과 더불어 봄을 맞습니다. 이것이 사물을 접해서 마음에 봄이 오게 하는 것입니다. 이를 일러 인간에게 주어진 재질을 온전하게 한다고 합니다."

애공이 물었습니다.

"그러면 '덕(德)을 밖으로 드러내지 않는다'는 것은 무슨 뜻입니까?"

공자가 대답했습니다.

"평평한 것은 물이 완전히 고요해진 상태입니다. 안에 고요를 간진하고 밖으로 출렁거리지 않기 때문에 본보기가 될 수 있을 것입니다.

덕을 이룬 사람은 조화를 이룬 사람으로, 덕을 밖으로 드러내지 않기 때문에 사람들이 그에게서 떠나지 못합니다."

애공이 훗날 민자(閔子)에게 이 이야기를 했습니다.

"내가 처음 임금이 되어 나라를 다스리면서 백성이 법을 지키게 하고, 그들이 죽지 않도록 염려하는 것으로 나의 할 일을 다 했다고 생각했소.

이제 至人의 말을 들으니 내게 임금다운 바탕도 없으면서, 몸을 가볍게 놀려 나라를 망치는 것이 아닌가 두렵소. 나와 공자는 임금과 신하의 관계가 아니라, 덕으로 맺어진 벗(德友)이오."

〈장자: 덕충부〉

〈장자〉라는 책에는 재미있는 우화가 정말 많이 들어있다. 유쾌한 사상가라는 생각이 든다. 책을 보고 있으면 그 자유분방함에 놀라고 그 치밀한 비유에 또 놀라고 그 의미 깊음에 다시 감탄한다. 나는 매년 매학기 〈장자〉를 만난다. 학생들과 한 학기에 한번은 이 멋진 텍스트를 토론해야 하기 때문이다. 여학생들의 학교에서 연구를 하다 보니, 진정한 아름다움이라는 것에 대해 자주 생각하게 된다. 특히, 5명 중 한 명은 성형을 한다는 기록적인 뉴스를 보고, 학생들과 아름다움에 대해 진지한 고민을 해야 할 필요성을 갖는다. 거기에 딱 맞는 인문학 고전이 바로 〈장자〉라는 텍스트이다. 미인 강박관념의 사회이면서 육체적 미에 찌든 사회이다 보니 〈장자〉라는 텍스트가 더욱 긴밀하게 느껴진다. 〈장자〉의 내편, 외편, 잡편 모두에서 아름다움의 진정한 의미를 묻는 이야기는 참으로 많이 등장한다. 특히 내편의 덕충부편에는 못생긴 추남들이 대거 등장하는 장관을 이룬다. 그 중 단연 일등인 애태타 이야기는 그 의미가 심오하다.

애태타는 무척 추남인데 그를 본 사람이라면 여자뿐만 아니라 남자들도 그를 흠모하게 된다. 여자들은 남에게 시집가느니 그의 첩이 되겠다고까지 한다. 남자들은 그를 흠모해 그에게 높은 지위를 주고자 한다. 그 남자 애태타의 비결은 무엇일까. 대답은 지나치게 단순하다. 즉 덕으로

오죽헌의 신사임당

그림 강릉 허난설헌

조화를 이룬 사람이라는 것이다. 이 글을 읽으면서도 나 역시 이런 사람을 알아볼 수 있을지 자신이 서지 않는다. 여기에서 논하고자 하는 것은 바로 덕을 가진 아름다움이다. 그러한 대상으로 조선의 두 여인 신사임당과 허난설헌을 살펴보기로 하자. 여성으로 처음으로 화폐 주인공이 된 신사임당은 이미 아들을 화폐에 싣고 있는 현모의 대명사이다. 그러나 양처인지는 확신하기 어렵다. 그녀의 결혼 생활은 끝없는 고행과 투쟁이었고 남편 이원수는 결국 죽어가는 그녀에게도 신임을 얻지 못했으니, 양처라는 말은 다소 어울리지 않아 보인다.

같은 지방 강릉에서 태어난 허난설헌은 신사임당이 죽고 난 후 10여 년 후에 태어난다. 그러나 그녀들의 삶은 마치 쌍둥이처럼 불행하다. 일단 둘 다 당시 여성들과는 다르게 학문에 정통하고 글과 그림에 정통하다는 것이다. 그녀들은 어린 시절부터 신동 소리를 들을 정도로 비슷하게 천재성을 보인다. 또한 그녀들의 주변 인물들이 매우 유명하다는 것을 들 수 있다. 신사임당은 화가로 유명한 딸 이매창과 조선의 천재 학자 아들 이이를 두고 있다. 허난설헌 역시 〈홍길동전〉의 저자이자 학자인 허균을 동생으로 둔 여성이다. 무엇보다도 그녀들에게는 그녀들의 재능을 인정하고 지도해주는 현명한 아버지들이 있었다. 당시 그녀들이 남자들보다 더 학문적으로 뛰어 날 수 있었던 것은 그녀들의 아버지들 때문이었다. 사임당의 아버지는 그녀의 재주를 높이 사서 남편을 신중하게 골라주고자 했고, 허난설헌의 아버지 허엽은 학문적으로 유명한 사람으로 호는 초당이라고 한다. 강릉에 가면 볼 수 있는 초당은 바로 허난설헌의 아버지와 관련되고, 난설헌의 오빠 허성은 임진왜란 전 일본 통신사로 황윤길과 김성일과 동반했던 인물이다. 도요토미 히데요시의 전쟁 가능성을 황윤길과 함께 말했던 신하였다. 허난설헌은 요새 알파걸들의 탄생을 보면 아버지들과 딸들의 돈독한 관계가 중요하게 부각되는데, 조선의 알파걸에게도 그런 아버지가 있었던 것 같다. 그러나 또 하나의 불행한 공통점은 둘 다 불행한 결혼 생활을 영위한다는 것이다. 남편들의 외도로 속을 끓이는 여성들이며 남편들의 지적인 콤플렉스의 대상자들이기도 하다.

신사임당은 당대 인물인 문정왕후, 황진이, 장녹수, 정난정 등과 비교해서 현명함의 대명사였다. 하지만 남편과의 관계에서는 그리 녹녹한 것이 아니었다. 남편의 과거 급제 공부를 위해 자신의 머리카락을 자를 정도의 강단이 있었고, 남편의 외도를 참지 않고 절로 들어가기도 했으며 심지어 자신이 죽기 전 남편에게 새 장가를 들지 말 것을 합의하라고 하기까지 한 당찬 여성이었다. 그녀와 남편의 대화를 들어보면 이것이 조선의 대화인가 다소 놀랍기까지 하다.

신사임당 : 내가 죽은 뒤에 당신은 다시 장가를 들지 마시오. 우리에게 이미

아들 다섯, 딸 셋, 8남매의 자녀가 있는데, 다른 자식이 필요하며 또 다시 무슨 자식을 더 두어 예기에 가르친 훈계를 어길 수가 있겠소?

이원수 : 공자가 아내를 내보낸 것은 무슨 예법에 합하는 것이오?

신사임당 : 공자가 노나라 소공 때 난리를 만나 제나라 이계라는 곳으로 피난을 갔는데, 그 부인이 따라가지 않고 바로 송나라로 갔기 때문입니다. 그러나 공자가 그 부인과 다시 동거를 하지 아니했을 뿐 아주 내쫓았다는 기록은 없소.

이원수 : 공자가 아내를 내친 기록이 없다? 그러면 증자가 부인을 내쫓은 것은 무슨 까닭이오?

신사임당 : 증자의 부친이 찐 배를 좋아했는데 그 부인이 배를 잘못 쪄서 부모 봉양하는 도리에 어긋남이 있었기 때문에 부득이 내쫓은 것입니다. 그러나 증자도 한 번 혼인한 예의를 존중하여 다시 새 장가를 들지는 아니한 것입니다.

이원수 : 주자의 집안 예법에는 이같은 일이 있지 않소?

신사임당 : 주자가 47세 때 부인 우씨가 죽고 맏아들 숙은 아직 장가를 들지 않아 살림할 사람이 없었지만 다시 장가를 들지는 않았습니다.

김재영, 〈조선의 인물 뒤집어 읽기〉, 68쪽.

아픈 몸을 하고도 논리적으로 남편의 말을 또박또박 반박하면서 옳고 그름을 강론하는 신사임당은 분명 무시할 수 없는 조선의 깐깐한 알파맘이었던 것 같다. 공자와 증자와 주자를 하나씩 논박하면서 논리에서 남편을 앞서고 있다. 마치 우리 학생들이 토론을 펼칠 때 확인질문과 반론을 하는 치밀함까지 보인다. 그녀는 신장질환으로 결국 50세도 되기 전에 세상을 떠나고 만다. 그녀의 죽음은 셋째 아들 이이(李珥)에게는 삶과 죽음의 근원적 회의감으로 몰려왔다고 한다. 이이가 한 때 세간에 논란이 된 승려가 된 이유이기도 하다. 이러한 어머니의 강직함에 영향을 받은 것인지 이이는 시종일관 나라의 경장(更張)을 부르짖는다. 이이가 주창한 경장이란 정치가 혼란할 때 일대 개혁을 단행하는 행위라는 뜻이다. 우리 나라에서 경장(更張)은 조광조(趙光祖)가 주장한 것이 시발점이었는데, 즉 도학정치(道學政治)에 바탕을 두고 민본주의사상과 지도층의 각성을 촉구하고, 언로(言路)의 개방과 말의 책임(言責)을 강조하면서 사림(士林)의 힘을 배양하여 나라가 정의를 잃고 이욕(利欲)의 폐단에 빠지는 것을 혁파하려는 정책이었다. 그러나 기묘사화(己卯士禍)로 조광조의 개혁정치는 좌절되었고 이이(李珥)에게 이어져 주장되고 있다. 이이는 〈동호문답(東湖問答)〉과 〈만언봉사(萬言封事)〉, 〈성학집요(聖學輯要)〉 등에서 당시를 경장의 시기로 파악하고, 사회적 위기를 극복하기 위하여 혁구경신(革舊更新)이 필연적임을 강조하는 경장론을 전개하였다. 덕을 갖추었지만 그 덕을 알아주고 인정해주는 사람들이 있었을 때 그 덕은 아름다움으로 인정을 받는 것이다. 신사임당과 허난설헌을 보면서 남성 지식 사회에서 덕을 가졌지만 제대로 인정받지 못하는 여성 지식인의 자의식적 아름다움을 살펴 보게 된다. 여성의 지식 습득이 자의식의 향상으로 이어지고 있음을 알 수 있다.

3 ___ 선비정신에 반기를 든 도전적 미의식

조선시대 우리 문화의 르네상스는 영정조 시절이라고 흔히 말한다. 할아버지 영조가 기틀을 닦았다면, 손자 정조는 꽃을 피운 임금이라고 할 수 있다. 우리가 각 분야에서 걸출하게 알고 있는 인물의 상당수가 바로 정조 시절 인물들인 것을 보면 알 수 있다. 단원 김홍도, 연암 박지원, 다산 정약용 등 유명한 조선의 인사들이 이 시대를 살았다. 그런데, 정조시대 놓칠 수 없는 여성 영웅이 있었다. 그녀의 이름은 김만덕이었다. 김만덕은 그 시절에 살았던 여성으로 제주도뿐만 아니라 전국적으로 알려졌던 인물이었다. 자신이 모은 평생의 재산을 흉년이 들어서 죽어가는 제주도 사람들을 위해 썼다. 그리고 당시 여자로서는 상상할 수 없는 금강산 유람을 실행한 여인이었다. 따라서 그녀는 서울 장안에서 큰 화제를 불러일으켰으며 사대부를 비롯한 많은 사람들이 직접 만나보고 싶어 했던 인기 있는 조선의 유명 인사였다. 형조판서를 지낸 이가환은 시를 지어 헌정하였고, 영의정 채제공은 〈만덕전〉이라는 전기문까지 써서 바쳤을 정도였다. 그녀는 유통업으로 벌어들인 전 재산을 기부해 도탄에 빠진 제주도민들을 살려낸 조선 시대판 노블레스 오블리주 여성 영웅이다. 그녀의 이력은 당시 시대에는 매우 독특한 것이었다.

만덕은 가난한 집에 태어나 12살에 부모님이 모두 사망하여 기생의 몸종으로 의탁하였다. 그리고 이후 기생의 수양딸이 되어 가무를 익혀 제주도에서 한때 가장 유명한 기생으로 이름을 떨쳤다. 출신도 미천한 기생이었던 독신녀이지만 그녀는 객주를 운영하면서 제주도 물품과 육지 물품을 교역하는 유통업을 통해 막대한 부를 이루었다. 그리고 평생

제주도 드라마 〈김만덕〉 촬영지

을 통해 모은 돈을 계속되는 기근에 시달리는 제주도민을 살려내는데 아낌없이 내놓았다. 그녀가 후대에 칭송받고 있는 요인이다.

김만덕은 자신이 쌓은 부를 사회에 환원함으로써 정조 임금의 칭송을 한 몸에 받았고 비록 명예직이었지만 '의녀반수'라는 벼슬에 올랐다. 이는 당시 여성에게는 상상도 할 수 없는 일이었다. 정조가 그의 업적을 치하하기 위해 소원을 물었을 때 만덕은 주저 없이 금강산 구경이라고 대답하였다. 당시 제주도에는 여성은 육지에 갈 수 없다는 법이 있었다. 그러나 김만덕은 사회적 금기에 도전하면서 여성에게는 제한된 이동의 자유를 요구하였다. 금강산 구경은 당시 성공한 남성의 특권이었다. 김만덕은 여성으로서 놀라운 일을 행하였고 새로운 것을 개척해나가는 용기 있는 여성이었다. 김만덕은 자신의 욕망을 억제하면서 삼종지도를 유일한 덕으로 삼았던 조선의 여인들에 비해서 자신의 꿈에 충실하고 세상에 개방적이었던 도전적 미의식의 소유자라고 할 수 있다.

처녀의 몸으로 스스로 민중을 위해 마음과 재산을 아끼지 않는 김만덕 이야기에서 제주도 삼승할망 신화의 주인공인 명진국 따님애기를 떠올려 볼 수 있다. 삼신할미하면 제주도에는 명진국 따님애기를 지칭하는 말이고 내륙지방에는 당금애기를 두고 하는 말이다. 둘 다 공통점은 처녀가 아기의 탄생과 관련 있다는 것이다. 명진국 따님애기의 경우에는 직접 자식을 낳지는 않는 순수한 처녀 삼신할미이고, 당금애기는 상징적인 결혼이지만 젓가락 결혼과 같은 절차를 통해 쌀 세 톨로 임신을 해서 세 명의 아들을 낳는다. 그리고 그 아들들을 훌륭하게 키우고 비로소 삼신할미가 되는 것이다. 그렇다면 명진국 따님애기의 삼신할미는 어떤 사연이 있으며 김만덕과는 어떤 점에서 비슷한 상상력을 가지고 있는지 그 상상력을 들여다 볼 수 있다. 제주도의 아이들의 생명을 구해주고 은혜를 베풀어 준 삼신할망의 존재는 늘 고마움의 대상이 된다. 옛날부터 삼신할미에게는 하얀 살밥과 미역국과 깨끗한 물을 바치는데, 생일날 주로 행해지고 있다.

우리 문화에서 문화영웅으로 축제의 성배를 찾은 여성 영웅이 있다면 바로 광해군 시절의 안성 바우덕이라고 말할 수 있을 것이다. 이는 진정한 개척정신적 미의식의 실현이라고 할 수 있다. 남사당의 지도자로 이름을 떨친 처녀 바우덕이가 그 대상이라고 하겠다. 9월 말에서 10월초에 벌어지는 이 축제는 안성의 대표적인 축제라고 할 수 있다. 남사당은 어린아이부터 노인에 이르는 연령으로 구성되었고 우두머리는 꼭두쇠라고 불렀다. 그런데 19세기말에 15세 여자아이인 바우덕이라는 인물이 꼭두쇠가 된 것부터 기존의 사고를 흔드는 것이다. 남사당들은 풍물과 노래와 춤으로 당시 사회를 비판하는 역할을 했으며 백성들의 불만을 폭로함으로써 사회의 배출구 역할을 담당한다. 또한 사회 부조리가 적나라하게 놀이로 폭로됨으로써 백성들의 억눌린 한을 풀어내는 역할을 했다. 바우덕이를 주목하는 이유는 그녀의 남다른 영웅성 때문이다. 당시 남사당패는 천민의 집단으로 사회적 천시대상이었다. 그런데 바우덕이는 남사당패를 대중공연단체로 육성하기에 이른다. 즉 남사당 문화의 가치를 최초로 예술집단으로 일깨운 여성이다.

〈안성 바우덕이 축제〉가 대중에게 더 잘 알려진 것은 영화 〈왕의 남자〉의 공길과 장생의 삶에 대한 조명 때문이다. 남사당놀이는 전날 전야제인 곰뱅이트기를 시작으로 펼쳐지는데, 풍물놀이, 버나놀이, 살판, 어름, 덧뵈기, 덜미 등으로 구성된다. 긴 담뱃대나 나무를 가지고 접시를 돌리는 것을 버나놀이라고 하고, 줄다리기를 하는 사람의 별칭이 어름신이라고 한다. 〈왕의 남자〉의 공길과 장생은 바로 어름신이라고 할 수 있는데, 안성 바우덕이 남사당패가 영화의 모델이었나고 해서 더욱 관심을 받은 바 있다. 남사당패의 자유로운 예술정신과 영혼을 그린 영화였고 현대인의 놀이정신을 보여주고 있는 영화이다. 공길과 바우덕이가 연관성을 가지는 것은 아니지만 영화 〈왕의 남자〉를 통해 바우덕이가 대중화된 것은 틀림이 없다.

〈왕의 남자〉에서 남사당패들은 왕을 가지고 노는 위험한 일을 벌인다. 저자거리에서 왕의 이야기를 희화시키는 신명난 굿판을 펼치면서 장안의 화제를 모은다. 이때 장생은 신명의 놀이판에서 축제적 영혼을 가진 사람으로 읽을 수 있다. 연산이라는 왕은 장생과 공길의 놀이에 의해서 희화되는 자기 자신을 바라보면서 치유의 과정을 밟는다. 연산은 공길이라는 남사당에게 어머니의 모정을 느끼고 자기의 어린 시절을 느낀다. 공길은 임금 연산의 상처를 이해하면서 그 상처를 치유하는 문지방적 존재로서 기능하고 있다. 영화는 축제와 제의를 외줄 타기라는 방식을 통해서 보여주고자 하였다. 민중의 외줄 타기는 그만큼 아슬아슬한 현실의 삶을 대변하는 것이기도 했다. 살판이라는 춤은 어린 재담꾼이 땅재주를 넘는 것으로 현대의 비보이를 연상시킨다. 미국의 뒷골목 문화에서 저항 정신의 표상으로 알려진 비보이는 우리의 문화에서는 이미 오래 전에 살판이라는 춤의 형태로 전승되고 있었던 것이다. 덧뵈기는 탈을 쓰고 춤을 추는 것으로 탈춤놀이와 비슷하다. 덜미는 목덜미를 쥐고 노는 인형놀이로 〈춘천 인형극〉의 원형적 상상력과 일치한다. 영화 〈왕의 남자〉에서 연산과 공길은 이 덜미 놀이를 통해 연산의 어린 시절 트라우마인 어미에 대한 상처와 직접적으로 대면하게 된다. 인형극을 통해 어린 시절의 트라우마를 치유해가는 연산군에게 인형은 영혼이 깃든 신화적 오브제인 것이다. 〈안성 바우덕이 축제〉는 춤, 노래, 인형극 등 종합예술의 형태를 띠고 있었던 것이라 할 수 있다.

영화 속 공길과 장생처럼 바우덕이는 남사당패의 일원이있다. 그깃도 남사당이라는 집단의 여자 꼭두쇠였다고 전한다. 가난한 소작농의 딸로 태어난 바우덕이는 먹고살기 힘든 아이들이 남사당에 맡겨진 것처럼 5세 때에 남사당의 일원이 된다. 그러나 능력을 인정받아 십대 여성으로 남사당의 우두머리인 꼭두쇠가 되기에 이른다. 그리고 흥선대원군이 경복궁을 중건할 때 공사현장에서 흥을 돋구어주어 성공적인 공사가 되도록 기여한다. 이에 바우덕이 남사당패는 당상관 정 3품 지위를 받는다. 바우덕이를 선구자적인 연예인이라고 부르는 이유이다. 축제는 길놀이로 시작한다. 화려한 치장의 행렬들이 도심을 순회하면서 공연을 펼친다. 어린아이에서부터 노인에 이르는 다양한 행렬들이 춤을 추면서 혹은 노래를 부르면서 길거리를 시작한다.

〈안성 바우덕이 축제〉에 〈왕의 남자〉가 기폭제 역할을 한 것은 부인할 수 없는 사실이다. 특히, 공길이라는 여장 남자의 등장은 양성성에 대한 문화적 담론을 촉발시켰다. 실질적으로 공길과 바우덕이의 관계가 상관없다고 하더라도 공길의 양성성과 바우덕이의 양성성은 일면 공유되는 상상력이다. 남성인 공길이 여장을 하고 줄을 타는 것은 여성 바우덕이가 남성 꼭두쇠처럼 행장하고 다니는 것과 비교될 수 있는 상상력이다. 미르치아 엘리아데는 일찍이 양성성이라는 화두에 많은 관심을 보여주었는데, 양성적 인간이란 신체적인 것과 심리적인 것이 함께 읽혀지는 담론이다. 사실 이 두 가지는 교묘하게 섞이게 되기 마련인데, 바우덕이라는 인물은 남성성과 여성성을 조화롭게 보여줌으로써 양성성의 대표적인 인물이 된다. 즉 바우덕이는 남자와 여자의 역할을 동시에 담당했던 인물로 도전적 미의식을 실현한 알파걸이라 하겠다. 조선이라는 나라가 상당히 굳건하게 닫혀있었던 것만은 아니라는 생각이 든다. 김만덕과 바우덕이라는 인물들의 도전 정신을 살펴볼 때 최소한의 출구는 있었던 것처럼 보인다. 가끔 역사 속에서 자신의 뜻을 무섭게 실현했던 여성들을 떠올려 볼 수 있는데, 대표적으로 고려의 천추태후와 같은 인물이다.

153

고려 5대왕 경종의 부인이었던 그녀는 7대 왕 목종의 어머니이기도 했다. 어린 아들의 정사를 도와 섭정을 실시한 여성으로 알려지고 있다. 여성으로서 자기를 한정하기 보다는 스스로의 가능성에 맞서는 여인이라고 할 수 있다. 역사적으로는 여러 가지 긍정적 부정적 의견이 엇갈리지만 강인한 여성과 모성이 느껴지는 것만은 부정할 수 없을 것 같다.

8장

미래의 미의식과 새로운 세상에 대한 구상

1 ___ 믿음을 향한 지식 순례의 미의식

우리나라에서 서학의 유입은 다른 나라와는 사뭇 다른 문화적 차이가 있다. 제일 먼저 주목할 만한 것은 학자들의 자발적인 관심과 연구가 종교를 받아들이게 하는 추동력이었다는 점이 두드러진다. 대부분 선교문화가 비자발적으로 전파되어 기독교 문화를 정착시켰던 것을 비추어볼 때 우리나라의 천주교와 기독교의 유입은 지적 호기심이라는 문화적 흐름 속에서 능동적으로 등장했다는 점이다. 우리나라에서 무엇보다도 주목할 만한 일은 문화의 정신사적인 큰 흐름에 한 집안이 깊이 가담되어 있다는 사실이 더욱 놀라울 뿐이다. 다산의 집안이 그 주인공이다. 우리나라 천주교의 유입과 다산의 가문은 떨라야 뗄 수 없는 밀접한 관계를 갖는다.

다산이 유배지에서 18년을 보내지 않았더라면 우리는 그가 남긴 문화의 찬란한 족적을 밟아보지도 못했을 것이라고 많은 사람들은 말한다.

충북 제천 천주교 베론성지

한 사람의 고뇌를 담은 지식이 한 세기를 넘어서서 후대에도 깊은 향을 내는 차처럼 우리는 그의 지적인 행보에 일종의 아름다움을 느낀다. 장파라는 중국의 학자는 문화적 초월의지의 표현을 숭고함이라고 정의했다. 그는 문화적 이상의 표현을 화해, 문화적 곤경의 표현을 비극, 문화적 자유로움의 표현을 부조리와 소요라고 덧붙여 논하고 있다. 우리는 다산의 유배와 학문적 탐구에서 우리는 일종의 숭고함을 느끼게 된다. 그는 가족을 서울에 남겨둔 채 홀로 외로움과 슬픔을 견디며 학문으로 현실을 초월하려는 숭고미를 보인다. 특히, 강진의 다산 초당에 가면 그의 숭고함이 오롯하게 느껴진다. 산을 올라 중턱쯤 가면 다산의 학문의 전당인 다산초당이 보인다. 그곳에서 시름을 달래기 위해 강진만을 쳐다보았다는 천일각에 오르면 다산의 시름을 어렴풋하게 느껴볼 수 있다. 천일각 조금 돌아 나오면 보정산방(寶丁山房)이라는 추사 김정희의 현판 글씨와 다산동암(茶山東庵)이라는 다산의 현판 글씨를 만나볼 수 있다.

추사는 보정산방(寶丁山房)이라고 한 조그만 집은 어떤 이야기를 품고 있는 것일까. 추사는 제주 유배지에서 돌아오고 나서 정약용에게 다산초당(茶山草堂)과 보정산방(寶丁山房)이라는 현판을 선물했던 것으로 보인다. 위에서 추사의 세한도의 아름다움을 이야기하면서 추사가 존경했던 중국의 옹방강이라는 학자와 보정산방(寶丁山房)은 관련이 있다. 옹방강이 소동파를 존경하여 그의 서재를 보소재(寶蘇齋)라 이름 지었고, 추사는 담계 옹방강을 사모하여 보담재(寶覃齋)라고 했다. 추사는 세상 사람들이 정약용의 유배처와 정양용을 그렇게 보배처럼 생각해 주기를 바라는 마음에서 그가 연구하고 책을 쓰는 곳을 보정산방(寶丁山房)이라고 써 준 것이다. 글씨에 문외한(門外漢)이어도 어쩐지 보정산방의 글씨체는 멋들어져 보인다. 우리 옛 선인들은 자신이 기거하는 집에도 방 한 칸에도 그 이름을 붙이는 묘미를 가지고 있다. 자신이 기거하는 방의 이름을 지어주는 것은 어떤 효과가 있을까. 한 두 해도 아니고 길게는 20년 가까운 유배를 살던 선인이 자신의 고통을 승화시켜 만들어 낸 이 산방은 마치 숭고한 아름다움을 담고 있는 듯하다. 이곳 다산 동암, 즉 보정산방에서는 〈목민심서〉, 〈흠흠신서〉, 〈경세유표〉 등 500여권의 책이 씌여진 멋진 학문의 보고였다. 이 동암은 소나무로 뒤덮여 있어서 송풍루(松風樓) 즉 소나무 바람이 드는 곳이라는 낭만적인 이름도 가지고 있다.

아름다움에 대한 인식은 우리를 한없이 즐겁게 하기도 한다. 아름다움은 판단의 중심에 놓이는 개념이기도 하며 삶을 긍정하게 하는 힘이 될 수 있는 것 같다. 모진 유배생활이 향기 있는 유적지가 된 것을 생각하면 인간의 정신과 의지의 아름다움이 새삼 절절히 느껴신다. 강진 뿐만 아니라 다산의 유적지는 경기도 일대에도 많은 향기로 남겨져 있다. 남양주 그의 생가와 그가 거닐었던 양평의 이곳저곳이 이미 인기 있는 문화 산책로가 되었고, 그가 차를 마셨다는 양평의 수종사는 아직도 차향이 남은 듯하다. 정약용이 정조의 화성행차 때 기획한 배다리는 양평 새미원이라는 공원에 멋있게 재현되어 역사를 기억하게 하는 상상적 기억물이 되어 있다. 새미원에는 세한도도 조그마한 정원으로 만들어져 있어서 옛사람들의 사상을 어렴풋하게나마 이해하게 해 준다.

다산은 머나먼 강진에서 유배를 살면서도 서울에 있는 식구들에게 정신적으로 버팀목이 되어 주기에 여념이 없었다. 〈유배지에서 쓴 편지〉라는 글을 보고 있노라면, 아버지의 잔잔한 정이 느껴지다가도, 스승의 매서운 훈계가 느껴지기도 하고 때로는 자신의 처지를 함께 공유하고 싶은 친구의 느낌도 준다. 매번 자식들의 학문하는 것에 대해서 방향을 제시하고 성과를 평가해주는 일에 게으르지 않는다. 가끔은 지나치게 학문에만 몰두하는 선비같은 느낌도 주는데, 아들이 닭을 키우기 시작했다는 말에 가계의 빈궁함을 걱정하기 보다는 양계에 대한 책을 쓰기를 권한다. 아버지도 없는 서울에서 밥벌이도 힘든 자식들에게 끊임없이 밥 너머의 이야기를 건네는 아버지의 이상을 보게 된다. 정약용의 아들들은 아버지의 뜻에 어긋남이 없었던 것 같다. 그의 둘째 아들 정학유는 순조시대에 〈농가월령가〉를 지어 농사하는데 실질적인 도움을 주었다. 그 아버지에 그 아들이라는 말이 여기에 해당될 듯하다.

다산의 집안이 모두 천주교와 밀접한 관련을 갖고 있다는 점에 주목하면서 이 이야기를 시작하였다. 그럼에도 불구하고 계속 다산이 다녀왔던 자취의 아름다움에 주목하는 이유는 바로 화성을 이야기 하고 싶어서다. 다산이 가지고 있던 신념이 가장 이상적이고 아름답게 드러난 곳은 수원 화성일 것이다. 이는 그가 유배 오기 전의 행적이다. 화성 곳곳이 모두 운치 있고 아름답지만 가장 눈에 띄는 것은 제일 높은 각루인 방화수류정(訪花隨柳亭)이라는 곳이다. 학생들을 데리고 수원화성에 갔었다. 그 곳에는 다산 정약용의 이상에 대한 포부가 여기저기 숨어 있음을 볼 수 있었다. 화성에서 가장 아름다운 정자인 방화수류정(訪花隨柳亭)이라는 각루를 만날 수 있다. 앞면 세 칸, 옆 면 세 칸이 레고처럼 엉겨서 아(亞) 자처럼 보인다. 레고에서 이 문양은 매우 요긴하게 쓰인다. 이 쪽 저 쪽 양쪽을 이어주는 모양으로 일종의 이음새 레고이다. 방화수류정은 가장 높은 꼭대기에 위치해서 그 앞에 인공 연못인 용연에 그림자를 드리우고 있다. 그림자는 옆으로 펼쳐진 버드나무들과 꽃을 좇아 가는 것처럼 보인다. 왜 꽃을 좇고 버드나무를 따라가는 아름다운 정자라는 이름 방화수류정(訪花隨柳亭)이 붙었는지 알 수 있을 것 같다.

정조임금은 이 각루를 보고 매우 흡족해 했다고 한다. 방화수류정(訪花隨柳亭)은 송대 정명도(程明道)의 시(詩) "운담풍경오천(雲淡風經午天), 방화류과전천(訪花隨柳過前川)"에서 따왔다는 기록을 찾아볼 수 있다. 옛 사람들은 각루의 이름을 짓는데도 아름다운 시를 생각했던 모양이다. 주변을 감시하고 군사들을 지시하는 주목적을 가지지만 주변 경관과의 조화를 결코 등한시하지 않았다. 각루의 서쪽 하방담에 (+)형의 문향이 예사롭지 않게 보인다. 다산의 이러한 문향 넣기가 보는 이들로 하여금 천주교를 연상시키는 것은 결코 우연이 아니다. 그의 집안이 천주교와 깊은 관련이 있기 때문이다. 정약용 누이의 남편이 이승훈이라는 점에서부터 큰 형 정약현의 사위가 황사영이라는 사실부터 범상치가 않아 보인다. 주지하다시피 이승훈은 우리나라 최초의 천주교 영세자이며 황사영은 〈황사영 백서〉를 쓴 것으로 유명하다. 그 내용이 민족주의에 위배되는 것이라 다소 부정적인 견해도 있지만 우리는 이들 가문에서 느껴지는 믿음의 미의식을 느낄 수 있을 것이다.

둘째 형 정약전은 흑산도로 유배를 가서 〈자산어보〉라는 우리나라 최초의 어류도감을 집필했고 정약용은 강진에서 500여권의 방대한 저술을 후세에게 남겼다. 동생 정약종은 최초의 천주교회 한글 교리서 〈주교요지〉를 집필하였다. 그는 이 책을 통해 천주교의 이상이 유교의 이상을 완성하는 것이라 말한다. 정약종과 그의 부인은 순교하고 그의 아들 정하상은 중국인 신부를 모셔오기 위해 갖은 노력을 다한다. 정하상은 〈상재상서〉를 통해 천주교를 박해하는 조정 대신, 즉 당시 재상이었던 이지연에게 이 글을 올렸다. 이 글은 "인간이 이 세상에서 살아가는데 털끝만한 것도 두루가 하느님의 힘입니다. 낳으시고 기르시고 도와주시고 보호하시어 인도해 주십니다. 죽은 후에 받을 상은 그만두더라도 현재 받고 있는 은혜가 이미 무한하여 비할 데 없으니 우리가 마땅히 일생을 다하여 어떻게 받들어 섬겨드려야만 그 만분의 일이라도 보답할 수 있겠습니까?"라고 포문을 연다.

정하상 역시 순교되는 운명을 맞이하지만 그들 일가의 믿음에 헌신한 정신은 매우 아름다운 향기를 남긴다. 특히, 천주교에서 여성에 대한 존중을 중요하게 부각시키고 있는 점을 들 수 있는데, 당시 유학의 종속적인 여성관을 정면으로 부정한 평등성에 대한 교리는 당시 많은 여성들을 교화시키기에 충분했다. 당시 가장 중요한 천주교의 인물인 김대건은 참수형을 당하기전에 다음과 같은 말을 남긴다. 김대건의 유언장은 "나는 이제 마지막 시간을 맞았으니 여러분은 내 말을 똑똑히 들으십시오. 내가 외국인들과 교섭한 것은 내 종교와 내 하느님을 위해서였습니다. 나는 천주를 위해 죽는 것입니다. 영원한 생명이 내게 시작되려고 합니다. 여러분이 죽은 뒤에 행복하기를 원하면 천주교를 믿으십시오. 천주께서는 당신을 무시한 자들에게는 영원한 벌을 주시는 까닭입니다."라고 씌여진다. 지식을 통해 서학을 받아들인 조선의 선비들이 어떻게 이러한 믿음을 가질 수 있었는지 경의롭고 숭고한 마음이 든다. 서학을 통해 여성은 자기고백이라는 행위를 하는 고해성사를 하면서 여성 글쓰기 역시 진화하기 시작한다. 당시 글이라는 것에서 타자화되었던 여성이 이제 자신의 감정을 기록하는 주체의 자리에 서게 된다. 우리나라에서 서학은 인간의 자존이 아름답다는 것을 알려주었고 여성의 글쓰기 문화를 향상시킨 셈이다. 우리나라만큼 종교가 갈등을 일으키지 않고 조화있게 잘 지내는 곳은 드물다. 시아버지는 유교를 믿고, 시어머니는 불교의 절에 다니고, 며느리는 천주교의 교화에 다녀도 이상하지 않은 나라가 우리나라의 근대 풍경이었다.

2 ___ 베틀 짜는 하늘님으로서 여성의 미의식

우리는 근대 초창기 여성학이나 문학의 영역에서 여성의 근대성을 논하고 있는 지점에서 종교의 유입과 역사적 사건과의 연관성을 통해 여성성이 신화성을 획득해가는 변화과정을 읽어낼 수가 있다. 실제로 여성 초기 잡지인 〈신여성〉과 〈부인〉이 천도교에 의해서 만들어 진 것임을 감안하면 당시의 동학과 천도교에서 여성의 자아인식이 어떻게 일어나고 있었는지 살펴볼 수 있다. 당시 서양의 기독교의 등장은 최초의 여학교를 탄생시켰고 여성은 그러한 문화적 흐름 속에서 새로운 변화를 맞이한다. 유교사회에서 터부시되었던 단발과 짧은 한복 치마의 착용을 통해 신여성들은 자신의 감정을 직접적으로 표출하는 새로운 문화적 아이콘으로 부상한다. 근대의 여학생은 새로운 시대를 나타내는 아름다움의 표상으로 작용한다. 당시의 사회적 이슈는 이런 여학생들의 짧아진 머리와 짧아진 치마에 이목을 집중시켰고, 한쪽에서는 이를 비난하는 유교의식이 여전히 존재했고, 다른 한쪽에서는 이를 선망하는 새로운 미의식이 강하게 움틀거리고 있었다. 부인의 정절, 화장에 대한 가치개념, 연애사상, 결혼관 등의 관념이 어떤 식으로든 역사와 종교의 영향을 받으며 당대 여성의 신화성으로 재현된다.

천도교는 여성에 대한 관심뿐만 아니라 아동과 소년에 대한 근대 지식인의 인식변화와 종교, 역사, 신화에 대한 생각을 다양하게 펼친다. 천도교의 최초 잡지인 〈개벽〉을 중심으로 소파 방정환과 소춘 김기전의 아동과 어린이의 사상은 천도교 정신의 발현이다. 소파 방정환이 동학의 제3대 교주 손병희의 사위라는 사실은 그가 왜 〈어린이 날〉을 만들었는지에 대한 이해를 도와준다. 베를 짜는 하늘님이 된 여성처럼 어린이도 하늘님이 되기 때문이다. 춘원 이광수는 〈개벽〉이라는 잡지에 〈소년에게〉와 〈민족개조론〉과 같은 글을 실었고, 육당 최남선은 자신이 발행한 〈소년〉이라는 잡지에 〈해에게서 소년에게〉를 비롯해서 소년을 대상으로 한 많은 작품들을 발표하고 있다. 소파 방정환, 소춘 김기전, 춘원 이광수, 육당 최남선 등 당대의 아동과 소년에 대한 작품들의 직, 간접적으로 천도교와 관련이 있다는 것이다. 소년이 어떻게 민족을 구원할 미래의 신화성을 확보해 가는가는 흥미로운 탐구의 대상이 될 것이다. 1910년대 중국의 신문화운동은 우리나라의 지식인들에게도 많은 영향을 주었는데, 신문화운동의 주요 기능은 출판활동이었다. 출판문화를 통해 민주와 과학을 주창했고 유교적 봉건주의를 타파하고자 하였다. 즉 자주적, 진보적, 진취적, 세계적, 실리적, 과학적인 청년이 되기를 요청했다. 이러한 정신은 우리나라의 잡지 〈개벽〉이나 〈소년〉에서 그대로 이어지고 있었다.

동학의 제 2대 교주 최시형은 제 1대 교주 최제우의 여성 존중에서 한 발 더 나아간다. 우리는 동학의 창시자 최제우가 자신의 여종 두 명을 며느리와 양딸로 삼은 것을 눈여겨 볼 수 있다. 당시로서는 혁신적인 일이 아닐 수 없다. 급기야 최시형은 여성의 미덕을 직접 〈내수도문, 내칙〉이라는 책으로 보여주고 있다. 최시형은 평생을 인간 존중과 여성 존중을 설파하고 몸소 실천하였다. 따라서 이 책은 해월의 사상과 그 실천적 삶을 온전히 드러내는 것이다. 남성 종교 지도자가 남긴 유일한 책이 여성에 대한 것이라는 점은 천도교의 여성사상을 드러내주는 단적인 증거라 하겠다. 즉 나라가 혼란하고 가치가 전도되고 있을 때 모든 것의 시작을 여성에게 두었다는 것이다.

제 2대 교주 최시형은 왜 〈내수도문, 내칙〉을 집필하였을까. 결론부터 말하자면 세상의 아름다움을 만들어가는 주체가 바로 여성이라는 인식 때문이었다. 그는 하찮은 일상생활이 내 몸에 모신 한울을 길러내는 힘이라고 보았고, 그것이 양천주(養天主)하는 방법이며, 그것의 실천이 일상 생활을 성화시키는 것이라 믿었다. 종교학자 엘리아데의 표현을 빌려보자면 성과 속의 일치를 통해 인간이 양천주(養天主)할 수 있다는 것이다. 최시형이 볼 때 일상을 개척하고 일상을 성화시키는 주체는 여성이었다. 여성은 이러한 일상의 성화 뿐만 아니라 새로운 생명을 일태하는 모태성을 가진다. 새로운 인간, 즉 한울님의 새로운 탄생은 여성을 통해서이다. 최시형의 자각과는 반대로 당시 사회적 배경은 여성 비하와 고정된 성의식이 팽배했었다. 따라서 해월 최시형은 〈내수도문, 내칙〉의 집필을 통해 당시 여성들에게 여성 또한 한울님을 모신 한울과 같은 존재이며, 일상생활의 수도와 포태를 통해 한울을 길러내는 위대한 존재임을 깨달아 스스로를 존중하도록 희망했다. 따라서 극존칭의 경어로, 또한 당시 여성들이 읽고 깨우치기 쉽도록 순한글의 구어체로 〈내수도문, 내칙〉을 기술하였다.

특히, 〈내칙〉에서는 아들 낳기 위한 다른 태교서와는 사뭇 다른 근대적 인간 존엄사상이 들어있는 것을 확인할 수 있다. 즉 여성과 태아를 성

별과 무관하게 한울로 존중하는 것이었다. 최시형은 여성의 포태를 양천주(養天主)의 시작으로 보았으며 여성은 새로운 인간이자 한울을 이 땅에 출산하는 막중한 책임을 부여받으며 태교라는 일정 기간의 수도 과정을 가진다. 〈내수도문, 내칙〉은 기술 의도와 문체도 양천주(養天主) 사상을 보여주는 것이라 할 수 있다. 해월 최시형의 여성 존중 사상은 여성 농민 운동가와 여성 개화 운동으로 이어지기 때문이다. 다른 종교들에서는 드러내지 못한 문제의식을 동학에서는 드러내고 있는 것이다. 예를 들면, 인간의 차별성을 거부하는 불교는 남녀의 차별성이 점점 고착화되어 가고 있었으며, 급기야 여인은 제석천, 범천, 마천, 전륜성왕, 부처가 될 수 없다고 여겨졌다. 즉 여자는 남자 몸으로 바꾼 뒤라야만 성불할 수 있다는 변성남자 성불설이 있었다.

〈내수도문(內修道文)〉의 구체적인 주요 내용을 살펴 보면, 한 집안의 여성의 역할과 관련된 일들에 대해서 기록한다. 최시형은 '부인을 집을 지키는 대상이 아니라 한 집안의 주인(一家之主)'이라고 보았고 가정에서 부인의 실질적인 중요성을 강조하였다. 이것은 여성을 한 집안의 '부인'이나 '어머니'의 입장으로 한정해서 보는 것이 아니라, 부인을 한 집안의 '가장'이라고 본 것이다. 즉 여성의 역할을 집안에만 한정하지 않고 보다 더 크게 확대했다는 쪽으로 해석하는 것이 맞다. 따라서 한 가정을 책임지는 것이 부인이기 때문에 부인을 바른 길로 가르친다면 그 가정 자체를 바르게 가르칠 수 있는 것이다. 부인 교육의 중요성이 중요하게 강조된 이유가 바로 이 때문이다. 이는 여성을 하나의 주체로 보는 것에서 나아가 가정에서, 사회에서 중요 역할을 수행하고 있다고 여기는 관점으로, 여성이 남성들에게 종속되어 있다고 여겨졌던 당시 세태와는 반대로 해월이 향한 매우 파격적인 행보라고 할 수 있다.

〈내수도문(內修道文)〉의 첫 번째 규칙을 살펴 보면 "부모님께 효를 극진이 하오며, 남편을 극진이 공경하오며, 내 자식과 며느리를 극진이 사랑하오며 하인을 내 자식과 같이 여기며……. 어린 아이도 한울님을 모셨으니 아이를 치는 것은 곧 한울님을 치는 것이니…….” 라는 기록되어 있다. 이는 사회의 소외 계층이라고 할 수 있는 자식(어린아이), 며느리(여성), 하인(천민) 등을 공경하고 사랑하며, 자기 가족처럼 여기라는 내용을 담고 있는 것으로, 이는 천도교와 해월이 지향하는 인간 평등사상을 가장 잘 담고 있는 항목이라고 할 수 있다. 이러한 사상은 당시 유교사회의 폐단이 극에 달하고 있는 시점에서 얼마나 민중에게 빠르게 전파되었을지는 세세하게 설명하지 않아도 쉽게 이해될 것이다. 천주교가 여성을 쉽게 끌어들이는 측면이 있었다면, 동학 천도교는 남녀노소 모두에게 공감을 가지게 하는 정신사적 움직이었다고 할 수 있다.

천도교에서 여성을 하나의 인격적인 주체로 인정한 것은 이전 시대에 비해 큰 진보를 이루어 냈다고 볼 수 있다. 또한 해월은 “부인이 수도하는 것은 동학의 근본”이라고 하며 앞으로 오는 시대에는 부인이 많은 사람을 살리게 될 것이라고 주장했다. 나라의 근간을 여성으로 보고 그 여성의 삶이 아름답다고 본 혜월의 사상은 매우 선진적이라 할 수 있다. 이러한 사상은 현대 여성학에서도 잘 실현시키지 못하는 근본적인 문제이다. 어찌 보면 급진적 페미니스트들과 같은 생각이 바로 해월의 사상에서 엿보인다. 이러한 천도교의 사상이 현대에도 잘 드러날 수 있다면 우리사회의 아름다움과 여성성에 대한 관점은 이미 상당한 변화를 보였을 것이다. 〈신여성〉과 〈부인〉 잡지를 통해 보여주었던 천도교의 민족적 선두의식은 계승되어야 하는 아름다운 정신일 것이다.

해월의 여성 평등주의적인 사상은 오히려 현재 시점에서 더 직접적으로 느껴진다. 시금 들어도 사상의 급진성과 도전성은 높이 살만하다. 그리고 이미 해월이 주장하는 사상은 상당부분 우리 사회에서 이루어지고 있다. 여성과 아이 와 소외된 사람들에게 관심을 가져야 한다는 사상은 100여 년이 지난 이 시점에서도 변하지 않는 진리로 보인다. 사상의 아름다움이 동학의 정신에는 담겨 있다고 볼 수 있다.

3 ___ 여성성의 존중과 새로운 여성미 추구

로저 스크러톤은 〈아름다움〉이라는 그의 저서에서 아름다움은 최상의 가치이고, 우리는 그 가치를 위해 더 이상 이유가 제시되지 않아도 추구하는 어떤 것이라고 말한다. 아름다움은 우리의 이성적 성향을 정당화하는 최상의 가치로써 참됨과 좋음에 비교될 수 있다고 말한다. 우연하게 〈한국의 종교와 문화〉라는 수업을 하게 되었다. 학생들은 전공과 연계해서 듣는 과목 프로그램이었는데, 나에게는 적잖은 부담을 주었다. 종교학을 전공하지 않은 사람이 종교학을 가르치는 우를 범할 수 있을까. 사실, 종교는 너무 민감한 인간의 정신활동이다 보니 함부러 논할 성격이 아니었다. 수업에 참여하는 학생들이 모두 여학생이니, 궁여지책으로 종교에 나타난 여성관을 학문적 성찰로 살펴보기로 마음먹었다. 기존 종교들에 대해서는 어느 정도 거부감이 없었지만 우리나라의 신종교의 여성관을 살펴보기 위해서 대종교, 천도교, 원불교, 증산교 등을 살펴보았다. 그런 과정에서 느끼는 것은 매우 개방적인 문화를 살아가고 있는 우리가 생각보다 폐쇄적이라는 것에 놀랐다. 일단 우리사회에서 비교적 교세가 약한 신종교들에 대해서 매우 부정적인 거부감을 가지고 있다는 사실이다.

최준식 교수가 쓴 〈한국의 종교, 문화로 읽는다〉를 비롯해 송교를 비교적 친근하게 쓴 책들을 찾아 학생들과 공유했다. 주 관심은 신종교의 여성관이 어떻게 아름다운 미의식으로 이어질 수 있는가가 내 개인적 관심사였다. 종교는 그 사회의 가치관과 세계관과 미의식에 지대한 영향을 끼치고 있다. 가장 놀란 것은 우리의 문화 혁명의 시대인 20세기 초반에 신종교는 가장 큰 핵폭탄으로 사회에 지대한 영향을 미쳤다는 사실이다. 비록 그 교세가 지금은 그렇게 두드러지지 않지만 세계를 개혁하는 추동력의 밑단에서 문화 발전의 초석을 이루고 있었다. 위에서 천도교의 사상과 여성의 개화사상을 읽어보았기 때문에 여기에서는 증산교와 원불교가 추구한 여성관에 대해 잠깐 들여다보기로 하자. 전문적인 종교학적 견해를 가지지 못하는 사정이 있기 때문에 문화라는 측면에 방점을 찍고 바라본 것이다. 최준식 교수에 의하면 신종교는 전통 종교와 맞서는 이른바 '종교개혁'의 결과라 할 수 있는데, 동학이 유교를 개혁했다면, 증산교는 무교와 선교를 결합했고, 원불교는 기존 불교를 온고지신(溫故知新)해서 일신했다는 것이다. '천지가 개벽하는' 한말, 외세와 일제의 침탈 속에서 민족 공동체의 존재 기반마저 위태로워진 상황이 되어도 아무런 효용가치를 보이지 못하는 기존 종교의 국태민안(國泰民安)한 정신을 '개벽(開闢)'이라는 화두를 잡아 개혁하고 재해석한 것은 바로 신종교라고 말한다.

위에서 천도교의 〈내수도문, 내칙〉을 통해 여성이 어떻게 그려지는지 살펴보았기 때문에 여기에서는 원불교와 증산교의 여성이 어떻게 드러나고 있으며, 새로운 여성성의 아름다운 미의식이 무엇인지 살펴보기로 하자. 우리나라의 종교학자들은 우리 역사에서 정신적 호황기는 통일신라 전후와 한말이라고 보는 것이 지배적인 것 같다. 나라가 바뀌고 혼란할 때 그것을 받아들여야 하는 정신도 반드시 개혁되어야 하기 때문일 것이다. "물질이 개벽하니 정신을 개벽하자"라는 천시개벽사상을 주창한 소태산 박중빈은 현대인을 "칼을 쥔 아이"에 비유했다. 그만큼 위험한 것을 많이 가지고 살아야 한다는 의미일 것이다. 일제 시대를 거치면서 물질문명이 어마어마한 충격으로 다가왔을 것을 생각하면 어느 정도 일견 이해가 가는 논리이다. 소태산은 불산대신 원을 법당에 두도록 하는데 이는 진리가 원과 같다는 사상에 기인한다. 즉 사람과 진리가 매개물을 통하지 않고 직접 교통한다는 의미이다. 여기에는 가난하고 못 배운 사람들이 쉽게 따라오도록 하는 의도도 깔려있다고 한다. 따라서 원불교는 "진리는 원과 같이 원만구족(圓滿具足)하다"는 식의 긍정적 사고를 기반으로 시작된다고 볼 수 있다.

영광 원불교 성지

원불교는 사회 변혁기에 등장한 종교이다 보니, 개인의 도를 닦는 것보다는 사회개혁에 관심을 가진 것으로 보인다. 전통불교가 남성 중심으로 개인의 해탈에만 관심을 가진 것에 대한 반성으로 일어난 원불교는 생활 속에서 만나는 가까운 생활 불교를 추구한다. 원불교는 교무라는 직책에 많은 여성들이 있다. 여성 교무는 정녀(貞女)로 불리며 결혼을 하지 못하게 되어 있지만, 현재는 여성 교무의 결혼이 허락되어야 한다는 논의가 진행 중에 있다. 이는 교회나 성당에서 목사나 신부가 대부분 남성이고, 불교에서 스님이 대부분 남성인 것을 생각하면 과히 개혁적이라고 할 수 있는 지점이다. 원불교에서 절대적 존재로서의 '신' 은 존재하지 않는다는 점이 또한 특이했다. 원불교 설립자인 소태산 박중빈은 주세불(主世佛)로서, 일종의 부처이자 존경의 대상으로 여겨지기는 하나, 신앙의 대상이 되지 않는다는 점이 흥미롭다. 신앙의 대상이 되는 것은 '법신불 일원상(一圓相)'으로 모든 것을 둥글게 포용하는 원이다. 소태산이 펼친 일원상의 진리는 우리의 몸의 여러 부분을 사용할 때 적용되는 진리이며, 모든 존재 안에는 나름의 '불성' 이 내재되어 있다. 존재는 이 진리를 알고 실현해야 하며, 불성이 내재된 존재들은 법신불 일원상의 현현이다. 원불교에서 주목할 것은 천지, 부모, 동포, 법률 등의 네 가지 은혜을 중요하게 섬기는 '사은 신앙(四恩 信仰)'이다. 사은 신앙은 모든 존재가 서로에게 베푸는 은혜로서 이어져 있다는 사상이며 존재 차제가 '서로 없어서는 안 될 관계' 임을 강조한다. 이 신앙을 기반으로 '천지 팔도'를 실천하고 모두가 은혜를 주고 은혜를 받는 상생은의 관계를 발전시켜 나가야 한다고 주장한다. 인간에 있어서는, 천지 팔도를 실천하게 되면 피은(被恩)의 도를 다 하고 천지의 수명과 해와 달 같은 밝음을 얻어 천지와 자신이 합일되는 경지에 이르게 된다고 원불교에서는 밝히고 있다. 즉, 인신즉일 사상이 명확히 드러난다. 이 경지가 이뤄진 세상은 해원상생의 낙원이자 은혜의 세계라 한다.

증산교는 무교의 '풀이'가 개인이나 마을, 특정 구역의 원한을 풀어주는 역할에 있는 것을 극복해서 '한 풀이'의 범위를 전 세계로 확장시키려고 하였다. 즉 기존의 무교가 개인적이고 소규모 지역적인 이해관계에 매몰되어 있어 대중의 호응을 얻지 못하고 있다면 증산교는 공사(公事), 즉 세계와 민중을 구하는 작업에 무교의 한판 굿을 이용하고자 한 것이다. 김지하는 증산교를 두고 다음과 같이 말한다. "동학이 무장 혁명에 의해 사회의 구조를 바꾸는 동세개벽(動世開闢)이라면, 증산의 움직임은 세상을 진정시키는 정세개벽(靖世開闢)"이라는 이야기이다. 즉 동학의 좌절된 꿈을 추수려서 새로운 개벽을 이야기하는 것이라는 논점이다. 세계를 구하기 위해 한판 굿을 구하고사 한 증산은 현실의 살등의 눈제를 종교에서 찾고자 하였다. 그는 세계를 구하는 한 판 굿을 설계하면서 서로 이기고 누르려는 상극지리(相剋之理)로 싸인 세계의 모든 원한을 풀기 위해서는 천지공사(天地公事)를 펼쳐야 한다고 말한다. 천지공사(天地公事)란 원한을 풀기 위해 설정한 구체적인 행동 지침을 뜻하며, 세상의 문제를 해결하기 위해 강증산이 제시한 종교적 관점의 해결책이다. 천지공사는 천지굿을 비롯하여 돈이나 옷감을 신명들에게 바치고 제자들과 나누는 등 다양한 형태로 존재한다.

원불교와 증산교를 대강 살펴보면 인간존중이라는 사상과 현실 극복이라는 대명제를 만나게 된다. 즉 인간은 평등하게 구원을 받아야 한다는 평등사상 역시 함께 구현되고 있다. 위에서 이야기한 동학과 천도교는 요순성체(堯舜聖體)를 이상세계로 본다. 그러나 증산교는 후천선경(後天仙景)의 세계를 이상세계로 보고 원불교는 아직 완성으로 가는 미완의 세계인 낙원사상이 그 추구점이다. 증산교에서 숭배하는 '상제(上帝)' 즉 강증산은 인간으로서 도를 쌓아 신이 된 존재로, 신도들에게 자신 또한 신의 경지에 오를 수 있다는 희망을 갖게 한다. 신은 절대성이 조금 더 강조되면서 구원의 능력과 권능을 가지고 생사화복을 주관한다.

증산교의 여성성은 여성의 삶에 돌파구를 제공해 준 무교에 영향을 받아 동학의 여성관보다 좀 더 진보했다고 볼 수 있다. 강증산은 직접 자신을 무당이라 칭하며 무당이 후천개벽의 전위라고 말했다. 이는 당시 지위가 낮았던 무당을 자신(상제)과 동등하게 대우했다는 것을 의미한다. 또한 강증산은 자신의 죽음을 미리 예견하고 뒤를 이어 천지공사(天地公事)를 책임질 대행자로 제자 김형렬의 둘째 딸, 고부인(高夫人)을 수부(首婦)를 정했고, 자신은 장고를 치고 고부인은 춤을 추고 천지굿을 함께 행하기도 했다. 이처럼 여성에게 중요한 지위와 역할을 부여한 것은 기성 종교에서 볼 수 없었던 매우 진보적인 변화라고 할 수 있다.

신종교 원불교와 증산교에서 다른 종교와 다르게 두드러지는 점은 바료 여성의 중요성에 지대한 관심을 가졌다는 것이다. 차옥승은 〈신종교에서 살펴본 여성 해방성〉이라는 논문을 통해 원불교의 여성은 법신불 일원상에 의해 남자와 평등한 지위를 가진다고 주장하고 있다. 여성의 평등을 위해서는 여성의 자력이 무엇보다도 필요한 덕목으로 간주되어 여성에 대한 교육이 중요하게 여겨졌다. 차옥승은 이러한 여성의 일련의 평등권이 하나됨의 체험이라고 말하고 있다. 소태산은 〈원불교 정전〉을 통해 여성이 우주의 모든 존재와 조화를 이루는 은혜롭고 평등하며 주체적인 존재임을 밝히고 있다. 그 중에서 자력양성(自力養成)이란 교리는 초기 교서에서는 남녀권리동일이라 표현되어 있어 여성이 남성과 동등한 존재로서 평등세계 실현의 주체자임을 강조하고 있다. 지금까지 억압되어 왔던 여성의 권리를 회복하는 것이 이상세계의 실현이라고 보았다. 자존감을 회복한 여성이 바로 신종교인 원불교와 증산교에서 추구한 아름다운 미의식이라는 것을 알 수 있다.

제3부

한국의 근대의식과 자의식적 미의식

9장

새로운 근대의 지표로서 미의식

1 ___ 개화된 자의식과 전통적 미의식의 충돌

아시아의 아름다움을 논하기 위해서는 서양의 수직적이고 이분화된 아름다움의 개념과는 다른 인식과 사유의 패러다임이 필요하다. 서양에서의 아름다움은 주로 조화와 비례를 의미한다. 그리스의 많은 신들의 조각이 비례와 조화에 많은 공이 들어 있는 것을 보면 어느 정도 짐작이 간다. 서양의 미의식이 보여 지는 것에 방점을 찍었다면 동양의 미는 상당히 사색적이고 관념적이라고 할 수 있다. 범박하게 서양의 미를 생각하면 아름다운 여신 아프로디테를 독립적으로 생각하기 쉽지만 동양에서는 인(仁)이나 의(義)와 지(知)와 같은 관념어가 엉켜서 생각나기 쉽다. 동서양의 다양한 미적 담론을 두루 살펴보아도 아름다움을 한 단어로 명쾌하게 정의하는 것은 거의 불가능한 일이다. 리빙하이는 〈동아시아의 미학〉을 논의하기 위해 24개의 키워드를 12쌍으로 짝을 만들어 동양의 아름다움의 인식을 관념과 연결시켰다. 문질(文質) · 성정(性情) · 예악(禮樂) · 중화(中和) · 은현(隱顯) · 충신(忠信) · 형신(形神) · 기미(氣味) · 강유(剛柔) · 동정(動靜) · 청탁(淸濁) · 허실(虛實) 이렇게 12가지의 짝 개념을 활용해서 아시아의 다양한 미를 정의하려고 한 점은 매우 주목을 받을 만하다. 아름다움은 비단 한 특정한 집단을 위해 이야기 될 수 없는 독특한 성질을 가진 훨씬 넓은 의미로 인식되어야 한다. 아름다움이란 용어가 특정 여성과 특정 문화만을 이야기하기 위해 존재하지는 않기 때문이다.

중국의 학자 장파는 〈중국미학사〉에서 현대의 아름다움을 부조리와 소요유의 미라고 정의하고 있다. 어떤 것에 미친 것처럼 집중하는 사람들의 모습에서 우리는 일종의 아름다움이라는 정신의 추상성을 읽는다. 이는 장자가 가지는 동양적 미의식의 확산과 발현이라고 할 수 있다. 피아노 앞에서 무연주의 연주를 한다거나 달빛 아래에서 빈 가야금을 탄다거나 하는 아시아의 예술적 행위는 그야말로 현대적 부조리의 아름다움을 보여주는 진수일 것이다. 또 자신을 희생하면서까지 자신의 신념을 지켜내고 그 믿음이 현재의 우리를 윤택하게 하는 사상이 되었을 때 아이러니하게도 우리는 역시 또 다른 개념의 아름다움을 느낀다. 시대에 맞선 선구자들의 절개와 지조 역시 아름다움으로 느껴지고 자연과 하나되어 살아가고자 했던 조상들의 물아일체의 흔적도 아름다움이라고 칭하게 된다. 그렇다면 아시아의 아름다움이란 하나의 특정 개념으로 정의하기 어려운 일종의 관념이자 철학이다.

아시아는 근대 이후 세계 어떤 곳보다 많은 사상적 변화와 문화적 격변의 시대를 보내야 했다. 따라서 아시아 아름다움에 대한 탐구는 연역적인 탐구라기보다는 얼마간 귀납적인 사유의 소요유(逍遙遊)와 같이 향유되어야만 그 의미를 알게 될 것이다. 아시아의 아름다움이라는 개념을 두루 살피기 위해 아시아 문화 전반을 소요하고 다닐 필요성이 절실

하다. 장자에 의하면 아름다움이란 어쩌면 장자의 사상과 같은 자유로움의 산물이 될 것이다. 특히, 〈동시효빈〉이라는 장자의 이야기에 따르면, 동시가 서시의 찡그린 모습을 무조건 따라 해서 사람들이 좋아한다고 생각한 미인의 특성을 따라 하고자 했지만 오히려 그것 때문에 사람들의 비난을 더 받았다. 아름다움은 바로 아름답다고 생각하는 고정 관념을 따라 하고자 하는 것이어서는 안 된다는 것을 의미한다. 장자는 "길은 가면, 새로 생긴다"라는 독창적인 발상의 전환을 요구하는 말을 했다. 아시아의 아름다움의 길도 그러한 창의적 사유에서 비롯되고 있다.

양주동이 해석한 아름다움의 의미를 살펴보면, "아름답다"의 '아름'은 교훈이라는 뜻을 담고 있고 '답'은 같다는 의미이다. 즉 자신을 발견할 때의 감정이며 그것이 제 마음에 어울리는 것이 진정한 아름다움의 의미일 것이다. 우리가 찾는 아름다움은 비단 여기에만 지나지 않는다. 여기에서 우리는 '아름'을 안다는 의미로 표현하고 '다움'을 격으로 해석한 고유섭의 견해도 전폭적으로 받아들일 필요가 있다. 따라서 한국의 미를 다양한 상대적 미로 인식해 나가는 안다는 의미로 해석해서 다양한 문화를 이해하는 초석이 되도록 해야 할 것이다.

근대 〈부인〉 잡지 표지

아시아 중에서도 특히 한국의 근대 의식 형성과 미의식 형성은 매우 밀접한 연관성을 가진다. 개화된 세계를 받아들이면서 여성의 자의식은 아름다움을 인식하는 시각을 새롭게 구축한다. 그러한 인식의 통로로 활용된 것이 바로 신소설이라는 장르의 등장이었다. 그 중 선두주자인 이인직의 〈혈의누〉

를 살펴볼 수 있다. 신소설 〈혈의누〉는 이념성과 흥미성이 균형을 이룬 작품으로 평가를 받는다. 이념성이란 문명개화, 근대교육, 남녀평등 등을 말하며, 흥미성이란 모험, 한 인간의 일대기, 풍속묘사, 결말구도 등이라고 평한다. 이러한 요소들이 신소설을 대중적으로 사랑받는 장르로 만드는데 기여했겠지만 조동일이 논한 전대 문학의 구조를 따르는 인물 구성 방식에서 더 큰 원인을 찾을 수 있을 것이다. 그러나 우리는 여전히 신소설의 인물 상상력을 민간 기층에 살아있는 신화의 담론구조에서 그 연결고리를 찾을 수 있다. 먼저, 〈혈의누〉에 나타난 현부 이미지의 원형과 영웅주의의 원형을 〈성주풀이〉의 주인공인 '황우양씨'와 '막막부인'을 통해 살펴봄으로써 신소설의 미의식과 전통적인 미의식의 혼용이 어떻게 일어나고 있는지 살펴볼 수 있다. 조동일의 말처럼 신소설의 구조나 인간형은 표면적으로는 새로움을 추구하지만 이면적 의식은 기존 소설에서 공인된 관념을 따르고 있기 때문이다. 여기에서 기존소설이란 민간에 널리 알려진 이야기구조 즉 신화적 담론구조를 따르기 마련이다.

〈혈의누〉의 옥련은 '제3신분의 탄생'이라고 불려질 정도로 지금까지와는 다른 새로운 모던걸의 등장이라고 문단사에서는 칭한다. 〈혈의누〉의 옥련의 근대적 인물성의 부각에도 불구하고 우리 신화 속에 뿌리 깊게 담긴 현부신화에 대한 구도가 의미의 그물망을 형성하고 있다. 대의를 이루든 소의를 이루든 떠나는 남편을 기다리는 부인의 역할이 강조되고 있는데 그 기다림에는 일종의 공식이 작용한다. 남편의 떠남은 국가를 구한다는 대의 수행이라는 공식이 존재하고 여성의 기다림은 여성의 지조를 시험하는 통과제의의 장이 되는 것이다. 신화 〈성주풀이〉에서도 이러한 구도는 남성의 질서와 여성의 질서를 이분화 시키는 기능을 한다. 친하궁 천사랑씨와 시하궁 지날부인은 결혼을 해서 황우양씨라는 아들을 낳는다. 이는 재주가 뛰어나고 기골이 장대해서 영웅의 면모를 두루 갖춘 인물이다. 막막부인을 얻어 행복한 나날을 보내던 중에 천하궁에 누각이 무너져 공사할 사람으로 황우양씨가 지목되었다. 막막부인은 황우양씨에게 도구를 만들어주면서 공사하러 가도록 도와주며 가는 도중 아무하고도 말을 하지 말고, 집을 지을 땐 헌 목재를 사용하라는 금기를 당부한다. 그러나 소진항을 만난 황우양씨는 그에게 속아 옷을 바꿔 입고 천하궁으로 떠난다. 소진항은 황우양씨의 집에 와서 막막부인을 강제로 자기 집으로 데려가지만 막막부인은 지혜를 발휘해 소진항을 따돌리고 황우양씨가 오는 날까지 기다린다. 결국 돌아온 황우양씨에게 소진항은 처벌을 받는다. 후에 황우양씨는 집을 지키는 성주신이 되고 막막부인은 땅을 지키는 터주신이 된다.

남편은 대의를 위해서 부인과 가정을 자유롭게 떠나고 부인은 그 후에 닥치는 시련을 이겨냄으로써 비로소 온전한 부인의 자리에 오를 수 있는 구도는 〈성주풀이〉에서 〈춘향전〉으로 그리고 신소설 〈혈의누〉에 상상력의 근원으로 이어지고 있음을 알 수 있다. 〈혈의누〉의 옥련의 어머니는 전쟁 통에 아이와 남편을 잃어버리고 자살을 기도할 정도로 자신의 존재 의미는 가족 안에서만 형성된다. 반면에 부인과 딸을 잃어버린 남편 김관일은 부인과 딸에 대한 생각을 구구하다고 느끼고 나라를 위해 큰일을 결심하고 미국 유학길에 오른다. 남편이 직접적으로 거취를 이야기해주지 않아도 옥련의 어머니는 남편의 생사 확인만으로도 자신의 부인됨의 가치를 현숙한 기다림으로 이루어간다. 이러한 현부에 대한 구도는 남성주도적인 사회의 질서 유지를 위한 이데올로기의 신화이다. 여성에게 뿌리 깊게 각인된 '터주신'의 이미지는 일제 시대 근대소설에서 끊임없이 반복되어 나타나는 하나의 틀이 된다. 특히 1930년대 김유정이라는 작가의 작품에서도 이런 민담적 요소를 강하게 드러내고 있는데 여주인공들의 기표체제가 다양하더라도 기의체계는 터주신 즉 현부의 이데올로기를 벗어나지 않는다. 표류하는 남성들에게 여주인공들은 늘 터주신처럼 자기의 자리를 지켜주는 것이다. 이러한 여성과 남성의 무의식적 구도는 사회의 질서를 유지하기 위한 상징체제로 작동하고 있는 것이다.

현부신화와 맞물려 남성에게는 영웅적 면모가 수반되어야만 그 신화의 구도는 의미를 가지게 된다. 옥련을 여성영웅이라고 하기엔 옥련의 삶과 사고방식이 지나치게 수동적임을 지적할 수 있다. 정호웅도 이러한 점을 들어 옥련의 여로가 지극히 수동적임을 증거로 제시하면서 지식인 소설의 한계를 지적한다. 당시의 지식인들이 한국 사회의 부정적 측면을 총체적 차원에서 분석하고 비판할 수 있는 능력을 지니지 못한 것을 비판한다. 그렇다면 여기에서는 옥련의 영웅성보다는 남성주인공들의 영웅성을 점검하면서 신화적 상상력의 기제를 살펴볼 수 있을 것이다. 조동일은 신소설의 영웅적 전통을 거론하면서 전대소설 〈홍길동전〉, 〈유충렬전〉, 〈조웅전〉 등의 군담소설과 〈양풍전〉 같은 가족소설, 〈숙향전〉, 〈백학선전〉 같은 염정소설, 〈금방울전〉 같은 괴담소설을 들고 있으며 〈구운몽〉과 〈사씨남정기〉도 같은 영웅소설의 부류에 넣는다.

그렇다면 영웅의 면모는 어떤 특징을 가지고 있으며 〈혈의누〉에서는 어떻게 형상화되고 있는지 살펴보도록 하자. 주인공 옥련의 결혼관은 지금까지 고전소설의 주인공들의 애정담론에서 벗어나 보다 대의적이고 영웅적인 면모를 보여준다.

> 옥련이가 구씨의 권하는 말을 듣고 조선 부인 교육할 마음이 간절하여 구씨와 혼인을 맺으니, 구씨의 목적은 공부를 힘써 하여 귀국한 뒤에 우리나라를 독일군 같이 연방도를 삼되, 일본과 만주를 한데 합하여 문명한 강국을 만들고자 하는 비사맥 같은 마음이요, 옥련이는 공부를 힘써 하여 귀국한 뒤에 우리 나라 부인의 지식을 넓혀서 남자에게 압제받지 않고 남자와 동등 권리를 찾게 하며, 또 부인도 나라에 유익한 백성이 되고 사회상에 명예 있는 사람이

되도록 교육할 마음이라.

이인직 〈혈의누〉 중에서

신화학자 조지프 캠벨의 영웅에 대한 정의를 가져오면 영웅이란 과거 개인적, 지방의 역사적 제약과 싸워 이것을 보편적으로 다탕하고 정상의 인간적인 형태로 환원할 수 있는 남자나 여자를 말한다. 그렇다면 왜 영웅은 필요한 것일까. 현재의 고난을 겪는 많은 사람들은 과거에 살았던 사람들이 그러했듯이 고단한 삶의 짐을 덜어줄 수 있는 뛰어난 인물의 출현을 희망한다. 영웅에 투사된 현실의 욕망은 일상인이 자기 자신에게 발견하고 싶은 욕망일 것이다. 따라서 김관일의 대의를 향한 영웅적 선택, 구완서의 사회를 이끌려는 선지자(先知者)적 욕망, 옥련의 남녀평등의 실현은 민중의 내제된 영웅성의 발현이라고 할 수 있다. 좌절과 고통을 이겨내면서 다른 사람에게 힘과 용기를 주는 정신적 지점을 조지프 캠벨은 신적인 상태(divine state)라 칭한다. 즉 이 상태는 의식의 외피가 벗겨져 나가고 모든 공포에서 자유로우며 변화의 경계를 넘어서게 된 상태인 것이다. 구완서와 옥련은 사랑의 결실을 맺는 의미에서라기보다는 그들 스스로 신적인 상태를 경험하는 의미에서 그들의 혼인 서약은 영웅성을 발현한다. 어떤 의미에서 영웅소설은 판소리의 긴장과 이완의 감정적 기복을 토대로 한 세련된 정감일 수 있다. 작품의 독해 과정에서 옥련의 시련과 극복이라는 긴장과 이완의 감정이 옥련의 결혼 승낙으로 독자들은 일종의 영웅성의 현현됨을 간접적으로 체험하게 된다. 영웅의 행위에 대한 관심과 흥미를 일반인은 현실적 행위에 대한 흥미와 관심으로 전환시킨다. 영웅소설의 의미는 바로 이러한 데 있을 것이다. 독서를 하는 독자는 마치 자신의 어려움의 대처 방식을 시련에 빠진 주인공들이 난관을 극복하고 새로운 자아로 탈바꿈하는 것을 통해 삶의 긴장과 이완을 경험하기도 한다. 신여성의 자질로 지식수용이 어느 정도 허용되지만 그들은 여전히 전통적인 아름다움의 담론에 머무르고 있다. 그러나, 실제 신여성 작가들의 이야기는 다소 다르게 전개되고 있음을 보게 된다. 대표적인 작가 나혜석을 잠깐 살펴보자.

대표적인 신여성 작가 나혜석의 〈경희〉의 궁극적인 목표는 여성의 자아 정체성 탐색이다. 남성에 의해 타자로 정의되어온 여성이 근대 교육을 받고 기독교 교리를 배우게 되면서 주체적으로 자각을 하게 되는 모습을 그리고 있다. 나혜석은 자기고백적인 글쓰기를 통해 가부장제 사회에 대한 비판을 주요 골자로 여성적 경험을 바탕을 둔 여성주의적 시각의 글을 쓰되, 기존 사회에 대한 해방적 전략을 내용에 적용했다. 특히 이러한 여성주의적 인식의 바탕에는 기독교적 인식이 깔려있는 것을 확인할 수 있다.

소설 속 경희는 주체적 인식이 뚜렷한 성격을 가지고 있다. 유학생인 경희는 유학 중 잠시 집으로 돌아와서도 가만히 쉬지 않고 계속 집안일을 한다. 김 부인은 경희가 일하는 것을 볼 때마다 큰 안심을 점점 찾았다. “그것은 경희를 일본 보낸 후로는 남들이 비난할 때마다 입으로는 말을 하지는 않지만 항상 마음으로 염려되는 것은 경희가 만일에 일본까지 공부를 갔다고 난 체를 한다든지 공부한 위세로 사내같이 앉아서 먹자든지 하면 그 꼴을 어떻게 남이 부끄러워 보잔 말인고 하고 미상불(未嘗不) 걱정이 된 것은 어머니 된 자의 딸을 사랑하는 자연한 정(情)이라. 경희가 일본서 오던 그 이튿날부터 앞치마를 치고 부엌으로 들어갈 때 오래간만에 쉬러 온 딸이 말리기는 하였으나 속으로는 큰 숨을 쉴만치 안심을 얻은 것이라.”라고 하는 대목에서 주인공 경희는 하고 싶은 공부를 하는 자신을 좋지 않게 보는 시선들을 감수하기 위해 여성으로서 해야 하는 집안일도 게을리 하지 않는 모습이 나타난다. 경희의 어머니는 일본에서 공부를 한다고 잘난 체를 하여 남의 구설수에 오르지 않을까 걱정하였고, 남자같이 앉아서 받아만 먹는다든가 하면 어쩌나 걱정을 하던 참이었다. 그런데 경희가 일본에서 오바마자 앞치마를 두르고 부엌으로 들어가자 매우 안심을 하게 된다. 경희를 두고 부모님과 친척들, 주위 사람들은 공부를 해서는 뭣하며, 얼른 시집을 가야하지 않겠느냐며 걱정이다. 설살가상으로 경희의 아버지는 경희에게 더 늦기 전에 얼른 공부를 그만두고 시집을 갈 것을 강권한다. 그러나 이러한 외부의 압박 속에서 경희는 더 꿋꿋이 자신의 뜻대로 살아갈 것임을 스스로 다짐한다. 또한 공부를 하는 남성은 앉아서 먹기만 해도 괜찮고 여성은 그렇지 않음이 비교되는 당시 사회에서 시집이나 가라는 아버지에게 "그것은 옛날 말이에요, 지금은 계집애도 사람이라 해요, 사람인 이상에는 못할 것이 없다고 해요, 사내와 같이 돈도 벌 수 있고, 사내와 같이 벼슬도 할 수 있어요. 사내가 하는 것은 무엇이든지 하는 세상이요." 라고 말하는 경희의 모습에서 주체적인 성격이 강하게 드러난다.

경희는 시집을 가서 남이 벌어주는 밥을 먹으며 사는 것은 짐승과 다르지 않으며 자신은 짐승이 아닌 사람, 여자임을 자각한다. 이러한 경희를 묘사한 부분이 경희의 자각을 잘 나타내고 있다. "경희도 사람이다. 그 다음에는 여자다. 그러면 여자라는 것보다 먼저 사람이다. (중략) 오냐, 사람이다. 사람으로 보이지 않는 험한 길을 찾지 않으면 누구더러 찾으라 하리! 산정에 올라서서 내려다보는 것도 사람이 할 것이다. 오냐, 이 팔은 무엇 하자는 팔이고 이 다리는 어디 쓰자는 다리냐? 경희는 두 팔을 번쩍 들었다. 두 다리로 껑충 뛰었다. (중략) 경희의 정신은 황홀하다. 경희의 키는 별안간 이(飴: 엿) 늘어지듯이 부쩍 늘어진 것 같다. 그리고 눈(目)은 전 얼굴을 가리우는 것 같다." 라고 서술함으로써 봉건적 인습에 묶여 있던 당시 여성이 독립적이고 온전한 하나의 사람으로서의 정체성을 찾는 모습을 잘 드러내고 있다. 남성 작가들에 의해 그려지는 신여성들은 새로운 지식을 받아들이면서 자의식을 형성하면서도 여전히 전통적인 역할을 부여받고 있는 반면, 당대 여성 작가들의 작품 안에서는 사뭇 다른 모습으로 그려진다. 즉 인간의 자존감에 대해 두드러지게 인식하고 있음을 살펴보게 된다.

2 ___ 미의식의 자각과 타율적 죽음

앞에서 우리는 신여성과 신소설 속에 등장하는 미의식은 전통 미의식과 현대적 미의식 사이에서 교차하고 있음을 살펴보았다. 김동인이라는 작가의 글에서는 유독 특이한 아름다움을 가진 여성들이 등장한다. 김동인의 인물들 중에서 특히 여성 주인공들의 죽음은 매우 작위적이다. 이는 타율적이고 수동적이며 심지어 비현실적 성격이 두드러진다는 특징이 있다. 우리 근대문학 속에서 김동인의 여성 재현 방식은 근대와 여성을 함께 바라보는 문화적 아이콘이 되어버렸다. 그만큼 〈감자〉의 복녀의 욕망은 문학사에서 강한 파급 효과를 가진다. 근대문학에서 김동인의 "복녀"는 하나의 문화적 기억으로 작용하고 있다. 문화적 기억이란 개인과 집단이 동일한 규범, 관습, 풍습이라는 토대 위에서 공유된 과거를 회상함으로써 현재의 정체성을 구성하는 행위를 일컫는다. 이러한 상호작용은 과거와 현재, 개인과 집단, 역사와 신화, 트라우마와 노스텔지어, 의식적 무의식적 공포나 욕망간의 복잡한 역학(dynamic)으로부터 나온다. 문화사에서 여성은 이성의 대상이 아니라 감성의 대상으로 과잉된 정서를 분출하는 기호로 작용했으며 고정된 이미지를 구축했다. 집베르뒤랑에 의하면 이미지란 고백하기 어려운 무의식과 고백된 의식화 사이에 중재자 역할을 한다.

김동인의 탕녀(蕩女)이미지는 남성 질서의 근대 형성이라는 무의식을 의식으로 표층화시키는 것이라 할 수 있다. 탈신화적 여성 아이콘을 형성하는 데 가장 큰 영향을 준 문학작품이 김동인 〈감자〉의 복녀 이미지인 것이다. 여성 젠더화된 문화적 기억은 주로 남성들의 공적 기억에 의존한다고 볼 수 있다. 이는 문화를 만드는 주체들이 대부분 남성이었고 여성은 계산된 남성주체들에게 관찰의 대상이 되어왔었다. 김동인의 소설 〈감자〉는 영상화의 과정을 거치면서 에로티시즘의 과잉된 여성욕망이라는 고정된 의미를 획득하게 되며 그 이후에 등장하는 한국 영화의 상당부분의 여성 이미지가 복녀의 이미지를 따른다. 따라서 영화 속 여성의 역할은 현실의 모습과는 상당히 다른 일상적이지 않은 인물들이 대부분 캐스팅되었다. 무당, 귀신(여귀), 양공주, 기생, 대리모(씨받이), 작부, 식모, 일탈하는 유부녀, 노처녀, 광녀, 첩, 열녀 등 많은 여성의 스펙트럼은 다소 감정의 과잉을 부추긴다. 이렇게 여성은 문화에서 타자화되고 있었다. 그러한 타자화의 측면은 본고에서 다루는 김동인의 여자주인공들의 죽음을 이해할 수 있게 할 것이다. 타자에 의해 죽고 또 타인에 의해 죽음이 기억되는 전략이 죽음의 타자화 작업이다. 서양 신화에서도 여성아 마녀로 자주 그려지고 있는 것을 볼 수 있는데, 같은 맥락에서 이해할 수 있을 것이다.

서사의 진행에 있어서 작가인 '나'의 개입을 선명하게 드러내고 있는 액자형 소설인 〈배따라기〉와 〈광화사〉는 김동인 자신이 밝힌 인형조종술의 대표적인 예라고 말할 수 있다. '나'의 개입이 액자화 되어 분명히 드러나지는 않지만 〈감자〉 역시 그러한 이야기 구조에 있어서 큰 차이는 없어 보인다. 왜냐하면 이야기 진행에 있어서 복녀에 내한 서술과 복녀가 놓인 공간이 충분히 작위적인 조작으로 읽혀지기 때문이다. 작품이 현실 바로 그곳이 아니라 좀 덜어진 곳에서 벌어지는 사건임을 명시하고 있다. 〈배따라기〉의 아내는 자신의 입장을 분명히 주장하지도 않은 채 급작스런 작가의 장치에 의해 죽음을 맞이하고, 〈감자〉의 복녀 역시 너무도 급격하게 아무렇지도 않게 죽음을 맞이한다. 〈광화사〉의 소경처녀의 죽음은 더욱 황당하기만 하다. 솔거라는 화가의 예술적 욕구 충족을 위해 살인이 자행되는 것인데, 〈광염소나타〉와 함께 예술가 소설로 읽혀지는 근거가 되어왔다.

인형조종술이라는 작위적인 기법까지 천명한 김동인이 왜 여성 주인공들을 갑작스럽고 황당하게 죽음에 이르기 하는지 그 안에서 노리는 작가적 효과는 무엇인지 또 그러한 어이없는 죽음들이 전략적으로 어떻게 근대성이라는 문화적 기억으로 작용되는지 살펴볼 필요가 있다. 유기룡은 〈배따라기〉의 아내의 죽음을 속죄양이나 모태회귀로의 상징으로 읽어간다. 그 때 아내가 빠져죽은 '물'은 당연히 신화적 원형적 상징에 해당하는 것이다. 그가 주장하는 것처럼 죽음이 태초의 시간으로 귀의하려는 것이라면 작품의 근본적인 의미와는 좀 거리가 있어 보인다. 아내의 죽음이 더 가치 있는 존재로 재생을 시도한 초월적인 것이라면 김동인이 조작한 인형술과는 좀 어긋나다는 것이 본고의 논지이다. 아내의 이미지를 영원한 삶의 동반자로 형상화한 민간 신화의 원형적 여성상이라는 의미로 본다면 〈배따라기〉의 여인은 그렇게 충동적으로 죽을 이유가 없는 것이다. 아내는 자신의 억울한 마음을 표현하는 방편으로 물에 빠져죽은 것이다. 여기에서 물은 모태 회귀라기보다는 남편에게 평생을 떠돌게 하는 주술적인 의미를 지닌다. 물에 빠져죽은 아내가 아무런 죄가 없다는 것을 안 〈배따라기〉의 남편은 물에서 벗어나지 못하는 주술에 걸려든 것이다. 따라서 이러한 논리에 비추어볼 때 '영유배따라기'를 죽음의 예술적 승화라고 보는 것은 작품의 의미를 획일화시키는 논리가 될 수 있을 것이다. 또한 〈배따라기〉에서 '물'이 모태회귀라고 본다면 아내의 죽음은 아무런 주술성도 가지지 못하고 만다. 아내의 죽음 이후 아우는 마을을 떠나 떠돌고, 형은 아내와 아우에게 사죄하는 마음으로 기나긴 씻김굿을 행하고 있는 것이다. '영유배따라기'의 노래는 아내의 죽음이 만들어낸 예술작품이 아니라 아내와의 화해를 염원하는 남편의 속죄의식이 담긴 주술적 혹은 죄 씻김의 노래이자 한을 머금은 노래일 것이다.

그렇다면 〈광화사〉의 소경처녀의 죽음은 어떠한 인형조종술의 의미가 담겨있는 것일까. 이 작품은 소경처녀의 죽음이 주로 예술작품으로 승화된 여인의 넋 정도로 해석되어온 것이 그간의 주된 논의였다. 그렇기 때문에 예술가 소설이라는 꼬리표에서 더 이상 진전된 이야기가 나오기 어려워진다. 본고는 소경처녀에게 포커스를 맞추어 죽음의 의미를 탐색하고자 한다. 작품에서 처녀의 눈은 세 가지로 구체화되어 묘사된다. 환상과 "신비를 볼 수 있는 신성한 눈", "여인과 애욕의 눈", "원망의 눈"으로 그려지고 있다. 주로 지금까지 신화적인 관점에서 이 작품을 논한 논의들에서는 신성한 눈과 애욕의 눈에 초점을 두고 이야기되어왔다. 여인의 영혼이 그림에 점화된 것으로써 인간의 영혼이 사물에 옮겨올 수 있다는 것을 중요하게 바라본다면 이것만으로도 신화성은 획득된다. 우리는 '원망의 눈'에 초점을 맞추고 그것의 축사적 의미를 신화적 상상력으로 파악해 볼 수 있다. 지금까지는 여인의 죽음이 화상의 그림으로 옮겨와서 예술작품을 완성시키는데 관심을 두었다면 이 그림의 신화적 주술성에 초점을 두고 소경 처녀의 죽음의 의미를 바라볼 수 있다. 소경 처녀가 죽고 나서 작품 마지막에 묘사된 내용을 살펴보도록 하자.

> 수일 후부터 한양성 내에는 괴상한 여인의 화상을 들고 음울한 얼굴로 돌아다니는 광인 하나가 생겼다.…〈중략〉…이렇게 수년간 방황하다가 어떤 눈보

> 라 치는 날 돌베개를 베고 그의 일생을 마감하였다. 죽을 때도 그는 그 족자는 깊이 품에 품고 죽었다.
>
> 김동인 「광화사」 중에서

위에서 화공은 소경처녀의 "원망의 눈"이 찍힌 여인의 화상을 품고 방황하다가 죽는 것으로 나온다. 이는 소경처녀의 원망적 주술이 가지는 신화성이다. 죽음의 예술작품으로의 승화는 인물들 간의 관계를 정치하게 파악하지 않는데서 오는 표층적인 해석일 수밖에 없다. 배따라기의 노래나 화상의 눈은 예술작품으로의 승화(昇華)라고 보기엔 지나친 해석의 단순함이 문제로 지적될 수 있다. 서사는 그럴듯함에서 작품의 리얼리티를 획득한다. 그런데 김동인에 와서 그럴듯함, 즉 핍진성(vraisemblable)이라고 칭하는 개념이 좀 흔들리는 것을 볼 수 있다. 크리스티앙 메츠는 이 용어를 사실처럼 보이는 그럴듯한 속성이라고 칭하고 있는데 작위적인 김동인 여주인공들의 일련의 죽음은 핍진성이 결여되어 있다. 핍진성이 사물과 세계의 반영으로부터 창출되는 것이 아니라 허구적 사실과 서사적 진실을 둘러싼 일련의 규칙을 창출하는 데서 오는 효과임을 인정하더라도 작위적인 죽음이라는 것을 반박할 근거가 희박해 보인다. 그렇다면 김동인은 여성들의 죽음을 왜 전략적으로 작품 안에 끌어오고 있는 것인가 다시 의문을 던질 수밖에 없다. 이 세 작품으로 전체 작가론의 죽음의식을 보편화시키는 데는 해석의 위험이 따를 수 있다. 그럼에도 불구하고 죽음의 양상을 살펴보고 해석해내는 것은 여성의 전략적 죽음이 김동인의 작품의 근대성을 이해하는 단초로 작용할 수 있다고 본다.

김동인의 단편 세 작품 안에서 죽음의 재현 양상은 크게 두 가지로 말해질 수 있다. 〈감자〉처럼 죽음이 모든 것을 무화시키는 소멸 그 자체일 수 있고, 〈배따라기〉와 〈광화사〉처럼 여성 주인공들의 죽음이 살아있는 남자 주인공들의 삶에 반사 굴절되어 살아있는 사람들에게 주술성을 걸어 남자 주인공 역시 죽음 자체로 소멸되거나 상실될 존재(存在)들로 그려진다는 것이다. 그렇다면 이들의 죽음은 내세에까지 이어지는 전통적인 한국적 죽음의 의미를 벗어나고 있다고 볼 수 있다. 신화적 관점으로 바라볼 때 죽음은 삶의 또 다른 국면을 보여준다는 범박한 의미를 가진다. 이 의미는 죽음 이후의 내세적인 삶이 존재한다는 것인데, 이집트의 오시리스처럼 죽음을 경험하고 그 세계를 선택하는 것이 그것을 입증한다. 우리 신화에서는 바리공주가 저승에 다녀와서 일상적인 현실에서 살아가는 경우도 있다. 또 오르페우스의 부인 에우뤼디케나 일본의 이자나기의 부인 이자나미처럼 죽음의 세계에만 존재할 수도 있다. 어쨌든 죽음의 세계는 죽음이 삶의 꼬리를 물고 있는 우로보로스 뱀처럼 삶의 다른 국면으로 순환적 세계관으로 읽혀져 왔다. 그런데 김동인에게 죽음이라는 개념은 이러한 신화적 사유를 접목시키는 제동이 걸린다. 복녀의 죽음으로 상정되는 신화적 죽음의 세계는 존재하지 않으며, 아내와 소경처녀의 죽음도 현세의 노래와 그림의 축사적 주술성을 가지는 것으로만 읽혀지고 더더욱 남자 주인공들이 죽음에 이른다는 것을 가정할 때, 그 이후에 담긴 죽음의 의미는 신화적 죽음으로 해석하기에 무리가 따른다. 물론 〈배따라기〉나 〈광화사〉의 경우처럼 죽음 후에 남는 예술 작품인 노래와 그림으로 죽음의 신화적 의미를 찾고자 시도할 수 있지만 죽음을 삶의 다른 국면으로 바라보는 신화적 사유에는 잘 부합되지 않는다.

김열규는 〈한국인의 자서전〉이라는 책에서 '죽음'을 고찰하고 있는데 죽음이란 못다 한 삶의 마무리이며 깨달음을 향한 새로운 통로가 된다고 말한다. 이는 죽음 역시 삶의 한 방편으로 볼 수 있나는 것인데 죽음이 끝이 되어버리는 복녀의 이야기나 노래와 그림으로 죽음이 현현되는 김동인의 견해와는 좀 차이가 있다. 물론 유기룡이 해석한 대로「배따라기」의 아내의 죽음이 남편의 배따라기에 의해 삶으로 연장되고 있다고 바라볼 수도 있겠다. 하지만 신화적 사고의 죽음의 의미는 삶과 죽음이 마치 우주의 알처럼 서로 교호하면서 순환한다는 상상력이 있어야하는데 부인의 죽음은 남편의 삶 동안에만 굴절되어 죽음의 세계까지 이어지지 못할 수도 있다는 것이다. 아내의 죽음의 굴절된 반사는 원으로 말하면 삶의 영역까지 반원을 그릴 뿐이다. 〈광화사〉의 소경처녀도 〈배따라기〉의 아내의 죽음과 비슷한 궤도에서 이해된다. 나경수는 죽음이라는 것이 하나의 문턱 영역(liminal zone)이 된다고 설명한다. 이 영역 좌우에는 이승과 저승이라는 이질적 세계로의 공간이동이 가능하고 탄생에 의해서도 이러한 공간이동은 가능하다고 보았다. 결국 삶과 죽음은 동일하다는 것이다. 김동인에게 과연 죽음은 무슨 의미였을까. 그의 작품에서는 '복녀'처럼 죽음에 의해서 세계는 닫히거나 '아내'와 '소경처녀'처럼 상대방의 삶에 주술적 축사의 역할에 한정될 뿐이다. 즉 김동인에게 죽음은 삶의 이면이거나 삶의 또 다른 형식이라는 신화적 사유가 매우 희박함을 유추할 수 있다.

그렇다면 왜 이러한 여성들의 죽음의 장치를 전략적으로 그리고 있는가. 전략적이라는 말에는 '인위적인' 또는 '계획적인'이라는 의미가 담길 수밖에 없는데 '인형조종술'과 '여성 배제의 근대 논리'와 연관시켜 이해할 수 있을 것이다. 삶이 자연스러운 것처럼 죽음도 자연스러운 삶의 과정 안에서 진행되어야 신화의 세계는 구현될 것이다. 따라서 김동인의 작위적인 죽음은 근대성의 여성배제의 논리로 이해되어야 하겠다. 결국 김동인의 여성 주인공들의 인위적인 죽음은 시대적인 관계, 즉 사회학적인 기호작용으로 해석힐 수밖에 없을 것이다. 욕망하는 여성은 기존의 확고한 남성—되기의 사회 질서를 교란시키는 기호가 될 수 있다. 따라서 남성 중심의 근대화에 여성의 욕망은 죽음이라는 작위적인 종말을 맞이하게 되는 것이다. 작가는 마치 여성들의 욕망을 인형 다루듯이 과감히 파괴하고 있다. 김동인의 근대 개념 하에서 여성은 신화적 원형성을 가지지 못하면 결국 죽음에 이르러야 한다는 논리가 성립한다. 따라서 김동인의 작품들에서 인간의 욕망이 감금당한 시대적 의미는 죽음이라는 기호로 해석될 수 있을 것이다. 여성의 전략적 죽음은 첫째로 여성 배제의 근대성의 논리, 두 번째로 탈신화성에 의한 근대성의 논리와 유기적으로 맞물려 해석할 수 있을 것이다. 여성의 욕망은 근대적 자각의 기호작용인데 이러한 여성들의 죽음은 여성들의 욕망 생성을 차단시키는 전략으로 채택되고 있으며 작가의 근대성 안에서 여성은 배제되어 있다고 볼 수 있다.

3 ___ 미의식의 낭만화와 퇴폐화

전통적인 미의식과 신소설적인 미의식의 혼동과 여성의 자의식을 배제한 타율적 아름다움을 넘어서면 문화의 다른 한편에는 퇴폐적 미의식과 아름다움의 낭만화를 들여다 볼 수 있다. 퇴폐적 미의식의 발현은 여성 주인공들을 다소 일상적이지 못한 캐릭터로 설정한다. 이상 소설의 아름다운 여성들은 대부분 술집 작부이거나 기생들이다. 이는 정상적인 부부라기보다는 파행적인 관계를 보인다. 이상의 소설들은 우리에게 한 번의 독서를 결코 허락하지 않는다. 무수한 다시 읽기의 과정을 강요한다. 의미의 모호성과 텍스트 구성의 생경함이 전통적인 이야기와는 궤를 달리하고 있는 것이다. 김유정의 소설들이 인물들과 스토리 세계와의 관계에 집중되어 있다면, 이상의 이야기들은 작품 안의 담론에서 의미를 가진다. 이상의 작품은 다층적 의미를 내포하고 있기 때문에 작품의 의미를 파악하기 위해서는 다양한 정보를 필요로 한다. 특히 난해한 어휘의 의미를 파악하는 데 있어서 그의 수필은 중요한 정보처가 된다. 다양한 정보를 통해서 마치 수수께끼가 풀리듯 작품은 다시 읽혀진다.

〈지주회시〉와 〈봉별기〉에서는 여성 주임공과 남성 주인공의 만남이 중요한 모티프를 이룬다. 그러나 단순히 만남을 이야기하기보다는 세상을 바라보는 작가의 시선을 보여준다. 〈지주회시〉에서 서술자는 세상과 자아의 팽팽한 대결을 독해하도록 종용한다. 나와 아내는 거미로 대변되는 약자에 해당되고 나와 마유미 등의 세상은 돼지로 읽혀지는데, 처음의 단순한 독법에 따르면 〈거미가 돼지를 만나다〉, 즉 만남의 성공으로 해독되지만 다시 읽기의 과정을 거치면서 〈거미가 발 없는 돼지 걸음〉이라는 의미로 재해석된다. 결국 세상과의 만남이 실패한 것인데 이때 인물들 간의 갈등은 중요하지 않고 작품 안의 나의 서술이 작품의 해석을 주도해 나간다.

〈날개〉와 〈동해〉에서는 역할을 전도시키는 기법을 통해 퇴폐적 미의식을 구사한다. 여기에서도 인물의 갈등이 실제로 존재하기보다는 서술자의 심리적 놀이로 나타난다. 주로 나의 진술에 의해서 나타나는 서술된 갈등만이 존재한다. 〈날개〉에서 서술자는 우선 두 가지의 목소리를 가진다. 자신의 의식을 인식하지 못하는 유아적 상태와 자신의 존재를 인식하는 성인적 자각의 상태가 그것인데, 각각의 영역에서 놀이는 진행된다. 따라서 '굿바이'의 의미규정은 작품해독을 위해 매우 필수적이다. 〈동해〉는 언어의 교묘한 조작을 실험적으로 쓰고 있다. 특히 〈Text〉 부분은 이상의 글쓰기의 진수를 보여주는 장인데, 여기에서 서술자는 서로 다른 목소리를 등장시킨다. 자신의 사삭된 연예에 대한 관념을 진술하고 있으며 정희의 본능적인 사랑에 맞서서 자신은 글쓰기인 지식의 구매를 선택한다.

〈종생기〉와 〈실화〉는 자신의 여인들을 통해 퇴폐적 아름다움을 나타내는 예술관을 한껏 구사한 매우 기교적인 글쓰기에 해당한다. 〈종생기〉는 읽어 가는 독서시간과 실제시간의 불일치로 삶과 문학의 놀이화를 시도한다. 〈종생기〉는 자신의 유서에 해당하는데 서술자가 설정한 작품 안의 독자는 자신의 문학을 해독할 수 있는 식자층으로 설정된다. 이 작품을 이해하기 위해서는 최국보의 〈소년행〉의 의미를 먼저 파악해야 하고, 〈실화〉를 제대로 이해하기 위해서는 정지용 〈카페프란스〉, 〈해협〉, 〈말〉 등의 의미를 잘 알고 있어야 독해가 가능하다.

이상의 〈실화〉는 현재와 과거가 동시에 교차하고 서울과 동경이 동시에 교차하는 몽타주 기법을 통해 그가 추구하는 예술미를 드러내고 있다. 이 소설은 전체 9장으로 구성되어 있다. 에피그램으로 시작하는 1장을 제외한 8장은 연상 작용에 의해 그 연결이 자연스럽다. 즉 동경의 이야기에서 나오는 하나의 사물이 자연스럽게 서울의 장으로 연결되고 있다. 동경을 배경으로 2, 4, 6, 8, 9장이 펼쳐지고 사이사이 3, 5, 7장에서는 서울이 등장한다. 따라서 순환적이면서 동심원적인 구조를 보여준다. 동심원적 구조를 통해 볼 때 1장을 제외된다. 즉 동심원의 중앙은 5장 과거 부분이며 서울을 배경으로 진행되는 이야기이다. 그 밖으로 그려지는 둘째 원은 4장과 6장인데 현재의 시간이며 동경의 이야기이다. 세 번째 원은 3장과 7장으로, 과거이며 서울에 해당한다. 네 번째 원은 2장, 8장 9장으로 현재에 속하며 동경을 무대로 한다. 그렇다면 이 양파처럼 형성된 작품의 의미망이 궁극적으로 지향하는 세계란 동경의 세계가 아니라 서울이었음을 간파할 수 있다. 이것은 김기림에게 보내는 서신들을 통해 그가 추구한 세계가 서울이었음을 알게 된다.

〈사람이 비밀이 없다는 것은 재산 없는 것처럼 가난하고 허전한 일이다.〉

에피그램으로 시작하는 1장부터 작가는 비밀이 없다는 것을 가난하다고 조롱한다. 그러나 역설적으로 그는 수필 〈에피그램〉을 통해 이미 그의 비밀을 하나씩 누설하고 있다. 그는 자신의 비밀을 독자에게 알리고 싶어 하며 이미 알고 있으리라고 생각한다. 그가 이러한 경구를 소설의 전면에 내세운 이유는 놀이의 목적이기도 하면서 동시에 놀이의 결과물이 된다. 그렇다면 '비밀'이란 무엇인가? 수필에서 나타난 것처럼 한 여인을 가운데 두고 '나'와 친구 사이에서 이런저런 논의를 벌이는 일을 기술한 것에 불과하다면 작품의 의의나 재미는 없어지고 신변잡기적인 넋두리에 지나지 않게 된다. 꽃의 이미지, 서울과 동경의 설정, 경구의 반복, 당시의 작가들에 대한 이야기 등을 종합적으로 고찰해 볼 때 이 작품은 단순한 이야기로만 치부해버릴 수 없다. 작품이 던진 경구의 의미가 무엇인지 알기 위해서는 그가 작품에서 어떤 미의식의 낭만화와 퇴폐화의 놀이를 채택하고 있는지 살펴볼 필요가 있다.

자신의 비밀의 예술관과 미의식을 드러내기 위해서 영화적 기법인 시간과 공간의 몽타주를 사용하고 있다. 따라서 일상적인 서사의 틀은 무너지고 있다. 그가 설정한 놀이의 시간은 현재의 12월 23일 밤부터 12월 24일 새벽 1시까지의 시간과 과거 즉 두 달 전의 시간인 10월 23일부터 24일까지의 시간을 말한다. 현재의 시간은 동경이라는 공간을 배경으로 진행되며 과거의 시간은 서울을 배경으로 진행된다. 이러한 두 차원의 배경설정은 그가 진행시키는 놀이의 방법을 효과적으로 전달하기 위함인데, 즉 동경에서 서울을 회상하며 자신과 연이의 관계를 회상한다는 것이다. 여기에서 연이는 단순한 한 여인이라기보다는 서울에서의 자신의 삶을 나타내주고, 자신의 상실한 예술혼, 즉 퇴폐화의 표상이다. 2장과 3장의 파이프의 연상에 의한 서로 다른 두 공간을 교차시키는 오버랩 기법, 3장과 4장의 꽃의 이미지를 교차시키는 방법, 4장과 5장에서도 국화를 매개로 하는 이동전환, 6장은 4장의 동경거리가 이어져 나오고, 7장은 5장의 서울의 의식이 그대로 이어지며, 8장은 6장의 동경의 어느 술집에 있는 나의 모습이 그대로 이어지며, 9장은 다시 1장의 경구와 맞물리면서 배경은 2장의 12월 23일 아침으로 끝난다. 따라서 서술자에게 과거와 현재의 구분은 무의미하다. 과거 서울의 의식이나 현재 동경의 의식은 같다. 현재의 동경은 과거의 서울이며 과거 서울은 지금의 동경일 뿐이다.

3장에서 4장으로의 이동과 4장에서 5장으로의 이동에서 클로즈업되는 소도구는 국화라는 꽃의 이미지이다. 3장에서 〈이 방에는 가을이 이렇게 짙었건만 국화 한 송이 장식이었다.〉라고 서술하는 서울의 장면이 4장의 〈그러나 C양의 방에는 지금 – 고양에서는 스케잍으로 지친다는데 – 국화 두 송이가 참 싱싱하다.〉라는 동경의 장소로 이어진다. 4장 마지막 부분에서 〈내방에는 화병도 없다. 그러나 나는 두 송이 가운데 흰 것을 달래서 왼편 깃에다가 꽂았다. 꽂고 나는 밖으로 나왔다.〉라는 구문은 바로 5장의 서울에서 〈국화 한 송이도 없는 방안을 – 한번 둘러보았다.〉로 이어진다. 국화꽃의 이미지를 오버랩 시키면서 서울과 동경을 대비시키면서 작가가 궁극적으로 지향하는 것이란 제목 〈실화〉의 의미와도 관련된다. '꽃을 잃었다'는 의미의 제목 〈실화〉는 어디가 중심이 된 서술일까? 서울에서 꽃은 원래부터 존재하지 않았다. 3장과 5장의 서울 부분에서 꽃은 존재하지 않았고 4장에서만 존재했다. 즉 동경의 장소에서만 꽃이 존재했다는 것인데 그렇다면 꽃을 잃었다는 것은 동경의 사유의 부산물일 것이다. 그는 김기림에게 보낸 서신들에서 밝히고 있듯이 현재의 암담한 곳에서 도피처를 찾고자 동경에 갔었다. 그곳에서 C양과 C군을 보게 된다. 그들과의 대화 속에서 나는 연이를 다시 떠올리게 되고 여러 가지의 모습으로 변신을 하는 연이에게서 일종의 좌절감을 맛본다.

이상은 자신의 예술관과 미의식을 나타내기 위해 〈실화〉라는 제목을 쓰고 있다. 즉 자신의 꽃을 잃어버리지 않겠다는 것으로 읽혀질 때 여기에서 꽃은 내가 가진 예술관이다. 이 소설은 영화의 몽타주기법을 즐겨 쓰고 있는데 우리가 그것을 추정하는 근거가 6장에 있다. 〈ADVENTURE IN MANHATTAN에서 진 - 아 - 더 - 가 커피 한 잔 맛있게 먹더라.〉라고 하는 부분에서 그가 서구의 근대 영화를 즐겨봤다는 추측이 가능하다. 이상은 6장에서 상호 텍스트적인 놀이로 박태원과 정지용과 김유정을 차용한다. 박태원의 〈소설가 구보씨〉는 거리를 활보하면서 계속 사유하는 근대적 인물이다. 5장과 6장에서 거리를 활보하면서 도시의 풍경을 서술하는 장면은 〈소설가 구보씨의 하루〉를 연상시킨다. 나는 NOVA라는 카페에 가서 시인 정지용의 〈카페 프란스〉를 패러디하기도 한다.

7장은 서울로 다시 돌아와 병상의 김유정을 찾아 그와의 정사를 꿈꾸지만 이마저 실패하고 결국 동경으로 떠난다. 우리는 이 대목에서 이상이 쓴 소설 〈김유정〉을 살펴보면서 상호 텍스트적인 놀이를 살펴볼 수 있다. 7장의 시간은 정확하게 10월 23일의 일이라고 단정할 수 없다. 이상이 동경에 건너오기 전이라는 것은 작품에 드러나 있어서 알 수 있지만 정확히 10월 23일인지는 알 수가 없다. 이상은 〈김유정 - 소설체로 쓴 김유정론〉에서 김유정에 대해서 다음과 같이 평한다.

> 모자를 홱 벗어던지고 두루마기도 마고자도 민첩하게 턱 벗어던지고 두 팔 홀떡 부르걷고 주먹으로는 적의 벌마구니를 발길로는 적의 사타구니를 격파하고도 오히려 행유여력에 엉덩방아를 찧고야 그치는 稀有의 鬪士가 있으니 김유정이다.

우리는 소설 〈김유정〉을 읽거나 수필을 읽어야만 이 대화의 진정한 의미를 이해하게 된다. 전기적으로 볼 때 김유정은 1937년 3월 29일에 죽었고, 이상은 1937년 4월 17일에 세상을 떠났다. 이러한 글쓰기의 퇴폐적인 놀이를 이해해야만 이 소설의 대화는 의미를 가지게 된다. 7장의 서울에서 비밀을 만지작거리는 연이를 뒤로 한 채 나는 동경으로 떠난다. 동경과 서울을 오가며 현재와 과거를 오가며 내가 추구하고자 한 것은 나의 예술관과 미의식을 보여주고자 하는 것이다. 9장은 동경을 배경으로 하고 있으며 집으로 향하는 장면이다. 시간은 2장과 마찬가지로 12월 23일의 일이다. 동경과 서울을 넘나들던 의식이 다시 본연의 자신으로 돌아온 것이다.

〈꽃을 잃었다〉는 것은 자본주의의 이단자로서 생활 대신 예술적 아름다움의 근대성을 추구하려한 자신의 모던니즘적인 예술관을 상실했다는 것을 의미한다. 즉 퇴폐적 미의식을 보여줌으로써 당시 상실된 자신의 예술관을 보여주고자 한 것이다. 그러나 그는 자신을 여전히 패배한 사람으로 보고 싶어 하지 않는다. 자신이 간직하는 비밀은 예술에 대한 열정이다. 역설적으로 실화는 비밀의 시학이라기보다는 폭로의 시학이라고 할 수 있다. 이러한 폭로의 의도는 위선적이고 표리부동한 인간의 이중성을 골계적으로 또는 반어적으로 제시하려는 의도가 깔려있다. 1장의 시작에서 보이는 에피그램 〈나를 좀 보시지요.〉를 추가해 반복하고 있다. 작품 〈실화〉의 낭만적 놀이와 퇴폐적 미의식의 시작은 경구의 제시이다. 마지막 경구에서도 여전히 나타난다. 〈비밀〉이란 자신이 추구하고자 하는 예술과 아름다움의 미의식의 방향이라고 말할 수 있다.

10장

근대 소설 속 아름다움과 자의식 형성

1 ___ 아름다움에 대한 삼강적 자의식: 「산골」

근대 작가들의 작품에 등장하는 아름다움에 대한 가치는 죄의식을 수반하고 있는 경우가 많다. 앞 장의 김동인의 경우 〈광화사〉, 〈감자〉, 〈배따라기〉 등에서 아름다움에 대한 욕망을 죄악시하고 있음을 볼 수 있다. 김동인의 여자 주인공들은 아름다움에 대한 자의식이 형성되는 것 자체가 차단되어 버린다. 〈광화사〉의 '소경처녀', 〈감자〉의 '복녀', 〈배따라기〉의 '아내'는 모두 아름다움이라는 가치와 연루되어 죽음을 맞이하는 비운의 여성들이다. 자신이 여자임을 느끼는 소경처녀는 솔거에게 죽음을 당하고, 왕서방의 사랑을 빼앗긴 복녀는 질투 때문에 죽음을 맞이하고, 쥐를 잡다가 옷고름이 풀어진 아내는 부정한 여자로 낙인찍혀 자살을 하고 만다. 김동인이라는 작가에게 여성의 아름다움과 자의식은 허용되시 않는 철저한 삼강적 세계였다. 근대를 대면하는 작가 김동인에게 여성의 미의식에 대한 자각은 다소 위험한 것이었다. 그래서 그들은 살해 당하기도 하고 자살을 하기도 하는 극단적인 결말에 봉착할 수 밖에 없었다. 하지만 1930년대를 대표하는 김유정에게 아름다움은 죽음이라는 담론과는 거리가 멀다. 아름다움에 대한 김유정의 생각들이 근대와 어떻게 충돌하면서 조우하는지 살펴볼 수 있다.

공자는 〈논어: 술이편〉에서 "나는 나면서부터 알게 된 사람이 아니라 옛 것을 좋아해 민첩하게 그것을 구한 자이다."라고 말한다. 우리는 여기에서 공자의 현실 인식이 과거를 좋아해서 현실을 되짚어보고 미래를 생각하는 힘이라는 것을 이해하게 된다. 우리에게 김유정의 글 읽기가 당대의 담론 구조에서만 바라볼 것이 아니라 과거를 통해 읽을 수 있는 근거를 제공한다고 하겠다. 김유정의 이야기들을 보면서 먼 과거에서 내려오던 우리의 신화 상상력과 삼강적 상상력을 살펴볼 수 있을 것이다. 김유정의 여주인공들은 전체적으로 터주신의 이미지이다. 반대로 김유정의 남주인공들 〈노다지〉의 꽁보와 더펄이는 금을 캐서 인생을 바꾸어보고자 하고 〈만무방〉의 응칠이는 그저 세월가는 대로 먹고 살려고 부인과도 헤어져 인생을 노니는 인물이다. 〈솥〉의 근식은 마을에 온 들병이에게 빌붙어 살아가려고 하고 〈소낙비〉의 춘호 역시 부인에게 매매춘을 요구해서 돈을 얻으려 한다. 〈금따는 콩밭〉의 영식은 수재의 말을 믿고 멀쩡한 콩밭을 모조리 파서 농사를 망쳐버린다. 무책임한 남성 주인공들을 가정이라는 곳에서 지키고자 하는 인물은 하나같이 터주신의 현현된 모습인 여성주인공들이다.

김유정의 〈산골나그네〉의 나그네는 자신의 남편을 구하기 위해 일부러 산골 주막에서 떠돌이처럼 생활하면서 거짓 결혼까지 한다. 자신의 남편을 위해 덕돌이 아끼는 귀한 옷가지를 가지고 도망 나와 결국 자신의 남편에게 입혀 길을 떠난다. 김유정의 여성주인공은 가정을 지키기 위해 많은 희생을 치른다. 「땡볕」에서 덕순 처는 죽은 아이를 배 속에 13

강원도 춘천 김유정 문학관

개월째 가지고 있다. 당장 수술을 해야만 살 수 있다. 그녀에게 아이를 꺼낸다는 것은 자신의 가정이 사라지는 것과 같다. 〈솥〉의 근식은 마을 들병이에게 살림살이를 모두 가져다주고 그녀에게 얹혀서 무위도식할 것을 꿈꾼다. 급기야 자기 집의 솥까지 가져다주는 일을 저지른다. 그러나 근식 처는 솥을 가지고 떠나는 들병이에게 솥을 돌려달라고 달려든다. 들병이 역시 자신의 아이와 가정을 지키는 또 하나의 터주신이 반영된 역할을 담당한다. 산골 나그네, 덕순 처, 근식의 처, 근식을 속인 들병이 모두 가정을 위해 자신을 희생시키면서 가정이라는 세계를 지키고자 하는 삼강적 질서를 구축하는 현현체들이다.

여기에서 우리는 〈산골〉이라는 작품에 등장하는 이쁜이라는 인물의 미의식을 집중해서 볼 필요가 있을 것이다. 그녀는 주인집 도련님과 사랑하는 사이이지만 결코 도련님을 따라나서지 못하는 삼강적 질서의 지배를 철저하게 받고 있는 여성이다. 그녀에게 주어진 공간은 산, 마을,

돌, 물, 길 등이 놓여있는 산골뿐이다. 산골 안에서도 그녀는 마을의 질서를 매섭게 느끼는 인물이다. 마치 자기의 정경이 소설 〈산골〉에는 정물화처럼 놓인다. 산에서 도련님은 “너 나하고 멀리 도망가지 않으련”이라고 과감히 제안한다. 그러나 마을에서는 마님의 회초리와 엄마의 머리채와 3-4일간의 감금이 존재한다. 마을의 질서에 따르면 종은 상전과는 못사는 법이다. 즉 종에게 주어진 것은 심한 처벌만이 남는다. 마님과 이쁜이 엄마처럼 이쁜이를 좋아하는 비슷한 신분의 석숭이는 “너 데련님하구 그랬대지”라고 비아냥거릴 뿐이다. 그들은 모두 삼강적 질서를 구체화하는 인물들이다. 산에서와 다르게 마을에서 이쁜이와 도련님은 사랑하는 사이가 될 수 없고 오로지 삼강적 질서를 어긴 제도의 이단아들일 뿐이다. 돌, 물, 길 등의 장에서도 이쁜이와 도련님의 사랑은 삼강적 질서에 위배되는 것으로 이 안에서 이쁜이 기다림과 사랑은 체념하는 것으로 마무리된다.

이쁜이의 아름다움이나 사랑은 이 원형적 산골에서만 의미를 가진다. 도시로 나간 주인집 도련님은 산골을 벗어나면 이쁜이를 금방 잊어버리는 것이다. 그러나 그녀 스스로도 이것을 부당하다고 느끼지 않고 순응하고 인내하는 삶을 산다. 그녀는 자신에게 맞는 석숭이를 더 이상 거부하지 않고 받아들이기로 하고 석숭이와 거래를 한다. 이쁜이는 석숭이에게 부탁해서 도련님께 편지를 쓰게 한다. 삼강적 질서를 따르는 이쁜이는 석숭이의 대리편지의 대가로 석숭이의 구혼을 받아들인다. 신분에 맞는 짝을 받아들이는 것으로 이 작품은 끝난다.

이쁜이의 사랑은 삼강적 질서를 유지하는 범위 안에서만 의미를 가진다. 그렇다면 삼강적 여성이란 도대체 무엇인가. 삼강적 인물이란 〈삼강행실도〉에 등장하는 여성들의 이데올로기를 실현시키는 소설 속 인물들이라 말할 수 있다. 주영하는 삼강적 지식과 삼강적 인물이 근대적 인쇄 기술을 통해 삼강의 지식확산이 가속화되었다고 평가한다. 즉 근대성과 과학주의를 내세운 근대에 조선총독부는 조선의 혈연주의와 가문주의의 성리학을 공개적으로 부정하면서도 유림들을 포섭해서 봉건사유의 핵심인 삼강적 지식체계를 확산시켰다고 주장한다. 그러나 여성의 '열녀 되기'는 열녀라는 허울 속에서 벌어지는 간접 살인이라고 주장하는 비판적 목소리도 있다. 즉 삼강적 지식이 수용자에게 내면화를 유발하지만 그 실천이 매우 위해적이다. 〈삼강행실도〉의 〈열녀편〉에는 예의범절을 지키다 불에 타 죽은 여인, 남편을 따라 치수에 몸을 던져 죽은 여인, 시어머니 도둑질을 대신 누명쓰고 죽은 며느리, 왜구에게 팔과 발이 잘리지만 굴하지 않고 죽음을 선택한 여인 등 끔찍한 살인의 현장들이 여과없이 드러나 보인다. 이는 가정의 터전을 지키기 위해 자신의 목숨을 초개처럼 버리는 여인들을 미화시키는 유교적 이념화의 과정이며, 자신의 안위보다는 가정과 사회라는 테두리를 더 중요하게 바라보게 하는 파쇼적 이데올로기이다.

김유정의 〈솥〉에서도 우리는 근식의 부인이 지키고자 하는 가정의 근간이 집안 식구들의 밥을 짓는 솥이 되고 있음을 볼 수 있다. 가정의 가장 근간이 되는 것이 부엌의 솥이라는 것은 조왕신을 섬기는 터주신의 현현된 모습일 것이다. 서양에서도 전리품으로 솥이 매우 인기있는 품목이 되었다고 한다. 또한 다른 가정을 파괴하는 것에는 아랑곳 하지 않고 유유히 길을 떠나는 들병이의 태도 역시 자신의 근간인 가정 지키기의 한 양상으로 바라볼 수 있다. 또 다른 작품 〈산골나그네〉에서 나그네 역시 자신의 병든 남편을 위해 거짓 결혼을 감행하고 덕순의 옷을 훔쳐 가지고 나와 물레방앗간에 있는 자신의 남편을 부추겨 길을 떠나는 모습을 보인다. 산골 나그네의 행위는 위장결혼과 도둑질에 해당하지만 삼강적 지식 체계 안에서 보면 그녀는 자신의 남편과 자신을 둘러싼 가정을 위해 그런 일을 감행한 것이다. 〈땡볕〉에서 덕순은 자기의 부인의 부푼 배가 연구거리가 될 것이라고 좋아한다. 그러나 그녀는 죽은 아이를 배 안에 가지고 있을 뿐이다. 당장에 아이를 꺼내서 아내를 살려야 하지만 그에게는 당장 돈이 없다. 또한 완강하게 수술을 거부하는 아내에게 아이는 자신의 가정을 지키는 근간으로 작용한다. 그녀에게 아이를 꺼내기 위해 배를 째는 일은 죽음과 가정의 파괴를 의미한다. 따라서 수술을 거부하는 그녀는 자신의 행위가 가정을 지키는 일이라고 여긴다. 김유정의 작품 속 여성들은 그대로가 가정이라는 이데올로기를 지키려는 〈삼강행실도〉의 재현된 모습처럼 보인다.

김유정 작품들 속에서 아내들은 가정을 지키기 위해 싸움을 불사하고 남을 속이는 것을 감행하고 위장 결혼을 하며 심지어 도둑질을 하기도 하고, 죽음을 맞이하는 희생정신을 발휘한다. 이는 〈삼강행실도〉에서 끔직한 죽음을 감행한 열녀들의 모습에 다름 아니다. 터주신의 이데올로기는 주로 여성에게 강요된 측면이 강했다. 이는 문학의 형상화로 보자면 사회의 불합리에 어찌할 수 없는 남성들의 무능함을 상징적으로 그리는 것일 수도 있고 삼강적 여성되기를 그림으로써 당시의 여성의 불합리를 그대로 그려내려는 의도일 수도 있다. 혹은 그러한 의식과는 별개로 민간에 내려오는 원천적 상상력을 무의식중에 자연스럽게 그려놓고 그것을 통해 사회의 불합리를 읽게 하는 것일 수도 있다. 앞에서 김유정에게 사회는 〈존재하는 것〉이라는 표현을 했다. 김유정은 삼강적 인물을 작품 안에 살게 함으로써 당시의 불합리한 것을 유머와 해학으로 그려내고 있다.

소설 〈산골〉에 등장하는 이쁜이를 삼강적 여성으로 읽는 과정은 그대로가 신화적 독서의 결과라고 할 수 있다. 신화적 독서는 독자들이 경험하는 독서를 통해서 고대 사회의 구성원들이 경험하는 신화적 요소를 발견하는 것을 말한다. 즉 독서를 통해 고대 사회의 신화와 만난다는 것인데, 독서는 대단한 장관을 보여주기 보다는 시대를 초월하게 하고 새로운 세계로 우리를 이끈다. 독서는 과거의 이야기를 독자가 읽는 시점에서 이해하고 반영하게 함으로써 오늘날의 역사에 영향을 끼친다는 것이다. 소설 〈산골〉속에 등장하는 이쁜이는 삼강적 여성의 상상력을 읽어내게 하며, 일제시대 사회의 근간을 이루는 가정 지키기의 험난함을 읽어내게 한다. 이 과정은 그대로가 신화적 독서의 여정이라고 할 수 있다.

2 ___ 아름다움에 대한 양가적 의식

근대의 형성은 인간의 자의식과 미의식의 자각 사이에서 긴밀한 연관성을 가진다. 김유정의 작품에서 등장하는 전통적 이데올로기를 표상하는 삼강적 여성과는 다소 다른 여성군이 등장하는데 〈소낙비〉에 등장하는 춘호처와 같은 인물이다. 사회적 규범이 그녀에게 매우 중요하지만 변화하는 가치관을 결코 무시하지는 못하는 여성들이다. 그러나 이는 동시대 작가인 김동인의 〈광화사〉와 〈감자〉의 여주인공들인 소경처녀와 복녀와는 다소 다른 행보를 보인다. 소경처녀와 복녀는 자신의 자존에 대한 내적 인식이 이루어지는 인물들이었다. 소경처녀는 솔거와 하룻밤을 보내고 처음으로 여성이었음을 자각하였고 복녀는 왕서방에게 사랑을 받으면서 자신이 예쁜 여성이라는 자존적 인식을 했다. 그러나 그녀들은 그러한 여성의 자의식 형성을 허락받지 못하고 죽음에 이른다. 이는 삼강적 질서가 매우 지배적으로 작용하고 있는 구조이다.

근대초기 〈신여성〉과 〈부인〉등의 잡지를 통해 근대적 여성에 대한 문화적 수용이 일어나고 있었지만 김유정의 주인공들은 그러한 문화적 영향을 받지 못하는 시골 출신들이다. 이는 앞 장에서 논의한 삼강적 여성과는 좀 다른 심리적 양성성을 가진 양가적 가치체계를 가진 존재들이다. 〈소낙비〉의 주인공 춘호처는 김동인 소설 〈감자〉의 복녀처럼 자신의 아름다움이 경제적 가치로 활용될 수 있음을 자각한다. 그러나 복녀처럼 죽음을 맞이하지는 않는다. 삼강적 질서가 여전히 작품 안을 지배하고 있지만 동시에 그 세계만이 견고한 질서가 될 수 없다는 것을 보여준다. 춘호처는 자기 대신 행운을 차지한 쇠돌엄마에게 묘한 경쟁심을 가진다. 쇠돌엄마는 마을의 지주인 이주사에게 잘 보여서 팔자를 바꾼 여인네이다. 춘호처는 그녀를 부정하다고 욕하면서도 그녀가 가진 행운이 자기의 것을 빼앗긴 것처럼 느낀다.

쇠돌 엄마에게서 느끼는 이러한 심리적 양성성은 선과 악의 기로에 선 인간을 이야기한다. 심리적 양성성에 대한 논의는 종교 학자이자 철학자이며 문학자인 미르치아 엘리아데(Mircea Eliade)에게도 주된 관심사였다. 엘리아데는 심리적 양성성을 이야기하면서 메피스토펠레스에게 영혼을 판 파우스트를 이야기한다. 미르치아 엘리아데의 양성성의 개념을 두 가지로 살펴보면 심리적 양성성과 신체적 양성성으로 나뉜다. 심리적 양성성의 예를 살펴볼 때 성자와 마녀의 남매관계, 혹은 선과 악의 혈연관계 등을 생각해볼 수 있다. 예로써 이집트의 오시리스와 세트가 선과 악을 상징하는 형제로 등장하고 인도신화의 데바와 아수라 역시 천지창조 이전에는 동일한 존재였음을 들 수 있겠다. 동일한 사물이 선의 매개체가 되기도 하고 악의 매개체가 되기도 하는 것은 오래된 신화의 공식이라고 할 수 있다. 재미있는 것은 문학이 바로 악이 될 수 있다는 논의를 펼치고 있는데, 문학이란 것이 일상적인 한계를 벗어나고 법의 외부에 존재하려고 하고 기존의 규범 질서에 도전하려고 한다는 점에서 악의 파괴적인 속성과 궤를 같이한다는 논리는 공감을 얻을 만하다.

〈소낙비〉의 서술자는 공간적인 면에서 볼 때 조감자의 위치에 있다.

따라서 초점화자는 지각대상보다 높은 곳에 위치해 있음을 알 수 있다. 시간 역시 범시간적이어서 작중인물들의 과거와 현재를 모두 통관할 수 있는 외적 초점화자인 것이다. 독자는 작품 안의 상황에 처음부터 개입해서 인물들 사이에서는 알지 못하는 것을 관찰하거나 인식할 수 있다. 이것은 작품 안에 자유롭게 개입해서 인물들의 속임을 관망하는 위치에서 있기 때문인데 상호 작용성이 작용하는 것도 이 때문이다. 상호 작용성을 통해서 속고 속임을 당하는 인물들 사이에 진실과 기만이 어떻게 병행해서 드러나는지 텍스트 속의 문맥으로 꼼꼼히 따져보고자 한다. 춘호의 처가 벌이는 심리적 양가성과 속임의 언술을 살펴봄으로써 진실과 기만을 읽어낼 수 있을 것이다. 여기에는 춘호처의 용인된 속임수가 드러난다. 그런데 이 속임수는 모두 쇠돌엄마와 쇠돌엄마의 공간과 관련되는 것을 확인할 수 있다. 즉 춘호처에게 쇠돌엄마와 쇠돌엄마의 공간은 삼강적 질서와 자본적 질서가 충돌하는 공간이다. 춘호처는 죄의식을 가지고 이주사를 만나지만 그 공간에서 쇠돌엄마의 행운을 자신도 잡게 된 것에 안도하기도 한다. 〈산골〉에서 이쁜이를 좋아했던 석숭이는 자신의 신분에 자족하면서 도련님을 원망하거나 미워하지 않고 이쁜이를 제자리에 돌려오기 위해 애를 쓰는 삼강적 질서와 주종관계에 순응적인 인물이다. 그러나 〈소낙비〉의 춘호 남편은 자신의 부인에게 오히려 삼강적 질서를 깨뜨리고 돈을 벌어오도록 종용하는 아노미적 인물이다. 자신의 부인의 심리적 양가성을 더욱 부채질하면서 돈을 벌어오게 하는 인물로 부인이 이주사에게 돈을 얻어 오도록 공을 들인다. 춘호처가 이주사를 만나러 쇠돌엄마 집에 간 장면을 살펴보자.

> 「쇠돌 엄마 말인가? 왜 지금 막 니갔지. 곧 온댔으니 안방에 좀 들어가 기다렸으면……」 하고 매우 일이 딱한 듯이 어름어름한다.

「이 비에 어딜 갔어유?」

「지금 요 밖에 좀 나갔지, 그러나 곧 올 걸……」

「있는 줄 알고 왔는디……」

춘호 처는 이렇게 혼잣말로 낙심하며 섭섭한 마음으로 머뭇거리다가 그냥 돌아갈듯이 봉당 아래로 내려섰다. 이주사를 쳐다보며 물치는 제비같이 산드러지게, 「그는 요담에 오겠어유, 안녕히 계시유.」 하고 작별의 인사를 올린다.

「지금 곧 온댔는데, 좀 기다리지……」

「담에 또 오지유」

「아닐세, 좀 기다리게. 여보게, 여보게, 이봐!」

춘호 처가 간다는 바람에 이주사는 체면도 모르고 기가 올랐다.

허둥거리며 재간껏 만류하였으나 암만 해도 안 될 듯싶다. 춘호 처가 여기에 찾아 온 것도 큰 기적이려니와 뇌성벽력에 구석진 곳이것다.

이렇게 솔깃한 기회는 두 번 다시 못 볼 것이다. 그는 눈이 뒤집히어 입에 물었던 장죽을 쭉 뽑아 방안으로 치뜨리고는 계지의 허리를 다짜고짜 끌어안아서 봉다 위로 끌어올렸다.

계집은 몹시 놀라며,

「왜 이러서유, 이거 노세유.」 하고 몸을 뿌리치려고 앙탈을 한다.

「아니 잠깐만.」

이주사는 그래도 놓지 않으며 헝겁스러운 눈짓으로 계집을 달래

김유정 〈소낙비〉 중에서

우리는 서술자의 서술방식에 의해서 이미 춘호 처의 양가적 의중을 알고 있었기 때문에 이주사와의 대화에서 어렵지 않게 진술과 기만을 읽어낼 수 있다. 춘호처는 이미 쇠돌 엄마가 없다는 것을 확인하고 난 후에 물어본다. 그러나 이주사의 태도를 보고 또 한 번 확실한 거짓말을 하고 있다. 그녀의 목적이 쇠돌 엄마가 아니기 때문에 '이주사를 물차는 제비같이 산드러지게 쳐다보는' 행위를 보여준다. 돈 이 원을 위해서 이주사는 춘호처에게 확실한 목표물인 것이다. 춘호처는 작별 인사를 하는 장면에

서 매우 아쉽게 말을 하고 있다. 같은 말을 두 번이나 반복하고 있다. 즉, '담에 오지유', '그럼 요담에 오겠어유'는 '얼른 잡아 주서요'를 대신해 주는 말처럼 들린다. 이는 삼강적 질서가 더 이상 의미를 가지지 못함을 보여주는 것이다. 이러한 양가적 심리를 가진 춘호 처의 계락에 걸려든 이주사는 봉당까지 나와 그녀의 허리를 붙잡는다. 그녀는 자신의 의중이 성공을 거두었으므로 다시 한번 거절을 해 본다. 이는 표면적 삼강적 질서이자 형식적 표현에 지나지 않는다.

남편 춘호는 그의 관심이 돈 이원에 있기 때문에 어디서 되느냐 어떻게 구했느냐는 절대 물어보지 않는다. 〈소낙비〉에서 삼강적 질서를 무너뜨리게 하는 매개체로 쇠돌 엄마만큼이나 남편 춘호의 역할이 크다고 하겠다. 그는 스스로 속임을 당하고 싶은 인물이다. 따라서 춘호 처는 또다시 남편을 속이는 반삼강적 인물이다. 춘호처가 보여주는 삼강적 질서와 반삼강적 질서의 충돌과 경계에는 쇠돌엄마, 춘호, 이주사가 등장한다. 이들은 춘호처의 양가적 심리에 작용해서 아름다움에 대한 이중적 잣대를 제시해 준다. 즉 춘호처의 아름다움은 삼강적 질서에 묻혀있지는 않는다. 앞 작품 〈산골〉에서 이쁜이의 아름다움이 마을 속에서 묻혀버리는 것과는 대조적이다. 춘호처의 아름다움은 그녀를 둘러싼 세계의 변화와 함께 양가성을 가지며 등장하는 것이다.

3 ___ 아름다움과 근대적 자의식

아름다움에 대한 인식과 근대 주체의식은 근대 초기에 가장 왕성한 논의가 될 수 있을 것이다. 근대 초기에 등장하는 잡지 〈신여성〉과 〈부인〉 등을 통해 근대 여성의 아름다움과 자의식 표출의 상관성도 살펴볼 수 있을 것이다. 이 당시 문학 작품에 등장하는 여성들은 화장이라는 외적 미의 기법을 활용해 자신을 표현하는 기회를 만든다. 잡지 〈부인〉, 〈향흔〉, 〈미용강화〉, 〈미용문답〉 등을 보면 아름다움이라는 것이 단순히 표현하는 것에 그치지 않는다는 것을 알 수 있다. 여성의 아름다움에 대한 인식은 근대 시대를 읽는 문화적 지표이자 아이콘으로 작용할 수 있다. 또한 미와 추에 대한 상반된 개념 역시 당시 근대문학에 등장하는 요소이다. 김동인의 〈광화사〉와 〈감자〉 에서도 여성의 아름다움의 인식이 근대 여성의 자의식과 어느 정도 상관성을 가지고 있는지를 보여주고 있다. 이 역시 가치관과 아름다움의 관계에서 근대를 맞이하는 의미의 기호체계로 받아들여질 수 있을 것이다. 이 장에서는 김유정의 〈안해〉에 제시된 미와 추의 개념이 어떻게 자의식과 연결되는지 살펴보고자 한다. 김유정 작품 〈안해〉의 미의식과 자의식의 관계는 근대적 자의식의 원천적 상상력과 연결된다. 그렇다면, 〈안해〉의 인용부분을 따라가면서 미추의 인식과 자의식의 변화가 어떤 관련성을 가지는지 살펴보자.

> 우리 마누라는 누가 보든지 뭐 이쁘다고는 안 할 것이다. 바로 계집에 환장된 놈이 있다면 모르거니와. 나도 일상 같이 지내긴 하나 아무리 잘 고쳐 보아도 요만치도 예쁘지가 않다. 하지만 계집이 낮짝이 이뻐 말이냐. 제기랄 황소 같은 아들만 줄대 잘 빠져 놓으면 고만이지. 사실 우리 같은 놈은 늙어서 자식 가지 없다면 꼭 굶어 죽을 밖에 별 도리 없다.
>
> 〈「안해」, 『동백꽃』, 문학사상사, 1997, 89쪽.〉

> 이마가 훌떡 까지고 양미간이 벌면 소견이 탁 틔었다지 않나. 그럼 좋기는 하다마는 아기자기한 맛이 없고 이조로 둥글넓적히 내려온 하관에 멋없이 쑥 내민 것이 입이다. 두툼은 하나 건순 입술, 말 좀 하려면 그리 정하지 못한 윗니가 부질없이 뻔질 드러난다. 설혹 그렇다치고 한복판에 달린 코나 좀 똑똑

히 생겼다면 얼마큼 낫겠다.

〈「안해」, 『동백꽃』, 문학사상사, 1997, 90쪽.〉

이러던 년이 똘똘이는 내놓고는 갑자기 세도가 댕댕해졌다. 내가 들어가도 네놈 언제 봤냔 듯이 좀체 들떠보는 일 없지. 눈을 스스로 내려깔고는 잠자코 아이에게 젖만 먹이겠지. 내가 좀 아이의 머리라도 쓰담으며,

〈「안해」, 『동백꽃』, 문학사상사, 1997, 90-91쪽.〉

「들병이가 얼굴만 이뻐서 되는 게 아니라던데, 얼굴은 박색이라도 수단이 있어야지ㅡ」

「그래 너는 그거 할 수단 있겠니?」

「그럼 하면 하지 못할 게 뭐야?」

년이 이렇게 아주 번죽 좋게 장담을 하는 것이 아니냐. 들병이로 나가서 식성대로 밥 좀 한 바탕 먹어 보자는 속이겠지.

〈「안해」, 『동백꽃』, 문학사상사, 1997, 94쪽.〉

그러나 아무리 생각해 봐도 년의 낯짝만은 걱정이다. 소리는 차차 어지간히 돼 들어가는데 이놈의 얼굴이 암만 봐도 영 글렀구나. 경칠 년, 좀만 얌전히 나왔다면 이판에 돈 한몫 크게 잡는 걸. 간혹가다 제물에 화가 뻗치면 아무 소리 않고 년의 배때기를 한두어 번 안줘박을 수 없다.

〈「안해」, 『동백꽃』, 문학사상사, 1997, 96쪽.〉

진정 이뻐졌다, 하고 나서도 능청을 좀 부리면 년이 좋아서 요새 분때를 자주 밀었으니까 좀 나졌겠지, 하고 들병이는 뭐 그렇게까지 이쁘지 않아도 된다고 또 구구히 설명을 늘어 놓는다. 경을 칠 년, 계집은 얼굴 밉다는 말이 칼로 찌르는 것보다도 더 무서운 모양이다. 〈중략〉 계집이 얼굴이 이쁘면 제값 다하니까. 그렇게 생각하면 년의 낯짝 더러운 것이 나에게는 불행 중 다행이라 안 할 수 없으리라.

〈「안해」, 『동백꽃』, 문학사상사, 1997, 97쪽.〉

> 국으로 주는 밥이나 얻어먹고 몸 성히 있다가 연해 자식이나 쏟아라. 뭐 많이도 말고 굴때 같은 아들로만 한 열 다섯이면 족하지. 가만 있자, 한 놈이 일 년에 벼 열 섬씩만 번다면 열 다섯 놈이니까 일백 오십 섬. 한 섬에 더도 말고 십 원 한 장씩만 받는다면 죄다 일천 오백 원, 일천 오백 원, 사실 일천 오백 원이면 어이구 이건 참 너무 많구나. 그런줄 몰랐더니 이년이 뱃속에 일천 오백 원을 지나고 있으니까 아무렇게 따져도 나보담은 낫지 않은가.
>
> 〈「안해」, 『동백꽃』, 문학사상사, 1997, 99쪽.〉

아름다움은 매우 문화적이고 사회적이고 근대적인 개념이다. 미개하고 전통적인 사회일수록 여성의 아름다움은 과소평가되었다고 한다. 여성이 아름다운 성으로 인식되게 된 것은 역사적 흐름에 따라 형성된 현상이며 사회적 제도이다. 그것은 비교적 현대의 담론이었다. 미의 대중화가 시작된 시대에 미용은 모든 사회 계층으로 확산되었으며 여성의 자의식도 함께 발달했다. 삼강적 여성 진술에서 여성의 외모에 대한 진술은 거의 찾아볼 수 없는 담론이다. 아름다움에 대한 이야기는 문화가 발전하는 것에 따라 함께 발전해온 담론일 것이다. 김유정 작품에서는 삼강적 여성들의 모습이 보이기도 하고, 양성성을 보이는 적극적인 여성들이 존재하기도 하며, 심리적 양가성을 보여주는 존재들이 있는가 하면 아름다움을 추구하고자 하는 문화적이고 근대적인 존재들도 함께 보인다. 신동흔은 아름답고 씩씩한 자청비를 보면서 아름다움이란 문화적인 것이라고 말한다. 〈세경본풀이〉의 곡모신인 자청비는 스스로 자신의 사랑을 찾아가는 주체적 여성의 표본이기 때문이다. 그녀는 자기의 인생에서 모든 일을 스스로 자청해서 하는 여인이다. 사랑과 결혼 및 자신의 진로까지도 모두 스스로 주체적으로 자청하는 여성이다.

김유정의 〈안해〉는 보기 드물게 미추에 대한 사회문화적 인식과 근대 미의식의 담론을 보여주고 있다는 점에서 주목된다. 지금까지 김유정의 인물들을 향토적이고 해학적인 지표로 활용해왔기 때문에 상대적으로 미의식과 근대의식에 관련해서는 거의 연구된 바가 없다. 소설 〈안해〉의 주인공은 아내의 추한 모습을 기술하면서 아내가 매우 비사회적인 존재임을 기술한다. "우리 마누라는 누가 보든지 뭐 이쁘다고는 안 할 것이다. 바로 계집에 환장된 놈이 있다면 모르거니와, 나도 일상 같이 지내긴 하나 아무리 잘 고쳐 보아도 요만치도 예쁘지가 않다."라고 말한다. 계집에 환장한 사람이 아니고서야 라고 표현할 만큼 아내는 매우 추한 얼굴이다. 그녀는 남편이 말을 걸어주는 것에도 감동을 받을 만큼 스스로에 대한 자존감이 없는 인물이다. 그녀의 추한 외모는 자식 똘똘이를 나면서 사회적 존재로 점점 나아간다. 인용문에서처럼 자식 똘똘이를 나면서 그녀는 나에게 매우 당당해지기 시작하고 말도 걸지 못했던 남편에게 싫은 소리도 거뜬히 할 정도가 된다. 인간의 자존적 인식이 외면의 아름다움에 국한 하지 않는다는 자각의 시작이다.

인용에서처럼 급기야 못생긴 아내는 들병이가 될 수 있을 것이라는 황당한 자신감까지 가진다. 더 나아가 스스로 자기의 가족을 위해 경제적 활동을 할 수 있다는 생각을 하고 있는 근대적이고 사회적인 존재가 된다. 이는 자신의 미에 대한 자존감을 가지기 시작한대서 오는 현상이다. 그녀는 미의 단편적인 기능을 폄하하면서 예쁘다는 것보다는 '수단' 즉 능력이 새로운 미의 창출 기준이 될 수 있음을 주장한다. "들병이가 얼굴만 이뻐서 되는 게 아니라던데, 얼굴은 박색이라도 수단이 있어야지—"라고 말할 정도이다. 여기에서 그녀가 주장하는 '수단'이란 경제적, 근대적, 사회적 자의식과 연관된다. 그러나 남편은 "아무리 생각해 봐도 년의 낯짝만은 걱정이다."라고 서술하지만 아내는 아리랑을 배우고 글씨도 배우고 점점 사회적인 존재가 되어간다. 여기에서 노래와 글씨는 능력을 기르는 근대성을 보인다. 즉 아름다움이란 주어진 것이 아니라 스스로 능력을 만들어가는 당당한 여성임을 자각하는 것이다. 자신의 내면적 성장이 곧 아름다움으로 이어진다는 생각을 하고 있는 것이다.

아내는 급기야 "진정 이뻐졌다, 하고 나서도 능청을 좀 부리면 년이 좋아서 요새 분때를 자주 밀었으니까 좀 나졌겠지, 하고 들병이는 뭐 그렇게까지 이쁘지 않아도 된다고 또 구구히 설명을 늘어 놓는다." 아내는 분을 바르면서 미에 대한 인식을 적극적으로 바꾸어가는 근대적이고 사회적인 인물이다. 그녀는 급기야 들병이가 그렇게 예쁘지 않아도 된다는 열린 의식으로까지 진화한다. 그녀의 미의식은 작품 처음 부분과는 매우 다르다. 예쁘지 않아서 남편이 걸어주는 말에도 감동받던 소극적인 여성이 더이상 아니다. 그녀는 자신의 능력을 키우면서 자신감을 얻어가고 그것이 곧 아름다운 것이 된다는 진리를 얻게 되는 것이다, 이는 바탕이 아름다워야 진정한 아름다움이 성취된다는 공자 〈논어〉의 열린 생각을 대변해주는 것과 같다. 공자는 〈팔일〉편에서 진정한 아름다움이란 바탕이 하얗게 마련된 후에 그려지는 것이라 말한다. 이러한 아내의 미의식은 〈장자〉의 상대적 미의식과도 연관되는 것이다. 〈장자: 병무〉편에는 학의 다리가 길다고 학의 다리를 자르지 말라는 이야기가 나온다. 이는 미의 상대성을 지적하는 말이라고 볼 수 있다. 즉 아름다움이라는 것이 절대 기준이 아니라 상대적 가치의 소산임을 알게 되는 사회적 존재가 된다.

아름답지 못한 아내는 비사회적인 인물이었지만 아들을 낳으면서 자존감을 회복하고 점점 사회적 자아로 발전해 간다. 급기야 들병이로 나아가기 위해 자신의 능력을 개발하는데 적극적이고 남편에게 아리랑을 배우고 글자도 배운다. 그녀는 분을 바르면서 들병이가 반드시 아름다울 필요는 없다고 주장한다. 화장을 통한 미의 대중화가 엿보이는 서사담론이자 미의식의 확산이 자존감을 증가시키는 모습을 엿볼 수 있다. 〈안해〉에서 '나'는 삼강적 질서가 무너지고 근대적 자아로 나아가게 하는 매개체가 된다. 즉 아내의 능동적인 변화에 거부감을 드러내지는 않는다. 그러나 아내는 들병이가 되겠다고 주막에 가서 친구 뭉태에게 술을 팔고 노래를 부른다. 나는 아내의 그간의 노력이 가져온 결과에 당황하게 되고 아내를 사회적 존재로 내보내지 않기로 결단을 내린다. 결국 아내를 사회적이고 근대적인 존재로 성장하게 독려하지만 결국 그 변화된 세계를 받아들이지는 못하는 삼강적 질서의 구시대적 인물이다.

남편은 변화해 가는 아내의 모습을 보면서 아내의 가치를 다시 인식하게 된다. 나의 아내의 가치가 단순히 보여지는 외모의 '예쁘다'에 있는 것이 아니라 '자식'을 생산하는데 있다고 스스로를 자위한다. 나는 "이년이 뱃속에 일천 오백 원을 지나고 있으니까 아무렇게 따져도 나 보담은 낫지 않은가." 라고 갈무리하고 그녀에게 들병이를 못하게 하려고 한다. 그녀가 들병이를 하지 않아도 자식을 낳기만 하면 돈이 된다는 계산인 것이다. 작품 〈안해〉 초입에서 자기의 아내는 누구도 거들떠보지 않는다고 말하면서 자신이 매우 우위에 있는 것처럼 이야기하지만 작품 말미에는 능력을 얻어가면서 자신의 미의식과 자의식을 성취하는 아내를 보면서 불안한 마음을 가진다. 근대 여성의 미의식의 형성이 자의식과 어떠한 관계를 가지는지 보여주는 생각의 단초라고 할 수 있다. 근대 여성의 미의식을 보여주는 작품은 삼강적 질서 속에서 일종의 죄의식을 수반하는 경향이 강하다고 볼 수 있다. 아름다움이 자의식의 강한 표출이 되는 작품도 찾아보기 힘들다. 미인박명이나 삼강적 질서라는 유교적 이데올로기는 우리의 근대 문학에서 뿌리깊게 자리하고 있었기 때문이다.

11장

유토피아적 미의식과 샤먼적 미의식의 충돌

1 ___ 성과 속의 종교성과 결부된 미의식

김동리는 자신의 글에서 구경적(究竟的) 삶이란 우리에게 부여된 공통의 운명을 발견하고 그것을 타개하려고 노력하는 것이라고 말한다. 그에게 문학은 구경적인 삶의 형식이며 궁극적인 지향점은 천인합일(天人合一)의 종교적 도정 같은 것이다. 앞 장에서 논의한 문학적 상상력의 생성지점에서 시작한 신화적 상상력의 탐구는 서사의 틈을 채우기 위해 종교성과 여성성을 신화적으로 차용해서 활용하고 있다. 소설 〈수로부인〉과 〈원왕생가〉의 여성 주인공인 수로랑과 연하는 아름다운 원화의 현현들이다. 김동리의 여주인공은 많은 작품들에서 원화 이미지를 차용하고 있는데, 이는 꽃과 소녀와 달을 동일시하는 상상력으로 작가가 기본적으로 중요하게 생각한 문학적 화두였다. 김동리는 아름다운 것을 사랑하고 아름다운 것과 함께하고자 하며 아름다운 것 속에 깃들여 있는 신령님은 꽃과 미녀와 소년 소녀를 사랑하고 그들과 함께 하려 하였고 그들

속에 깃들여 있다고 말한다. 김동리는 화랑과 원화를 가리켜 꽃이라 불렀다.

소설 〈수로부인〉은 원전 〈수로부인〉과는 다르게 종교적인 색체가 매우 강하다. 소설로 각색되면서 수로는 무속신화에 등장하는 샤먼이나 여사제의 모습을 현현시킨다. 그녀는 자신이 사랑하는 응신랑과의 결합을 이루지 못하자 그만 3년을 앓아눕게 된다.

> 이와 같은 그들은 마지막 피리와 마지막 노래로써 이별을 짓고 말았습니다. 그리하여 그 길로 응신은 출가하여 이름을 월명이라고 고치고 말았습니다.
>
> 수로랑은 집으로 돌아오자 곧 자리에 눕고 말았습니다. 따라서 혼담은 저절로 중단이 되고 말았습지요. 조금씩 회복이 되려다가도 혼담만 대두되면 병세는 갑자기 악화되곤 하였다고 합니다. 그러니까 그 부모님도 나중에는 그녀의 혼담을 아주 단념할 수밖에 없었다고 합니다.
>
> 이렇게 수로랑은 앓으며 나으며 하며 삼 년이란 세월을 흘려 보냈습니다.

수로랑은 월명이란 이름으로 출가한 응신랑과의 이별 후 자리에 눕고 마는데, 그 이후에 혼담만 거론되면 병세가 더욱 더 약화되었다. 그렇게 삼 년을 앓고 난 후 어느 날 꿈에 죽은 부인의 청을 듣고 온 순정공의 혼인을 순순히 받아들이게 된다. 그러나 순정공과 수로의 결합은 진정한 의미에서의 결합이라고 볼 수 없다. 순정공이 수로를 생각하는 것은 여자로서 수로가 아니라 신적인 존재로서 수로를 받드는 것이다. 이는 여성이나 사랑의 감정이 제거된 의례와 숭배만이 남은 관계로 보인다.

> 그것은 그녀가 너무도 아름답고 너무도 훌륭했기 때문이기도 했겠지만 그보다도 보통 사람과는 같지 않은 것이 너무도 많았기 때문이라 합니다. 첫째 음식부터가 그랬습니다. 〈중략〉 그 제단에 한번 놓았다 물려 나온 음식 이외

> 에는 아무것도 입에 대지 않았다고 합니다. 〈중략〉 그 밖에 먹는 것이 있었습니다. 그것은 여러 가지 과실과 생수였다고 합니다. 생수는 새벽마다 남산에 가서 길어오게 하고, 그것을 한 사발씩 제단에 놓았다가 마셨다고 합니다. 〈중략〉 또한 그녀에게 있어 가장 중요한 식료가 된 것은 은행 열매였다고 합니다. 봄철에는 진달래꽃도 몹시 즐겨했다고 합니다

수로는 순정공에게 보통 사람이 아니라 가까이 다가갈 수 없는 아름다운 신적인 존재이다. 그녀는 집 안에 제단을 차려 놓고 제단에 올린 음식만 극소량씩 먹고 과실과 생수를 먹는데 생수 역시 새벽에 길러 와서 제단에 올린 후 먹는다. 석류, 은행, 진달래 등 자연의 음식만을 즐겨했다. 부인으로서 수로는 순정공과 함께 하는 것이 아니라 현실과 신적인 세계의 중간 세계의 매개자로서 순정공은 수로와 함께 하는 것이다. 그녀는 응신랑과의 진정한 신명의 결합을 위해 순정공이라는 원조자를 만나는 것으로 그려진다. 수로의 일련의 모습은 무숙신화의 샤먼과 같은 이미지이다. 그녀는 자연과 접신하기 위해 몸을 정갈하게 하고 제단에 제를 지내고 매우 신성한 음식만 먹는다. 소설 〈수로부인〉은 시적으로 응축된 이상적인 세계라고 칭해지기도 한다. 김동리의 이 작품은 낭만주의적 세계관을 바탕으로 주관과 객관이 없는 조화로운 시적 세계를 지향하고 있다고 평가된다.

어느 날 수로부인은 지나가는 견우 노옹에게 벼랑 위의 꽃을 꺾어달라고 청한다. 또한 수로는 그 노인의 소를 타고 어느 암자에 다녀오는데 그것이 바로 원전에서는 청룡에게 잡혀갔다는 설정의 숨겨진 진실의 이야기라고 말한다. 이때 수로가 소를 타고 찾아간 암자에는 월명사 즉 응신랑이 기거하고 있고 마침내 그들의 기우제는 가능해진다. 수로가 타고 간 소는 제단에 놓이는 제물이 되고 월명사의 피리소리와 수로의 가무는

가뭄을 멈추는 신화적 세계의 매개체가 된다.

수로라는 여성은 아름다운 원화의 현현이며 자연과 인간을 연결시키는 샤먼이며 더 나아가 인간의 삶에 영향을 주는 신화적 존재인 것이다. 인간 순정공은 수로에게 남성이라기보다는 신화적 세계로 들어가는 중간 원조자이며 통로일 뿐이며 진정한 신화성의 발현은 월명의 피리와 함께 했을 때에만 가능한 것이다. 소설 〈수로부인〉이 무속의 종교성을 함축하면서 여성성이 제거된 채 신화성을 발현하고 있다면, 소설 〈원왕생가〉의 연하는 관세음보살과 무량수불전의 불교적 이미지를 나타내는 종교적인 초월적 존재이다. 그녀 역시 여성성이 제거된 종교적인 신화적 존재라고 볼 수 있다. 연하는 엄장과 광덕 사이에서 삼각관계를 보여주고 있는 인물이다. 그러나 연하가 엄장을 선택하지 않고 광덕을 선택하는 이유가 매우 종교적이라는 것을 알 수 있다.

> "아, 혼인해서 부부가 될 터인데 왜 나를 믿지 못해?"
> 하고 제가 목맨 소리로 말하자 연하는 의외로 또렷한 목소리로
> "장 수좌는 글렀어."
> 하였사옵니다.
> "뭣이 어째?"
> "덕 수좌는 그렇지 않았어."
> "뭣이? 광덕이 어쨌다고?"
> "덕 소좌는 나더러 혼인하자고만 했지 옷끈을 풀라고는 하지 않았어."

여주인공 연하는 업장과 광덕 사이에서 속세의 사랑을 선택하는 것이 아니라 지극히 종교적이고 금욕적인 관점에서 배우자를 선택하고 있다. 그녀의 모습 역시 연꽃을 상징화시키고 있는데 불교에서 연꽃의 상징성이 바로 연하의 삶의 모습이라고 볼 수 있다. 한 여름 진흙바닥에서 피어

나는 하얀 연꽃은 따가운 햇볕 속에서도 굴하지 않고 진흙더미에서 찬란한 꽃을 피어내는데 이것은 속세의 더러움 속에서도 참자아를 발견하는 부처의 마음을 읽어낼 수 있게 하는 종교적 상징체이기도 하다. 즉 예토(穢土)의 세계에서 정토(淨土)의 세계를 발견하게 한다는 상상적 상징물이다. 연하는 남편 광덕과 10년 동안 잠자리를 하지 않고 수행에 정진한 종교적인 여성이다. 이는 현세적인 여성성이 제거된 채로 종교적 신화성을 나타낸다. 광덕이 죽자 엄장은 자신과 함께 살기를 청한다. 이때 엄장의 동거제안은 속세적인 것이었다. 그러나 이에 기꺼이 응한 연하는 종교적 수행자로서 엄장의 수행에 도움을 주기 위한 종교적 선택이자 종교적 세계로 안내하는 원조자이다. 그녀는 잠자리를 요구하는 엄장에게 다음과 같이 엄숙한 종교적 진술을 한다.

> "장 스님(엄장) 듣자옵소서. 덕 스님(광덕)과 이 몸이 혼인한지도 십년이 지났사옵니다. 혼인한 지 처음 몇 달이 지난 뒤 스님께서 열반하실 때까지 십 년 동안 스님께서는 아침 저녁 저와 더불어 자리를 같이 하셨사오나 한번도 저의 몸에 손을 대신 일이 없사옵니다. 〈중략〉 그때 저는 맘속으로 덕스님의 도경(道境)이 이미 높으심을 깨닫고 그를 따라가려고 저도 주야로 아미타불을 불러왔사옵니다. 지금 이 몸이 장 스님을 이곳에 머물게 한 것은 덕 스님의 뒤를 이어 정진을 쌓으시와 이 몸도 함께 덕 스님이 가신 서방 세계로 이끌어 주시올까 하였사올 뿐이지 다른 뜻이 없사옵니다."

연하는 광덕에게 종교적인 동반자였듯이 연하 역시 엄장을 종교적인 동반자로만 받아들이고 있다. 즉, 그녀가 엄장이 같이 살자고 한 것에 흔쾌히 응한 것 역시 그와 함께 정진해서 서방세계에 이르고자 하는 종교적인 열망이다. 연하에게 신화를 살아간다는 것은 일상생활의 통상적인 경험과는 달리 종교적 경험을 의미한다. 연하라는 여성은 신화 속 주인공의 모습을 나타내고 있으며 우리는 그녀와 동시대에 공유하는 신화 체험자가 된다. 따라서 그녀에게 속세의 애정은 더 이상 중요하지 않으며 현세적인 여성성은 제거된 상태이다. 이는 수로 부인이 남편 순정공에게 가지는 관계와 동일하다. 즉, 김동리에게 여성성은 종교성을 함의하면서 신화화 되며 일반적인 성적인 여성성이 배제되고 이상화되고 있다. 이는 여성의 신성화를 유도하는 종교적인 표출이면서 동시에 여성의 정조와 지조를 이상화시킨 것의 또 다른 표현이라고 볼 수 있다. 불교이든 무교이든 유교이든 김동리에게 여성의 현세적인 욕망은 제거되어야 하며, 그들은 남성의 신화 세계를 구축하기 위해 신성성의 장치에 의해 여성성이 제거되어야 한다. 무속의 샤먼을 나타내는 수로나 불교의 아미타불을 상징하는 연하에게 인간적인 사랑은 일종의 터부이다. 프로이드에 의하면 터부란 제의와 관련이 있는 일정한 대상 혹은 이것과 관련이 있는 행위에 대한 일체의 관습을 말한다. 신성한 세계의 중간 매개자인 여성들에게 인간적인 사랑은 터부일 수밖에 없는 금지된 행위이다. 반면 연하와 광덕의 결합과 수로와 월명사의 결합은 신성하게 제의화 되고 이들의 결합은 신들의 결합과 동일시된다. 엘리아데에 의하면 제의화된 결혼은 개인적 차원, 사회적 차원, 우주적 차원에서 가치를 부여 받으며 따라서 개개의 결혼은 원초적인 신성혼과 하늘과 대지의 결합을 반복한다.

2 ___ 유토피아의 세계와 연관된 미의식

김동리가 추구했던 미의식은 종교적 상상속에 재현된 성과 속의 의식속에만 존재한다. 그러나 미의식이 유토피아적인 차원으로 이어진다면 다소 몽환적인 아름다움을 제시할 수 있다. 오영수의 〈갯마을〉은 과부

해순의 삶을 보여줌으로써 유토피아적인 아름다움을 제시하고 있다. 〈갯마을〉 해순의 삶에 있어서 '바다'라는 자연 회귀적 신화와 유토피아에 대한 원망공간이다. 오영수의 문학세계를 축제화 할 때 가장 고려해야 할 상징과 기호는 어떤 것이 가능할까. 아마도 '바다'가 그 대상이 되어야 할 것이다. 바다는 그 옛날 고래를 잡았던 고대인들의 이야기가 그려져 있고, 동해용왕의 아들인 처용이 나왔던 모태적인 신화 공간이기도 하기 때문이다. 그리고 오영수의 주인공 해순이가 고향을 떠났지만 다시 찾아오게 하는 모태적인 회귀 공간이기도 하다. 오영수 문학세계와 〈고래축제〉와 〈처용문화제〉는 '바다'라는 공간의 자연 회귀적 신화공간이기 때문이다. 바르트에 의하면 신화는 메시지의 내용으로 정의되는 것이 아니라 발화되는 방식으로 정의되며, 담화가 의미 작용하는 상황에서 일어나는 하나의 가능성으로 간주되기 때문이다. 프랑스 신화학자 바르트는 신화를 해석하면서 신화는 하나의 고정된 화석으로 존재하는 것이 아니라고 했다. 즉 고래를 잡으면서 고대인들이 느꼈던 바다의 신화적인 의미와 처용을 맞이했고 두려워했던 신화적 의미와 오영수 문학 속 주인공들이 가지는 바다의 의미는 바르트의 신화의 의미로 집결된다고 할 수 있다.

오영수 문학에서 바다는 신화적 크로노토프가 될 수 있다. 오영수 문학은 신화 문학론의 가능성을 가지고 있으며 소설의 공간이 일상적인 공간과 격리될 경우 신화적 공간이 될 수 있다. 또다른 작품 〈은냇물 이야기〉 속의 은내라는 골짜기의 신화적 공간은 삶의 리듬이 가장 원초적으로 발생하는 곳이 될 수 있다. 인류학적으로 〈갯마을〉의 바다는 제의 공간으로서 과부들이 그리는 삶의 방식이 제의화되어 있음을 지적했다. 바다의 기호화 과정은 시니피앙(기표)으로서 바다와 시니피에(기의)로시의 의미화 과정에서 생성되는 의미작용들이다. 기표인 '바다'에 서정적 향수, 유토피아, 고향, 모성성, 죽음과 재생, 섹슈얼리티의 공간, 원형적 공간, 공동의 공간 등 다양한 기의가 기표 아래에서 미끄러지고 있다. 따라서 바다는 기표와 기의가 자의적이라는 소쉬르의 기호과정을 적절하게 보여주고 있는 셈이다. 여기에는 여전히 새로운 기의가 새로 생성될 수 있음을 시사한다.

오영수의 바다라는 기표 공간을 서정적 향수라는 기의로 살펴본 논의들이 많다. 서정적이란 기의적 의미에 천착한 논의들은 오영수의 바다 공간과 고향은 주인공에게 삶의 의의를 보장해주는 공간이며 인간과 자연이 융화되는 유토피아적 공간이다. 또한 바다와 고향은 일종의 모성성이 현화되는 공간이며 양수로 충만한 모태회귀적인 공간일 수 있다. 따라서 해순에게 고향의 바다란 세상의 두려움을 모두 차단하고 시간의 변화조차 감싸 안는 공간인 것이다. 고형의 바다는 바다와 죽음의 재생 공간이기도 하다. 〈갯마을〉에 묘사된 마을은 '서(西)로 멀리 기차 소리를 바람결에 들으며, 어쩌면 동해 파도가 돌각담 밑을 찰싹대는 H라는 조그만' 곳이다. 이곳에서 태어난 해순은 보재기인 엄마와 뜨내기 고기잡이인 아버지 사이에 태어난 인물이다. 일찍이 고아가 된 주인공은 그 자체로 신화의 주인공들을 닮아있고 고립되고 단절된 현대인을 연상시킨다. 우리의 민간신화 중 〈원천강본풀이〉의 오늘이라는 주인공은 일찍이 엄마와 아빠를 잃고 자신의 존재의 근원을 알고자 원천강이라는 곳을 여행하는 주인공이다. 그녀가 찾은 원천강은 근원에 대한 질문이 풀리는 곳이며 삶의 원리가 들어 있는 곳이면서 인간이 가고자 하는 유토피아 같은 곳이다. 따라서 원천강은 삶이 관장되는 것이면서 죽음을 다스리는 공간인 것이다. 해순에게서 이러한 신화의 그림자를 엿보게 된다. 그녀에게 원천강은 바로 바다인 것이다. 해순이는 신화적 탐색의 여주인공과 닮아있고, 바다는 주인공 해순과 성구에게 생명탄생과 지속의 근원적인 공간이 되는 것이다. 바다는 생명이 넘쳐흐르는 곳이며 작중인물들이 살아가는 성품을 일구는 모태적인 공간인 것이다.

왜 바다는 고대의 고래를 잡은 사람들에게도 처용을 맞이했던 사람들에게도 그리고 오영수 문학을 감상하는 현대인들에게도 향수로 존재하는 것일까. 현대인들이 바다라는 기표에 가지는 기의는 그 옛날 사람들이 가졌던 기의와 어떤 부분에서 상동성을 가지고 있다. 바다는 삶의 도피처가 아니며 삶을 다시 생각하게 하는 기능을 하기 때문일 것이다. 변함없이 사람들은 새로운 출발의 매개체로써 바다를 보고자 한다. 바다 위로 떠오르는 해를 보러 떠나는 입사식들은 바다의 생명력 때문일 것이다. 상처 입은 존재들이 치유할 수 있는 곳으로 바다의 의미는 여전히 신화적이다. 오영수의 '향수'는 단순히 고향의 자연을 그리워하는 것이 아니라, 상처 입은 존재를 치유해 줄 수 있는 그 어떤 본질적인 힘이다. 현대인들에게 오영수의 〈갯마을〉의 바다가 가지는 의미는 고대인들이 가지는 바다의 의미와 동일했을 것이다. 바다는 고래를 잡기 위해 떠난 사람들을 기다리는 희망의 공간이면서 자신들의 삶을 유지시켜주는 정신적 유토피아였을 것이다. 또한 바다는 축사의 상징이 된 처용을 기억하는 공간이기 때문에 삶의 희망과 원망을 담아내는 상징이었을 것이다. 바다 용왕의 아들인 처용이 자신들의 삶의 액운을 무찔러주는 상징이 되었던 것과 같은 이치이다.

장 보드리야르는 가상과 상상이 현실의 이미지를 대체하고 있다고 말한다. '메밀꽃 필무렵'의 이야기는 축제 공간에서 해마다 발생하는 사건이 되는 듯하다. 허생원과 메밀의 이야기는 그러한 가상의 공간 재현으로 생명력을 얻고 있다. 오영수의 갯마을은 순수한 공간으로서 사회적 공간이자 섹슈얼리티의 공간임을 지적하고 있다. 여기에서 사회성이 강조되는 바다의 의미는 바로 〈고래축제〉의 고대인들의 공동체적인 바다를 연상시킨다. 갯마을은 삶에 배반당한 과부들이 바다를 의지해 살아가는 치유의 공간이다. 해순이가 육지로 나가 살면서 느낀 삶의 상처를 바로 바다와 이웃들에게서 치유됨을 볼 수 있다. 오영수 문학에 나타난 바다의 공간에는 사람이 함께 살아가고 있음을 알 수 있다. 오영수의 문학세계가 축제의 의미와 함께 이어질 수 있는 부분이다.

3 ___ 꿈의 표상으로서 아내의 아름다움과 신화화

서정주는 아름다움이라는 의미를 살피기 위해 고전 〈삼국유사〉 속의 인물을 다시 그려낸다. 우리는 시인 서정주가 〈삼국유사〉 속 유명한 두 미인을 어떻게 그려내고 있는지 유심히 살펴볼 수 있다. 김동리가 수로부인을 종교적인 인물로 현현시켜 미화하고 있다면, 서정주는 지극히 현

고창 미당 서정주 문학관

세적인 시선으로 수로부인을 불러들이고 있다. 현실의 시인의 눈에 비친 고대 신화 속 미인의 역할과 기능은 무엇이었을까. 수로부인은 그 아름다움 때문에 바다용한테 잡혀가는 요란한 소동을 피웠는가하면 지나가던 노인에게 벼랑위의 꽃을 꺾게하는 불경함을 저질렀음에도 무사통과된 여성이다. 처용부인 역시 그 아름다움이 역신을 불러들일 만큼 유명한 여인이었고, 남편 처용은 역신을 물리치기 위해 칼을 빼는 것 대신 춤을 추었다. 우리는 서정주 시인이 현실과의 연계성 속에서 욕망의 대상이 된 여성을 다루려고 한다는 점을 눈여겨 볼 수 있다. 이는 현대 다변화 시대의 여성의 사회적 지위변화와 다양한 욕망을 투사해서 보는 과정이라고 할 수 있다.

'수로부인'과 '처용부인'의 아름다움을 다룬 두 작품 중 먼저 '수로부인'을 다루었던 현대 연극과 뮤지컬의 상상력을 서정주의 시세계와 연관시켜서 살펴보도록 하자. 연극 〈꽃이다〉는 수로부인을 다루고 있는데, 작가는 수로부인과 대립각을 세우는 중요 여성 인물로 검네라는 인물을 그려낸다. 검네는 민중들의 괴로움과 반항을 대변하는 샤먼의 역할을 수행하고 수로부인은 순정공의 권력을 대변하는 인물로 등장한다. 검네는 친딸을 제물로 바쳐서라도 민중들의 삶을 구하고자 하는 인물로 수로부인과 대립각을 세운다. 한편, 뮤지컬 〈수로부인〉의 근간이 되는 상상력은 소통과 화합의 매개체로써 '수로부인'을 그려내는 것이다. 수로부인을 되찾기 위해 민중의 힘이 모여지는 것과 수로부인을 권력의 한 정점으로 보는 상상력들은 현실에서 여론의 힘을 전경화 시키고 상징화하는 과정이라고 볼 수 있다.

이는 소포클레스의 비극 〈안티고네〉가 2000년이 넘도록 재해석되는 힘과도 연결된다. 국가권력의 대변인인 왕 크레온과 개인의 인권과 신권을 주창하는 안티고네의 갈등은 그대로가 현대를 살아가는 사람들이 가지는 갈등과 불행의 원형이 될 수 있다. 주디스 버틀러는 소포클레스의 비극 〈안티고네〉를 비평하면서 사적 의미를 넘어서는 안티고네의 젠더의 특징에 주목한 바 있다. 안티고네는 규율 담론이 애초에 배재했던 이성애 안의 동성애를, 여성성 안의 남성성을, 딸의 내부 안에 있는 어머니를, 오빠 안에 있는 아버지를 환기시키고 문제 삼는 비우울증 주체로서, 자신의 치명적인 발화 행위가 만든 새로운 미래의 가능성을 여는 젠더의 주체가 된다고 보았다.

미당 서정주는 〈수로부인〉에 대해서 "수로부인(水路夫人)은 얼마나 이뻤는가?"라는 제목으로 상상력을 펴기 시작한다. 먼저 시의 내용을 살펴보고 시인이 생각하는 미의식을 찬찬히 따라가 보도록 하자.

1〉 水路夫人은 얼마나 이뻤는가?

그네가 봄날에 나그네길을 가고 있노라면,
天地의 수컷들을 모조리 惱殺하는
그 美의 瑞氣는
하늘 한복판 깊숙이까지 뻗쳐,
거기서 노는 젊은 神仙들은 물론,
솔 그늘에 바둑 두던 늙은 神仙까지가
그 引力에 끌려 땅 위로 불거져 나와
끌고 온 검은 소니 뭐니
다 어디다 놓아 두어 버리고
철쭉꽃이나 한 가지 꺾어 들고 덤비며
청을 다해 노래 노래 부르고 있었네.
또 그네가 만일
바닷가의 어느 亭子에서
도시락이나 먹고 앉었을라치면,

쇠붙이를 빨아들이는 磁石같은 그 美의 引力은
千(천) 길 바다 속까지 뚫고 가 뻗쳐,
징글 징글한 龍王이란 놈까지가
큰 쇠기둥 끌려 나오듯

海面으로 이끌려 나와
이판사판 그네를 둘쳐업고
물 속으로 깊이 깊이 깊이
잠겨 버리기라도 해야만 했었네.

그리하여
그네를 잃은 모든 山野의 男丁네들은
저마다 큰 몽둥이를 하나씩 들고 나와서
바다에 잠긴 그 아름다움 기어코 다시 뺏어 내려고
海岸線이란 海岸線은 모조리 모조리 亂打해 대며
갖은 暴力의 데모를 다 벌이고 있었네.

『三國遺事』第二卷,「水路夫人」條.

미당 서정주에게 〈수로부인〉은 "천지의 수컷들을 모두 뇌살하는" 팜므파탈적인 치명적 미의 소유자인 인물이다. 그 미는 인간뿐만이 아니라 신선까지 감동시키는 미이다. 심지어 징글징글한 용왕까지 유혹하는 치명적인 미이다. 수로를 잃은 모든 남정네들은 몽둥이를 들고 나와 해안성에서 데모를 한다는 것이다. 그런데 재미있는 것은 미당이 바라보는 수로부인은 하나가 아니라는 점이다. "그네를 잃은 모든 야산(山野)의 남정(男丁)네들"이라는 표현을 볼 때 그네는 단 하나의 사람이 아니다. 바다에 잠긴 아름다움을 되찾기 위해 해안선을 모조리 난타하면서 데모를 벌인다는 것이다. 그렇다면 수로부인은 인간의 소중한 소망이 될 수도 있고 가장 아름다운 꿈일 수도 있고 가장 사랑하는 사람일 수도 있다.

〈삼국유사〉의 '수로부인'은 시인에게 와서는 희망을 가지고 바닷가에서 무엇인가를 그리워하는 많은 사람들의 원형적 노스텔지어처럼 보인다. 시원의 세계를 향해 시인이 가지는 원형 회귀적인 욕망을 유표화시키는 행위가 바로 남정네들의 해안선 두드리기이다. 그렇다면 처용부인의 아름다움은 어떻게 보여지고 있는가.

2) 處容訓

달빛은
꽃가지가 휘이게 밝고
어쩌고 하여
여편네가 샛서방을 안고 누은게 보인다고서
칼질은 하여서 무얼 하노?
告訴(고소)는 하여서 무엇에 쓰노?
두 눈 지긋이 감고
핑동그르르……한 바퀴 맴돌며 마후래기 춤이나 추어보는 것이라.
피식! 그렇게 한바탕 웃으며
「雜神(잡신)아! 雜神(잡신)아!
萬年(만년) 묵은 이 이무기 지독스런 雜神(잡신)아!
어느 구렁에 가 혼자 자빠졌지 못하고
또 살아서 질척 질척 지르르척
우리집까정 빼지 않고 찾아 들어왔느냐?」
위로엣말씀이라도 한 마디 없어 주는 것이라.
이것이 그래도 그 중 나은 것이라.

『三國遺事』第二卷, 「處容郎, 望海寺」條.

서정주는 아름다운 처용의 부인을 탐하는 역신을 잡신으로 보았다. 잡신을 무찌르기 위해 칼질과 고소는 무익한 몸짓일 뿐이다. 가장 강력한 무기는 잡신을 향해 한바탕 웃으며 춤을 추는 것이다. 마치 이 시는 굿판 한 장면을 보여주는 것처럼 선명한 이비지를 보여준다. 아름다움 처용의 부인은 인간이라기보다는 한 떨기 꽃이고 꿈이고 소망이다. 그러한 인간의 간절한 소망을 자꾸 훼방놓는 잡신은 신의 몸짓을 흉내내는 처용무가 유일한 해결책이다. 수로부인을 찾기 위해 땅을 두드리는 뭇 남정네들이나 처용의 춤은 동일한 의미를 가진다. 인간이 가장 지키고 싶은 꿈과 소망이 바로 수로부인과 처용부인이라는 상징체로 그려지고 있는 셈이다. 어찌보면, 서정주에게 수로부인과 처용부인은 그가 전달하고 싶은 미의식의 실체일 것이다.

12장

존재론적 자의식과 미의식의 상관섬

1 ___ 미의식에 대한 성과 속의 딜레마

우리문화 안에서 오랫동안 아름다운 여성은 성녀이거나 탕녀여야만 하는 극단적인 이분화의 딜레마의 시소를 타고 온 셈이다. 아름다움은 선과 악이라는 관념을 동반하는 개념으로 인식되어 오곤 했다. 마치 메두사의 얼굴과 세이렌의 목소리처럼 남성들은 여성의 치명적인 아름다움을 남성의 질서를 유지하기 위하여 활용하기도 하고 강제로 아름다움을 타살시키기도 하면서 마치 널뛰기 놀이를 하듯이 정치적으로 이용해 왔었다. 박경리 〈성녀와 마녀〉는 그러한 문화적 잔상을 잘 보여주고 있다. 우리는 박경리라는 작가가 소설 〈성녀와 마녀〉에서 여주인공 형숙을 마치 신화속의 팜므파탈의 화신으로 그려놓고 있는 것에 유념할 필요가 있다. 대작인 대하역사소설 〈토지〉를 통해 남성적 글쓰기와 여성적 글쓰기의 경계를 무화시킨 박경리는 주인공 형숙의 눈을 메두사의 눈처럼 무서운 아름다움으로 묘사하고 있다. "심연과 같이 신비스런 그 속에 무엇

원주 박경리 문학관

이 있는지 알 수 없다고 수영은 생각한다. 그러나 한번 쳐다보기만 하면 그 눈은 누구나 평생토록 잊을 수 없는 그런 무서운 아름다움을 지니고 있었다."라는 서술에서 우리는 작가가 보여주는 미의식의 단면을 살펴 볼 수 있다. 또는 마치 뱃사람들을 반드시 죽음으로 몰고 갔던 세이렌처럼 "그 계집은 어떤 사내고 간에 망쳐놓고야 마는 이상한 습벽이 있었다."라고 묘사하기도 한다.

박경리의 아름다움에 대한 논의는 성과 사랑에 담긴 뮈토스를 감추고 있음을 확인해 볼 수 있다. 박경리가 그리는 여성들은 산업화 과정에서 나타나는 평범한 여자들의 모습이기도 하지만 그 내면의 움직임에는 여성의 미의식과 자존이라 뮈토스의 원리가 읽혀진다. 1920년대 식민지 근대화 시대에 김동인이 자주 활용한 타살을 통한 여성 배제의 논리는 산업화 시대인 1960년대 박경리의 작품세계에서도 조금 모양을 바꾼 채 반복되고 있다. 김동인의 여성 주인공들은 주로 성스럽지 못하기 때문에 죽음을 맞이하게 된다. 〈광화사〉의 소경처녀는 하룻밤 사이의 사랑을 경험하고 나서 성녀의 눈빛에서 탕녀의 눈빛으로 변하게 된다. 그녀는 솔거라는 화가가 그토록 그리고 싶었던 용궁의 환상적인 장면을 더 이상 상상하지 못하고 인간의 속된 욕망을 가지는 눈으로 변한 것이다.

박경리의 〈성녀와 마녀〉에서 남자 주인공 수영은 형숙을 지독하게 사랑한다. 수영의 아버지는 형숙의 어머니인 국주를 지독하게 사랑했던 남성이었다. 그는 형숙 엄마의 아름다움으로 인해 철저하게 망가진 자신을 반성하면서 아들 수영이 자신의 운명을 따라가지 않기를 바라는 인물이다. 형숙과 수영의 관계를 인정하고 싶지 않는 아버지의 논리적 근거는 형숙의 어머니가 자신이 사랑했던 탕녀였기 때문이다. 그것도 자기 자신을 파멸에 이르게 한 장본인이기 때문에 그녀의 딸 역시 나쁜 피를 가지고 있다는 주장이다. 수영은 아버지의 이러한 성녀와 탕녀 담론에서 자유롭지 못하고 그때부터 형숙을 탕녀와 성녀 사이의 가치에서 평가하기 시작한다. 형숙 역시 수영 아버지의 이러한 이야기를 우연히 듣고 수영을 떠나기로 결심한다. 수영은 사랑하는 탕녀인 형숙과 사랑하지 않는 성녀인 하란이라는 여성 사이에서 고뇌하는 인간이다. 사랑이라는 고귀한 이름은 탕녀라는 속의 개념과 점철되고 사랑하지 않는 여인의 무덤덤함은 성녀라는 개념과 관련된다. 이재선의 용어로 보자면 형숙은 분명 악마적 유혹녀이다. 〈처용가〉의 처용부인, 〈배비장전〉의 애랑, 〈이춘풍전〉의 추월 등의 인물처럼 뱀과 영웅의 변신 상으로서 남자를 파멸시키는 요부인 것이다.

형숙은 자신의 출생비밀을 듣고 수영과 헤어져 스스로의 존엄을 지키고자 노력한다는 점에서 김동인의 무기력한 타살된 요부형 인물들과는 확연한 변별점을 가지고는 있다. 평론가 류보선은 이러한 박경리 여주인공들을 "남성에 대한 지배욕"이 아닌 "다만 눌리지 않으려는 마음"으로 현실에 저항하는 것이라 주장하였다. 박경리라는 작가는 탕녀에게 인간의 자존을 불어넣음으로써 새로운 요부형을 만들어 가고자 함이다. 이 새로운 자존적인 요부형 역시 산업화 시대의 여성 배제의 성의 정치학적 개념으로 읽힐 수 있다는 점이 흥미롭다.

수영이 형숙을 탕녀라고 생각하는 논리적 근거는 오로지 아버지의 말에 의존하고 있다는 모순점이 보이고, 수영을 일편단심 좋아하는 하란을 성녀로 인식하는 것 역시 아버지의 말에 따른 것이라는 점이 아름다움의 타율적 인식이다. 비주체적 남성인 가부장제의 남성 주인공 수영은 결국 자신이 원하지도 않고 사랑하지도 않는 여성인 하란과 결혼한다. 이는 성의 정치학적 측면으로 보자면 하란과의 결혼은 기존의 남성 가부장제 질서를 유지하기 위한 안전한 제도적 선택임을 알 수 있다. 그 안에 있는 하란이라는 여성은 내부 식민지화를 겪고 있는 인물이다. 자신의 욕망은 거부된 채 기존 질서를 위해 자신의 아름다움을 맞추어 나간다. 하지만 여기에서 선택된 하란 역시 기존의 여성 신화에서 보이는 순종적인 여성을 보여주는 것만은 아니다. 하란은 가부장제의 질서 안에 영입된 타자이지만 스스로의 존엄과 자존에 대해 고뇌하는 탈신화적 존재임을 알 수 있다.

박경리는 사랑받는 탕녀 형숙과 사랑받지 못하는 성녀 하란을 등장시키면서 기존의 여성의 아름다움의 고정적인 구도를 어느 정도 깨려고 했던 것 같다. 즉 인간의 자존이라는 측면을 여성 주인공들에게 부여함으로써 여성이 철저히 타자화 되었던 신화적 구도를 어느 정도 벗어나고자 탈신화적 존재임을 볼 수 있다. 아름다움의 탈신화적 기법이라고 해도 될 수 있을 것이다. 형숙의 자존적 저항은 초기 소설 〈불신 시대〉, 〈암흑 시대〉, 〈전도〉 등에서 보이는 허위적 세계와 속물적 세계에 대한 거부의 연장이라고 볼 수 있으며 자기 스스로가 자신을 지키는 존엄성의 일환이다. 또한 하란 역시 수영이라는 남자 주인공에게서 사랑을 받지 못하지만 순수하고 고결한 이성적 사랑을 추구하는 낭만적 세계의 발현으로 읽힌다. 이는 김동인의 여성 주인공들이 일방적으로 남성에 의해서 선택되고 남성에 의해서 운명이 결정되었던 것과는 확연히 다른 아름다움의 양상을 보인다.

박경리의 〈성녀와 마녀〉의 여성들은 단순히 연애소설의 주인공들로 치부되는 것 이상의 의미를 가진다. 즉 당시 여성의 사회등장에 대한 거부감이나 여성에 대한 형이하학적인 평가의 서사 전략을 통해서 드러내고자 한 것은 여성의 거부할 수 없는 자존적 아름다움이었다. 이상신의 지적처럼 "사회적으로 수용되기 어려운 심층적 의미 차원을 은폐하거나 모호하게 얼버무려 놓은 작품"이라고 평가할 수 있다. 단순히 여성의 아름다움을 대중적으로 활용한 것이 아니라 여성의 자존을 그려내는 방법으로 정치화하고 있는 것이다.

그렇다면 아름다움은 선한 것일까. 악한 것일까. 동일한 사물이 선의 매개체가 되기도 하고 악의 매개체가 되기도 하는 것은 오래된 신화의 사유의 공식이라고 할 수 있다. 재미있는 것은 문학이 바로 악이 될 수 있다는 논의를 펼치고 있는데, 문학이란 것이 일상적인 한계를 벗어나고 법의 외부에 존재하려고 하고 기존의 규범 질서에 도전하려고 한다는 점에서 악의 파괴적인 속성과 궤를 같이한다는 논리는 공감을 얻을 만하다. 그러한 맥락 하에서 예술의 미를 추구하기 위해 작품 안에서 살인을 주저하지 않는 김동인은 악의 미학을 추구한 작가라고 정의할 수 있다.

박경리의 대표 작품인 〈김약국의 딸들〉은 일종의 결핍을 채워가는 다양한 여성들의 모습을 보여준다. 김만수에 의하면 결핍을 채우는 방식이 때로는 재물을 모으는 것으로 발현되기도 하고, 직장생활이나 이성적인 생활로 해결하려고 하기도 하고, 때로는 정사에 몰두함으로써 해결하려고 하며, 종교에 귀의하는 것으로 채워지기도 한다고 말한다. 이러한 면면을 보고 박경리 문학이 인간 삶의 배경인 역사와 사회현실 또는 양자의 상호관련에 관심을 가지기 보다는 그것들을 초월해서 인간의 본성을 연구하고자 한다고 평하기도 한다.

박경리의 〈성녀와 마녀〉의 두 주축인 여주인공은 성녀로 대변되는 하란과 탕녀 혹은 마녀로 지칭되는 형숙으로 나뉜다. 이들은 마치 선과 악을 보여주는 차별화된 가치개념을 보여주는 것 같지만 어쩌면 야누스처럼 동일한 몸체를 가진 존재들이다. 작품 〈성녀와 마녀〉 끝에서 우리는 형숙과 하란을 분류하는데 어려움에 느끼게 된다. 궁극적으로 이들을 선과 악의 개념으로 나누는 것이 불가능해진다. 즉 인간의 존엄과 자존을 가진 여성이 자신의 의지와는 상관없이 가부장제의 이데올로기에 의해 희생당하는 구조이다. 그의 작품 〈김약국의 딸들〉에서도 가부장제에 희생된 여성을 보여줌으로써 그러한 인간의 존엄을 보여준다. 특히 숙정은 자신의 결백을 증명하기 위하여 비상을 먹고 자결하는 인물이다. 이는 여성에게만 강요된 정절에 대한 이데올로기에 반항하는 자존적 행위인 것이다. 죽음으로써 자신의 존엄을 알리는 숙정처럼 〈성녀와 마녀〉의 형숙 역시 자신의 존엄과 관련 없는 사회적 편견에 저항하다가 결국 자신의 사랑을 입증하듯이 수영 대신 총을 맞고 죽는다. 그에 반해 수영이 형숙에 대해서 고뇌하는 이야기는 깊은 사회적 고정관념에서 벗어나지 못하고 있다.

박경리는 성녀와 탕녀의 고정적 이데올로기에 의해 자신이 사랑하는 여성의 진정한 아름다움의 실체조차 바라보지 못하는 남성 주인공을 비난하면서 동시에 편파적인 사회적 편견과 제도를 꼬집고 있다. 그러나 여성들은 여성이 처한 현실을 어떤 의미로든 간에 극복해 나가는 긍정적인 모습을 보인다. 즉 성녀와 마녀의 개념을 넘어서는 양성성의 인물이 등장하는데, 이러한 과정에서 형숙처럼 의지적이고 지적인 여성이 탄생되는가 하면, 하란처럼 순수하고 낭만적인 여성이 등장한다는 것이다. 이들은 선과 악의 개념인 성녀와 탕녀의 의미 기호작용을 넘어서는 새로운 양성성의 아름다움이라는 의미개념을 낳는다. 형숙은 자신에게 주어진 나쁜 피와 탕녀라는 이데올로기에 맞서서 사회적으로 성공을 이루고 탕녀의 피를 가졌다는 사회적 편견에 맞서서 스스로가 사랑하는 남자를 떠난다. 하지만 그녀는 그를 위해 죽음을 불사하는 인물이다. 하란 역시 자신을 사랑하지 않는 남자를 위해 마치 성녀처럼 결혼하지만 궁극적으로 자신을 사랑하는 사람을 위해 마음을 여는 새로운 인물형이다. 이는 박경리가 인간의 자존적 아름다움을 중시하는 여성성에 부여한 양성성의 요소이다. 즉 선과 악을 초월한 여성 인물군의 탄생인 셈이다. 가부장제 사회의 중심으로 나아가 여성이면서 의지의 주체자인 남성적 인물이 탄생되는 것이며 성녀와 탕녀의 이분법을 넘어서는 양성성의 아름다운 인간이 등장하는 것이다. 이는 실존적 자존을 지키고자 하는 박경리 소설의 여성 주인공들의 낭만적 의지이자 인간의 삶에 대한 긍정이다.

2 ___ 비장미와 숭고미를 머금은 소외된 미의식

아름다운 여성이 더 이상 주인공이 되지 않는 세상에 살고 있다. 세계적으로 인기를 끌었던 〈슈렉〉시리즈에서 피오나의 등장은 미의 중심과 주변을 다시 재설정하는 문화적 기점이 된다. 우리의 소설 속에도 더 이상 아름다운 여성이 등장하지 않는 경우도 있다. 바로 김훈 작가의 소설이 그러하다. 소설가 김훈의 담론은 특별한 주인공이 없다는 일반적 특징을 가지거나 혹여 특정 주인공이 있더라도 기존의 주인공의 개념을 깨고 다소 주목받지 못하는 인물들에게 관심이 집중된다는 특징을 가진다. 그가 보여주는 죽음과 나라와 인생과 같은 거대담론에는 비장미와 숭고미는 거세되어 보이고 그 반대편에 서 있는 약자들의 삶에 비장미와 숭고미가 드러난다는 특징이 보인다. 또한 사랑이라는 숭고한 감정 역시 지극히 사소하게 스쳐지나가는 담론으로 등장한다. 따라서 여성 주인공의 역할 역시 그다지 부각되지 못하고 있는 형국이다. 여성들은 전면에 거론되지 못하고 있다. 김훈 소설에 등장하는 여성들을 박제된 아름다움이라고 부를 수 있을 것이다.

소설 〈남한산성〉은 첫 장부터 임금의 거대 담론과 민초의 사소한 담론 사이를 오가며 팽팽한 긴장감을 유발한다. 독자는 만만찮게 시작되는 서두를 만나게 된다. “임금의 몸이 치욕을 감당하는 날에, 신하는 임금을 막아선 채 죽고 임금은 종묘의 위패를 끌어안고 죽어도, 들에는 백성들이 살아남아서 사직을 회복할 것이라는 말은 크고 높았다.” 라고 이야기의 빗장을 연다. 결국 역사는 누구에 의해서 진행되는가에 대한 작가 특유의 질문방식인 것 같다. 김훈의 문체는 거대 담론이나 사소한 담론이나 지극히 객관적인 태도를 유지함으로써 오히려 더 비판적인 효과를 거둔다. 즉 철저히 보여주기만 하고 작가의 평을 최대한 자제함으로써 부당한 현실을 독자가 직접 살피고 느끼게 하는 서술 전략을 구사하는 것이다. 거대 담론이 임금과 권력층의 서술 층위였다면 그와는 반대편에서 있는 뱃사공, 서날쇠, 정명수, 나루는 시대적 사명과는 다른 철저히 살아야하는 일만이 최대의 임무가 되어버린 사소한 담론에 속하는 범박한 인물들이다. 누가 더 숭고한 삶을 살고 있는가를 담담하게 보여준다. 즉 이들의 생존 방법과 철학을 최대한 객관적으로 보여줌으로써 작가는 이들 안에 많은 현대인들의 다양한 모습을 담아내는 데 성공한 듯하다.

〈남한산성〉에서 뱃사공은 양반 김상헌의 거대 담론과 상충되는 측면으로 다루었다. 대장장이 서날쇠를 그리는 작가의 묘사는 객관적인 것 같지만 소설 속의 긍정적인 프로타고니스트의 지위를 부여하는 데 부족함이 없다. 서날쇠는 성안의 사람들이 무력함에 지쳐갈 때조차도 미래를 위한 준비를 게을리 하지 않는 숭고한 아름다움을 가진 인물이다. 쇠를 녹이고 두드려서 농장기와 병장기를 만들고, 목수의 연장도 거뜬히 만들어 낸다. 성 안에 임금이 들어온 이상 청병이 올 것이라 생각한 그는 아내와 아이들을 성 밖으로 내보내고 성안에 들어오는 행렬을 지켜보며 “저것들이 겉보리 한 섬 지니지 않았구나.” 라고 탄식한다. 그는 다음 해 농사를 위해 똥독을 땅에 파묻기까지 한다. 그는 김상헌에 의해 죽어간 뱃사공의 딸 나루를 거두어 돌본다. 서날쇠는 나루에게 곡식과 솜옷을 바꾸어 입히고, 닭털을 넣은 짚신까지 깔아 줄 정도로 삶을 사랑하는 인물이다.

“김상헌은 서날쇠에게 일과 사물이 깃든 살아 있는 몸을 보는 듯했다.” 라는 진술을 통해 볼 때 우리는 역사란 임금이나 고위양반에 의해서 지속되어 왔던 것이 아니라 민초들의 땀방울이 끈질기게 끌어왔던 숭고미와 비장미의 결과물임을 알게 된다. 김상헌은 서날쇠의 똥독 물들을 보면서 다시 열리고 꽃잎이 날리는 봄의 환영을 상상하며 “봄이 오지 않겠느냐. 봄은 저절로 온다.” 라고 말한다. 임금과 대신들은 척화냐 주화냐의 대의명분만 내세울 때, 서날쇠로 대변되는 가난한 민중은 봄을 준비하고 봄을 열기 위해 현실 속에서 움직이는 표면적으로 숭고하지 않지만 진정으로 숭고한 내면을 가진 사람들이다. 김상헌의 부탁으로 성 밖에 나가 원군을 부르는 일을 감당하지만 그는 민족이나 국가를 위해서보다는 조정이 나가야 성 안이 온전할 수 있고, 또다시 농사를 지을 수 있고, 그래서 궁극적으로 자식과 부인을 데려올 수 있는 것이다. 김상헌은 성 밖으로 나가는 서날쇠를 보며 “목젖이 뜨거워졌다.” 김상헌에게 서날쇠는 살아서 날아갈 수 있고 자유롭게 돌아올 수 있는 자유로운 영혼의 새처럼 보인 것이다. 조정이 성 안에서 비켜줘야 서날쇠와 같은 민중은 살 수 있는 것이다. 역사의 신화는 무수한 서날쇠들이 견뎌주었기에 그 유구한 강물을 타고 흘러올 수 있었던 것이다.

정명수는 표면적으로 청병의 동역관이 된 평안도 은산 관아의 세습노비이다. 무너지는 제국과 새롭게 다시 서는 제국 사이에서 누구의 땅도 아닌 곳의 백성이 아비와 어미의 부당한 삶과 죽음을 목격하고 얼어 죽은 아홉 살 된 누이를 보았다. 정명수가 살 수 있는 방법은 태어난 나라를 버리는 것이었다. 그는 조선을 치러오는 용골대의 통역관으로 살 수밖에 없는 것이다. 정명수를 그리는 작가의 시선은 매우 절제되어 있지만 "어미를 묻고, 어미의 밑에서 나온 어린 누이를 묻을 때 정명수는 이제 죽지 말아야 한다며 이를 악물었다."고 담담히 기술함으로써 결국 정명수의 선택이 민중의 숭고한 생존의식 자체임을 보여주고자 하였다. 많은 서사들에서 중심의 영웅을 위해 소소한 개인의 담론은 거대 담론 속에 묻혀 버리곤 했다. 그러나 김훈 소설 〈남한산성〉에서는 임금을 위시한 중심의 담론은 부유하고 표류하고 있었고 민초들의 담론은 생명을 얻어 그 존재 의미를 생생하게 보여주고 있다.

〈남한산성〉속에서 '나루'는 죽는 이유조차 인식하지 못한 채 죽어간 뱃사공의 딸로서 아비를 찾아 남한산성에 들어온 여자아이이다. 송파나루에서 적진 사이로 길을 뚫고 온 아이에게 성 안의 사람들은 "신령이 가호하는 아이" 라고 하였다. 나루의 모습은 원형적 상상력을 자아낸다. 우리의 민간 신화에 등장하는 여자아이들의 모습이 나루의 이미지 위에 겹쳐 보인다. 〈바리데기〉의 '바리'는 자기를 버린 아비의 약을 구하기 위해 저승길에 오르고, 〈세경본풀이〉의 '자청비'는 자신의 사랑을 위해 길을 떠나고, 〈원천강 본풀이〉의 '오늘이'는 세상만사의 수수께끼를 짊어진 채 사계절의 원천이 있는 땅까지 여행을 한다. 소녀들은 세상이 감당할 수 없는 것을 기꺼이 자신의 운명으로 받아들여 길을 찾는다. 아무도 적진을 통과할 수 없었지만 나루는 아비를 찾기 위해 적진을 지나온다. 아이러니하게도 민족의 존폐를 논하는 자리에 여자아이의 끈질긴 생명력이 그 무엇보다도 더 강한 의미로 읽혀진다. 서날쇠와 나루처럼 역사는 숭고하고 비장한 민중에 의해 다음 봄을 맞이할 수 있었던 것이다.

남한산성을 떠나는 왕과 신하들의 거대 담론 향유자들의 뒷모습은 초라하고 비루하기 그지없다. 성을 나가면서 그들은 자존감을 상실하고 마는 일종의 제의적 죽음을 치른 것이다. 반면에 남한산성으로 하나 둘씩 돌아오는 민초들의 삶은 모두 숭고하고 비장하며 활기에 차 있다. 거대 담론을 향유하는 왕의 대열이 들어오면서 급격하게 피폐화되었던 성은 왕의 행렬이 빠져 나가면서 다시 생명력을 되찾고 있는 것이다. 백성을 구휼한다는 상징적 의미인 왕이 백성에게는 과연 어떤 의미인가. 위정자들이 대의명분으로 걸어 놓았던 민중을 위하는 제도와 법률이 과연 누구의 안녕을 위하는 것인가. 여러 가지 생각들을 겹치게 함으로써 소설 〈남한산성〉은 전도된 숭고미와 비장미를 보여줌으로써 현실과 교호하는 상호텍스트성을 보인다.

소설 〈흑산〉에서도 〈남한산성〉의 주인공들처럼 주인공이 아니면서 진정한 주인공인 사람들이 무수히 등장하는 전도된 숭고미와 비장미를 보여준다. 소설 〈흑산〉의 노비 육손이와 마부 마노리에서 보이는 것처럼 인물들의 신분적 귀천은 전혀 중요하지 않다. 1801년 2월 처삼촌들이 체포되고, 4월에는 주문모 신부가 참수되고, 정순왕후가 직접 자신에 대한 체포령을 내리자, 황사영은 상복(喪服)을 입고 충북 제천의 산골 배론의 토굴로 숨지만 결국 11월에 체포돼 27세에 대역죄로 능지처참을 당했다. 역사적으로 중요한 인물이든 중요하지 않은 인물이든 죽음은 거의 동일하게 찾아오는 것이다. 정확하게 말하면 〈흑산〉에는 20명이 넘는 등장인물이 등장한다. 한때 세상 너머를 엿봤으나 다시 세상으로 돌아와 〈자산어보〉를 쓰는 정약전과 세상 너머의 구원을 위해 온몸으로 기존 사회와 맞서 죽임을 당한 황사영의 이야기가 큰 축을 이룬다. 또 다른 축으로는 조정과 양반 지식인, 중인, 하급 관원, 마부, 어부, 노비 등 각 계층의 인물들이 이야기를 엮어 가며 장관을 이룬다. 특히 어부 장팔수를 비롯해 조풍헌, 황사영을 돕는 노비 김개동과 육손이는 조선 후기 신분 질서의 해체상과 혼돈을 드러내는 또 다른 중심 축의 인물들이다. 또한 실제 천주교 탄압의 빌미가 됐던 여신도들의 활약은 작품 속에서 길갈녀와 강사녀 등의 헌신으로 형상화되고 있다. 즉 작가 김훈에게 인간의 고귀함과 야만성은 항상 공존하는 것이며, 비장미와 숭고미를 넘어서는 일상적인 삶의 원형인 것이다.

인간은 비장미와 숭고미라는 무겁고 버거운 삶 속에서 허우적거리다 결국 허무하고 가볍게 생을 마감한다. 〈빗살무늬 토기의 추억〉, 〈칼의 노래〉, 〈남한산성〉, 〈흙산〉 등으로 이어지는 그의 미의식은 숭고미와 비장미를 머금은 소외된 아름다움이라고 칭할 수 있다. 우리는 그의 이러한 전도된 미의식을 그의 초기작 〈화장〉에서 단초를 잡을 수 있다. 〈화장〉의 부인은 세 번의 수술로 생물학적 생존마저 위협받으면서 삶과 죽음에 투항했으나 결국 죽음에 이른다. 김훈의 소설에 등장하는 민초들의 죽음은 비장하고 용감하다. 죽음을 예견하고 죽음에 이르기까지 자신의 실존적 존재의식을 지키고자 하는 "자연사"인 것이다. 여기에서 자연사를 택하는 주인공들은 사르트르의 실존적 자아의 개념인데 목수나 기술자가 만들어 내는 운명이 아니라 제 스스로 선택하고 만들어가는 존재인 것이다. 자신의 선택에 따라 스스로 존재를 자유롭게 만들어 나간다. 즉 존재가 우선하는 것이다. 따라서 이 소설에서 죽음에 이르는 자연사라는 개념은 타살의 개념과 대치되는 개념이라고 할 수 있다. 천수를 누리고 죽었다는 말에서 천수의 개념은 매우 주관적이라고 할 수 있는데 다른 존재나 세상에 의해서 억지로 죽은 타살이 아니라 스스로 살만큼 살았다는 천명의식이 바로 자연사라는 말로 표현되고 있다.

〈화장〉의 주인공 '나'는 딸이 지독히도 엄마를 닮았다는 것에 대해서 끈질긴 인간의 순환을 느끼는 것이다. "마무리를 추스르는 동안의 긴 울

음까지도 딸은 아내를 닮아 있었다."와 "자꾸만 아내의 영정과 겹쳐지는 딸의 얼굴도 견디기 힘들었다."라는 진술은 인간의 삶이 영원히 끝나지 않는 우로보로스 같은 것임을 말해주는 것이다. 〈칼의 노래〉에서 나는 아들이 나를 닮은 것을 보면서 운명의 슬픔을 느끼는 것이다. "내가 보기에도 면은 나를 닮았다......아비를 닮고 태어나는 그 씨내림이 나에게는 무서웠다."라고 진술하는 것으로 우리는 김훈의 삶과 죽음의 숭고미와 비장미의 세계를 엿볼 수 있다. "삶과 죽음은 서로 꼬리를 물고 있었다. 나는 그 꼬리에 물려서 죽는 죽음이 두려웠다."라는 직접적인 진술을 보면 그가 생각하는 삶과 죽음은 자신의 꼬리를 물고 있는 우로보로스의 모습을 띠고 있다.

작가는 〈흙산〉이라는 작품에서 스스로 "가고가리"라고 이름 붙인 기괴한 모양의 괴수가 하늘을 날아가는 그림을 직접 그려 표지에 붙였다. 그는 이를 "다윈의 새"라고 불렀다. 작가의 말을 빌리면 다음과 같다. "소설을 다 쓰고서 머리 속에 남은 영상을 그렸다. 원양을 건너가는 새, 대륙을 건너가는 말, 바다를 건너가는 배 등 멀리 가는 것들을 합성해서 진화의 공간을 향해 나아가는 생명체를 그린 것이다. 배교자나 순교자들이 그런 진화의 앞날을 향해 수억 만 년의 시공을 건너가는 존재로 읽히기를 바란다." 이 새는 마치 신화 속의 우루보로스 뱀과 같은 기괴한 모습이다. 우루보로스는 입과 꼬리가 붙어있는 뱀인데, 삶과 죽음을 동일 선에서 이야기 할 때 늘 인용되는 동물이다. 아마도 작가가 이야기하는 다윈의 새인 가고가리는 배교자나 순교자의 사상이 모두 초월적으로 동일한 것이라는 비장미와 숭고미를 머금은 아름다움의 의미일 것이다. 그들은 모두 삶을 견디며 살다간 세상살이의 주인공들이다.

3 ___ 바리데기와 소통의 미의식

2013년 영화 〈만신〉이 상영되었다. 음지의 문화인 것처럼 보였던 무당의 삶이 예술적으로 조명되는 아름다운 문화적 도전이었다. 현대 사회를 살고 있는 누구나의 마음속에 샤먼에 대한 무의식적 기제는 늘 존재한다. 그만큼 무의식적 샤먼의식은 우리에게 익숙하고 친숙한 것이다. 그런데, 우리는 문명과 과학이라는 이름과는 대치되는 이 초자연적인 존재의 이름을 거론하는 것에 거부감을 가지고 있다. 그러나, 일이 잘 안되거나 큰 재앙이 오면 우리는 초자연적인 존재에 대해 기원하는 습관을 가지고 있다. 이러한 불편한 문화의 야누스적인 감정을 스크린으로 등장시켰다. 그만큼 우리문화가 세련되지고 있다는 증거일 것이다. 영화 〈만신〉은 나라 무당 김금화의 일생을 담은 다큐멘터리 영화였다. 지금도 서해안의 배연신굿은 바다의 안녕을 기원하면서 진행되어오고 있다. 무당의 높임말은 만신이라고 한다.

우리는 불과 100년 전에는 만신을 이렇게 불편하게 여기지는 않았던 것 같다. 최남선은 〈살만교차기〉라는 그의 저서를 통해서 샤먼에 대해서 자세히 분석해 놓고 있다. 최남선에 의하면 샤먼, 즉 무당은 신에게 봉사하는 역할을 한다는 것이다. 악령을 쫓기도 하고 질병이나 해악을 없애기도 하고 길흉을 점치기도 한다고 말한다, 당시 샤먼의 지위는 매우 우월했다고 말한다. 모든 일반 사람들에게 허락되지 않는 특별한 권리를 향유하며 사회적으로 공인된 영역에서 활동한다고 말한다. 샤먼의 소임 중 중요한 것은 신의 뜻을 탐문하여 인간에게 흉을 피하고 길을 알려주는 것이라 하였다. 이러한 무당 즉 샤먼은 김동리의 〈무녀도〉와 〈을화〉를 비롯해서 많은 한국 작품들이 서양과 과학과 대립하는 못 믿을 어떤 것으로 그려냄으로써 어느새 우리는 거북스러움이라는 집단감성을 가지게 된 것이다. 그러나 소설가 황석영은 21세기에 소설 〈바리데기〉를 통해 거북스러움을 소통하는 아름다움으로 그려내는데 어느 정도 성과를 보이고 있다.

소설 〈바리데기〉의 주인공 바리는 북한, 중국, 영국 등으로 떠도는 디아스포라적인 인물이다. 고인환은 바리의 여정이 병든 세상을 구원하기 위해 서천에서 생명수를 구해오는 바리 공주와 동궤에 놓은 여정이라고 평했다. 그러나 바리의 삼국 여정을 일괄적으로 평하는 데는 다소 문제가 있다. 궁극적으로 바리가 터를 잡은 곳은 영국이기 때문이다. 그녀의 삶의 여정에는 늘 죽은 할머니와 칠성이가 이정표로 등장한다. 소설 〈바리데기〉에서 바리는 새로운 곳에서도 결코 좌절하지 않고 열심히 자신의 터를 굳히는 모습을 보여준다. 이는 서사무가 〈바리데기〉에서 아버지와 어머니에게 버림받았던 바리가 비리공덕 할아버지와 할머니에게서 잘 성장하고 자신의 아버지와 어머니를 찾아오는 여정과 비교된다. 자신의 부모를 찾아온 바리는 병든 아비를 위해 서천 길을 마다하지 않고 떠난다. 그녀는 길을 가다 만나는 사람들에게 모두 도움을 주고받는다. 그리고 저승의 약수를 지키는 동수자와는 결혼을 해서 아이를 셋이나 낳아주기에 이른다. 우리 민간신화 속 여신들의 모습은 바리의 경우처럼 시련에 가득차지만 결코 굴하지 않는 초인적인 힘을 가진다. 남성들을 대신해서 집안을 지키고 가족을 돌보고 삶을 이겨낸다. 우리의 민간신화와 무속신화에서 등장하는 여성성은 매우 양성적이라는 특성이 있다. 새로운 곳에 이주한 여성들은 하나같이 고통과 수난을 기꺼이 참아가며 땅을 일구고 물을 가른다. 그리고 마침내 그녀들은 땅의 주인이 되기에 이른다. 바리공주 역시 그러한 여성 신들의 맥락에서 논의될 수 있다. 우리 여신들의 터 잡기와 땅 굳히기는 그녀들의 양성적인 속성으로 인해 가능한 것이다. 고통에 굴하지 않고 운명을 개척하는 여성들은 21세기를 살아가는 소설 〈바리데기〉의 주인공 바리의 또 다른 모습인 것이다.

전통서사무가 〈바리데기〉와 연결될 수 있는 소통하는 아름다움의 관점으로 주인공을 생각해볼 때 대표적으로 〈세경본풀이〉와 〈송당본풀이〉의 여성 주인공들을 떠올려 볼 수 있다. 이들은 소통성을 고유한 속성으로 가지며 이주한 여신들의 터 잡기와 땅 굳히기의 사례를 가장 잘 보여주고 있다. 우리 신화 속 여신들은 하나같이 이주한 신들이기 때문에 터주신인 남성 신과 갈등을 자주 빚는다. 특히 〈세경본풀이〉의 자청비와 〈송당본풀이〉의 백주또는 양성성을 지닌다는 점에서 바리의 속성과 비교될 만하다. 〈세경본풀이〉의 자청비는 사랑하는 남자를 위해 스스로 자청해서 남장을 하는 여인이다. 바리가 생명수를 얻기 위해 서천으로 갈 때 남장을 하는 것과 비교된다. 신화 읽기가 미토스 안에서 로고스를 찾는 것임을 상정할 때 〈세경본풀이〉의 '자청비'는 여러 측면에서 논의가 가능하다. 여성의 몸으로 네 명의 남자와 어떤 역학관계를 보이는지 살펴볼 필요가 있다. 자청비는 먼저 하늘나라 목도령을 사모한다. 그리고 곧바로 남장을 감행할 정도로 강단 있는 여성이다. 따라서 사랑의 주도권을 자신이 가진다. 다음으로 부모 특히 아버지와 대립하는 인물로 등장한다. 여자로서 죽은 사람을 살려내는 재주를 가졌기 때문에 그녀는 아버지에게 쫓겨나고 만다. 또한 자기 집의 정수남이라는 하인이 자신을 범하려 하자 지혜를 발휘해서 그를 물리친다. 마지막으로 시아버지의 시련에 기꺼이 도전함으로써 오곡을 얻어 곡모신이 된다. 제주 무속신화의 담론을 통해 신화 담론을 권력과 관련된 언어의 앙상블로 볼 수도 있지만 신화담론 자체를 의미의 앙상블로 바라볼 수도 있다. 〈세경본풀이〉의 자청비는 양성성을 통해서 남자들의 세계와 맞서기도 하고 남자들을 자신의 편으로 돌리기도 하면서 곡모신의 자리를 찾는 양성적인 인물이다.

〈송당본풀이〉의 백주또 역시 소통성을 중요하게 여기는 인물로 꼽을 수 있으며 바리와 비교해볼 수 있는 인물이다. 이주한 여신들과 터주신인 남성신들의 결합이 제주도 무속신화의 혼인설화였다. 〈송당본풀이〉의 구도는 제주도 창조신화의 흔적이 남아있다. 제주 무속신화에서 여신은 주로 농경과 관련이 있다. 그녀들이 섬으로 입성할 때 반드시 동반되는 것이 바로 오곡의 곡식과 소와 말이다. 이것들은 농경문화의 산물로써 수렵문화를 이루는 토착 남신들과의 갈등을 예고할 수밖에 없다. 삼성혈에서 솟아난 남신과 바다 건너 곡식을 가지고 온 여신들은 험난한 부부생활을 시작한다. 이들 부부는 식생활 문화에서부터 모든 소소한 문화가 충돌할 수밖에 없다. 먹지 말아야 하는 고기를 먹어서 갈등을 보이는 신들이 유독 제주 무속신화에 많은 것은 지리적 특성과 문화적 특성을 보여주는 지표들이다.

제주 무속신화의 부부들은 유교 사회에서 보여주는 전형적인 가정과는 매우 다르다. 즉 부부의 역학적 관계가 매우 자의적이라는 점을 들 수 있다. 특히 〈송당본풀이〉에 등장하는 부부의 관계는 남성과 여성의 권력투쟁으로 볼 수 있고 토착신과 유입신의 갈등으로 볼 수도 있다. 솟아난 남신과 외지에서 들어온 여자들이 순탄하게 살아갈 수는 없었을 것이라고 김정숙은 이야기한다. 밭을 갈아야 하는 소를 잡아먹어 버린다거나 거름을 공급하는 돼지를 잡아먹어 버리는 것은 부부 신들의 갈등의 원천이었다. 이는 생태적인 삶을 이해하면 자연스럽게 이해가 될 것이다.

〈송당본풀이〉에서 부부 신들이 "땅 가르고 물 갈라서" 분산하는 극단적인 방법을 취한다는 것 역시 기존 다른 지역의 신화에서 찾아볼 수 없는 요소이다. 제주의 신화에는 남성 신에게 절대적으로 복종하는 여성신이 존재하지 않는다. 또한 남성의 절대적인 권위가 없다. 척박하고 불리한 사연환경에서 삶의 수역으로 활동해야 했던 제주의 여신들은 자신들의 당당한 목소리를 낼 수밖에 없었을 것이다. 제주 여성 신들이 연구자들의 관심을 끄는 이유는 남성의 질서에 전복과 위반을 가져오는 단순한 이유 때문이 아니라 한 인간 안에서 남성과 여성이 공존하는 조화로운 존재인 소통성의 현대적 인간형을 보여주기 때문이다.

한라산에서 솟아나 사냥을 하면서 살아가는 남성 신들에게 어느 날 오곡과 송아지를 가지고 외지에서 이 섬에 찾아든 여성 신들의 결합이 〈송당본풀이〉의 내용이다. 즉 수렵문화와 농경문화의 충돌이 바로 남성 신과 여성 신의 갈등과 결합이라고 볼 수 있을 것이다. 수렵을 하던 습관을 가진 남성 신은 여성신이 중요하게 여기는 농경의 도구인 짐승을 잡아먹어 버린다. 여성신은 남성 신에게 과감히 헤어지자고 제안하고 자식들을 손수 거둔다. 이주한 여신들은 남성 신들과 대결하기도 하고 설득하기도 하며 자신의 입지를 굳혀간다.

소설 〈바리데기〉의 바리 역시 자청비와 백주또처럼 이주한 여신이 현대에 현현된 모습이다. 그녀는 북한에서 가족과 흩어져서 중국으로 오지만 결국 가족들과 영원히 헤어지고 만다. 바리는 어릴 적 강아지 칠성이와 벙어리 숙이 언니의 대변자였던 것처럼 약한자들의 목소리에 귀 기울이게 된다. 마사지를 배운 바리는 사람의 몸을 만지면 그 사람의 이야기를 알게 되는 신통력을 가진다. 서사무가 〈바리데기〉에서 오구대왕은 바리를 버리면서 시름시름 앓아간다. 그의 유일한 치유방법은 바리가 가져오는 저승의 약수이다. 바리는 자신을 버린 아버지를 위해 서천 길을 마다하지 않고 떠나고 그곳에서 동수자의 아내가 된다. 세 아들을 낳고 키우지만 동수자는 아들들과 바리를 남겨두고 떠나버린다. 바리는 죽은 아버지를 살려내고 자신에게 남겨진 아들들 셋을 모두 거둔다. 현실이라는 모진 공간에 결코 굴하지 않고 땅 굳히기에 성공하는 셈이다.

소설 〈바리데기〉속 바리 역시 세계 어느 곳에 있든 단순한 탈북자로서의 삶에 안주하는 것이 아니라 자신을 갈고 닦아서 더 나은 삶으로 나아가려 노력하는 다문화의 소통미를 보인다. 바리는 자신의 삶에 대해 항상 긍정하고 적극성을 가진다. 그녀는 안마기술을 터득하고 사람들의 아픈 곳을 알아보는 능력이 생긴다.

> 나는 낙원에서 일한 지 팔개월쯤 되어 안마사가 되었다. 내가 중국 호구가 없으니 정식으로 허가를 받았다는 말은 아니고 다만 기술능력으로 손님을 받을 수 있게 되었다는 뜻이다. 그래서 다른 안마사 언니들처럼 입장료의 몇 퍼센트를 받을 수는 없었지만 손님이 주는 팁은 가질 수가 있었다. 그것만으로도 잔심부름이나 하고 취사나 도와주던 전보다는 형편이 훨씬 나아졌다.
>
> 어려서부터 그랬지만 나는 참 이상한 아이이다. 손님의 발을 안마해주기 시작한 초창기부터 나는 상대의 얼굴을 한번 살피고 발을 보면 그의 몸 어디가 안 좋은지를 금방 알아보았다.
>
> 황석영 〈바리데기〉 중에서

바리의 터 잡기와 소통적인 삶의 태도는 자신이 처한 환경을 긍정하고 적극적으로 대처하는 데서부터 온다. 바리는 중국에서 영국으로 밀항에 성공한다. 영국에서 그녀는 알리라는 남자를 만나 결혼을 하고 비교적 평온한 삶을 살아간다. 그러나 영국에 함께 밀항해서 온 상 언니는 터 잡기에 실패한 모습을 보인다. 9.11테러로 인해 이슬람에 대한 시선이 곱지 않은 시절에 그녀의 남편 알리는 동생을 찾기 위해 길을 떠나고 그녀는 혼자서 알리의 아이를 낳아 키운다. 그러나 상 언니의 방문으로 빚어진 어린 아이의 죽음을 겪어야 하는 불행을 겪는다. 현실 속 바리는 아이를 구할 수 있는 서천의 물을 구해오지는 못한다.

> 할아버지, 세상을 구해낼 생명의 물이 있다면 얼마나 좋을까요? 그걸 얻을 수만 있다면......

그는 대답없이 나를 부드러운 시선으로 바라보며 기다렸다.
며칠 동안 긴긴 꿈을 꾸었어요. 내가 생명수를 찾아 헤매는 꿈을요.
압둘 할아버지는 내 손을 가만히 당겨 쥐고는 쓰다듬으며 말했다.
희망을 버리면 살아 있어도 죽은 거나 다름없지. 내가 바라는 생명수가 어떤 것인지 모르겠다만, 사람은 스스로를 구원하기 위해서도 남을 위해 눈물을 흘려야 한다. 어떤 지독한 일을 겪을 지라도 타인과 세상에 대한 희망을 버려서는 안 된다.

황석영 〈바리데기〉 중에서

현실의 바리가 가질 수 있는 생명수는 희망뿐이다. 즉 생명수는 희망을 지칭하는 상징어이다. 이주한 현실의 여신이 가져야 하는 터 잡기의 생명수는 바로 희망이며 땅 굳히기 생명수 역시 희망뿐이다. 그러는 과정에서 바리는 여성성보다는 소통성을 요구받는다. 바리는 아이를 죽게 한 상 언니를 용서하고 아이의 넋을 풀어주고 나서야 무사히 돌아온 남편 알리를 만난다. 바리는 관용을 베풀고 세상을 품을 수 있는 소통성의 인물이다. 전통 서사무가인 〈바리데기〉가 국제화 사회의 보편적 정서와 일치되는 지점이다. 한 사람의 고통을 치유하는데서 나아가 세계의 고통을 어루만지는 확대된 의미가 바로 전통 서사무가 〈바리데기〉의 사상이다. 황석영은 현대의 바리를 통해 전통 서사무가 속의 〈바리데기〉를 살려내는 데 성공한 셈이다. 바리를 살려내는 가장 강력한 무기는 바로 강인한 인간성과 완전한 인간성을 보여주는 인간 자존의 미의식에 기인한다. 소설 〈바리데기〉는 다문화를 살아가는 오늘날 수많은 바리데기들을 한 데로 응집할 수 있는 힘을 가진다. 스스로의 길을 개척해 나가면서 운명을 헤쳐나가는 여성들이 이 시대 소통의 미의식을 가진 바리데기인 것이다.

나오며

디지털화 시대, 아름다움의 소통성

아름다움에 대한 이런 저런 수많은 생각들을 하느라고 지난 몇 년 동안 참으로 많은 지식의 창고들을 기웃거렸다. 잘은 모르지만 아름다움을 논한 철학서도 둘러보고, 에세이들도 보고, 시집들도 보고, 신화서들도 보고, 동서양 고전들도 만나 보고, 잘 해독되지 않은 그림들도 자주 들여다보았다. 애당초 아름다움에 대해서 뭔가 써보겠다는 것이 나의 지적 과욕임을 여실히 알게 되었던 시간이었다. 수천 가지의 얼굴을 가진 아름다움을 몇 개의 빈약하고 한정된 언어로 묶을 수는 애당초 가능하지 않은 위험한 일이었다. 처음 이 책을 기획했을 때는 여성이라는 주제에 한정된 아름다움에 대한 이야기를 하려고 했었다. 그런데, 연구를 하다 보니, 이 아름다움은 비단 한 특정한 집단을 위해 이야기 될 수 없는 성질을 가진 훨씬 넓은 의미의 기호작용이었다. 우리나라 곳곳을 답사하면서도 나는 문학 작품에서 느끼지 못하는 아름다움을 다양하게 느꼈다. 과연 아름다움이란 여성과 특정 문화만을 이야기해야 하는 것인가. 만약 그렇게 되면 많은 의미를 잃게 된다는 생각을 조심스럽게 하게 되었다. 따라서 당초 기획했던 여성과 아름다움이라는 범주에서 조금 자유로워져야 했다.

학교에서 학생들에게 〈장자〉라는 텍스트를 가지고 토론을 할 때 늘 빠지지 않고 〈병무〉편에 나오는 "학의 다리가 길다고 자르지 말라"라는 이야기와 〈응제왕〉편에 등장하는 "혼돈의 일곱 구멍"의 이야기를 하게 된다. 언제부터인가 우리사회는 외적인 아름다움이 절대적인 척도가 되어 버린 듯하다. 학생들을 찬반으로 나누어 성형미에 대해서 토론하면 학생들은 강하게 장자의 자연적인 아름다움을 경쟁력이 떨어지는 시대착오적인 것으로 비판한다. 아무리 내실을 갖추고 능력을 개발하더라도 외적으로 경쟁력을 갖추지 못하면 불평등을 받게 되며 작금의 현실에서 경쟁력 있는 인간으로 받아들여지지 않는다는 것이다. 이때 장자의 또다른 이야기 〈추녀와 미녀〉를 떠올려 볼 수 있다. 미녀와 추녀 중 추녀를 더 사랑했다는 주박집 주인 이야기와 절세 추남이면서도 많은 남녀의 흠모를 받게 되었다는 〈장자〉의 애태타 이야기는 그들에게 전혀 도움이 되지 않는 구름 위의 붕 뜬 사유의 논리이다. 비록 영화 〈슈렉〉에서 못생긴 슈렉과 못생긴 피오나가 주인공으로 부상했지만 그들의 인기는 그저 애니메이션의 가상 세계에서 뿐이다.

사람이 외적인 아름다움을 지나치게 의식하면서 살다보면 늘 삶이 버거울 수밖에 없다. 남보다 화려한 삶과 남보다 더 좋은 옷과 남보다 더 멋진 차는 사람을 외적으로 아름다운 것처럼 착각하게 유도할지도 모른다. 그러나 그것은 늘 상대적인 아름다움에 대한 가치이기 때문에 항상 초조할 수밖에 없는 것이다. 그렇다고 현대를 살아가면서 아름다움을 지나치게 고전과 과거의 진리에서만 찾는 것이 과연 옳은 것일까. 지난 2년 동안 아름다움이라는 추상적인 개념에 매달리면서 역설적이게도 내가 찾은 진리는 무척 단순했다. 아름다움이란 긍정의 개념이었다. 선과 악의 개념으로 아름다움을 단순히 재단할 수는 없는 것이다.

몇 년전 우연히 〈삼국유사〉 속 아름다움을 코리아뷰티관련학회에 발표하게 되면서부터 아름다움에 대한 나의 지난한 지적 탐험은 비로소 시작되있던 것 같나. 더러는 사람이 아닌 공간과 예술에서 느끼는 아름다움에 매료되기도 했고, 더러는 정도전이 조선을 건국했을 때 가졌던 사상이 최고의 아름다움으로 보이기도 했고, 어쩔 때는 고통스런 유배지를 문화의 전당으로 만들어 낸 다산 정약용을 보면서 아름다움의 정수를 느끼기도 했다. 반면, 여성들이 등장하는 역사와 문학 작품들에서도 아름다움을 찾으려고 시도해 보았다. 언제나처럼 나의 관심의 주요한 축인 신화와 축제에 재현된 아름다움 역시 단단한 담론의 한 축을 차지했다. 아름다움은 삶에 대한 열정이고 긍정이고 행위였다. 아무것도 행하지 않는 아름다움은 없었다. 문화의 가장 자리에서 평생을 천대받던 만신의 투혼을 보면서 무엇이 그녀를 저렇게 살게 했을까. 그것은 자기 삶에 대한 긍정인 것 같다. 아름다움의 긴 이야기 끝에 남는 한 가지 소중한 단어는 긍정이었다.

이 책을 쓰는 과정에서 내가 가르치는 숙대 학생들에게 많은 빚을 졌다. 그들을 보면서 진정한 아름다움이란 무엇일까 잠시도 잊어본 적이 없기 때문이다. 헝클어진 머리를 질끈 동여매고 스니커즈를 신고 열심히 공부하고 아르바이트 하고 미래를 준비하는 학생들을 보면서 젊은이의 아름다움은 바로 저런 지적 투지가 아닐까 생각했다. 학생들에게 그런 모습이 아름답다고 하면 왠지 쑥스럽게 웃는다. 무엇이 가장 무엇다울 때 가장 아름답다는 말이 떠오른다. 이는 아마도 양주동이 해석한 아름다움과 결국엔 합치되는 지점이라는 생각이 든다. "아름답다"의 '아름'은 '나의 교훈'이라는 뜻을 담고 있고 '답'은 같다는 의미이다. 즉 나를 발견할 때의 감정이며 그것이 제 마음에 어울리는 것이 진정한 아름답다는 의미일 것이다.

내가 찾은 아름다움은 비단 여기에만 지나지 않는다. 나는 '아름'을 안다는 의미로 표현하고 '다움'을 격으로 해석한 고유섭의 견해도 전폭적으로 받아들이는 아름다움을 찾아보려고 했다. 외적인 아름다움보나는 지적이고 내적인 아름다움을 향한 인간의 자유의지 속에서 진정한 아름다움을 만났다. 서학을 스스로 찾던 우리의 조상들의 지적 열정, 서학에 맞서 우리의 시천주를 찾았던 동학 천도교의 열정, 기존 종교에서 야기되는 부조리를 극복하기 위해 나왔던 여러 사상적 움직임들이 아름다운 지적 열정으로 보인다. 그러나, 한국 사회에서 외모는 그 어떤 것보다 관심이 많다. 유난히 젊다는 '동안'이라는 말을 좋아하고 성형에 매우 관심이 많다. 우리 문화사를 귀납적으로 살펴보았을 때 '아름답다'는 의미는 매우 다양하고 상대적임을 알 수 있는데, 언제부터인가 미인 강박관념의 사회가 되어 버렸다.

다양한 아름다움을 가지기 위해서는 다양한 문화적 포용력이 필요하다는 생각이 든다. 가치관이 하나에 쏠림 현상을 보이는 사회는 다양한 아름다움을 찾을 수 없다. 대부분 공부 잘하는 문과 학생들의 꿈이 법대에 가서 판사나 변호사가 되는 것이고, 이과에 가서는 의대나 약대에 가는 것이 계속 된다면, 우리 사회의 가치는 절대 다양화될 수 없을 것이다. 다양한 가치관과 인생관이 공존하는 사회라야만이 다양한 아름다움을 찾아낼 수 있다. 아름다움이라는 화두로 우리 문화를 세로로 가로로 분주하게 둘러보고, 씨줄과 날줄로 엮어보니 학문이라는 것의 즐거움이 또 지긋하게 느껴진다.

디지털 시대를 살아가는 현대인들에게 다양한 아름다움의 가치는 삶에 어떤 역할을 할 수 있을까. 필자는 범박하게 소통의 가능성이라고 말하고 싶다. 아름다움이란 결코 절대적인 일원적인 가치를 가지지 않는다. 〈장자〉에서 자주 언급하듯이, 매우 상대적이고 다양한 가치가 가능하다. 저마다 착하다는 이미지를 예쁘다로 전환시켜 그것은 소통의 가능성으로 활용하고 있다. 사실 그 어떤 것이 미우면, 아무것도 할 수 있는 것이 없다. 사람의 관계도 그러하고, 삶의 어려움에 봉착했을 때의 마음에도 하고 싶지 않은 미움의 감정이 생긴다면 일단 그 일은 더디게 마련이다. 수많은 아름다움을 문화에서 찾아가면서 결국 얻을 수 있는 진리는 세상과 소통의 가능성으로 아름다움이 인식되어야 한다는 생각이 든다. 나와 조금은 다르지만, 긍정적인 아름다움을 가지고 경청해본다면 보다 이해하게 될 것이다. 그리스 철학자들과 공자와 장자가 아름다움에 천착한 이유를 어렴풋이 이해할 것 같다.

이번 연구에서도 여느 때처럼 가족에게 많은 빚을 졌다. 많은 경험을 함께 공유해준 가족에게 마음 깊은 곳으로부터 고마움이라는 아름다운 감정을 전한다.

참고문헌

단행본

강봉룡 외,『섬과 바다의 문화읽기』, 민속원, 2012.

강신주,『장자 & 노자』, 김영사, 2013.

강신주,『장자, 차이를 횡단하는 즐거운 모험』, 그린비, 2007.

강정효,『화산섬 돌 이야기』, 도서출판 각, 2004.

강창훈,『추사 김정희, 글씨로 세상에 이름을 떨치다』, 사계절, 2015.

강화군사편찬위원회,『신편 강화사』, 강화군, 2003.

게오르크 헤겔, 서정혁 옮김,『미학강의 (베를린, 1820/1821)』, 지식을만드는 지식, 2013.

고도원,『아름다움도 자란다』, 청아출판사, 2002.

고운기,『우리가 정말 알아야 할 삼국유사』, 현암사. 2002.

고혜경,『선녀는 왜 나무꾼을 떠났을까』, 한계레출판, 2006.

공자, 김형찬 옮김,『논어』, 홍익출판사, 2005.

국립국악원,『서해안 배연신굿』, 2001.

권경복,『아름다움이 나라를 바꾼다 : 오렌지 혁명 전사 티모센코』, 서해문집, 2011.

권오령,『이청준 깊이 읽기』, 문학과 지성사, 1999.

권지예,『사임당의 붉은 비단보』, 자음과 모음, 2016.

기호학연대,『기호학으로 세상읽기』, 소명, 2002.

김경용,『기호학의 즐거움: 기호학으로 읽는 예술, 대중문화, 실천』, 서울: 민음사, 2001.

김경용,『기호학이란 무엇인가』, 서울: 민음사, 1994.

김금화,『만신 김금화』, 궁리, 2014.

김금화,『비단꽃 넘세』, 생각의나무, 2007.

김대문, 이종욱 옮김, 『화랑세기』, 소나무, 1999.
김대성, 『초의선사의 동다송』, 동아일보사, 2004.
김동리, 『김동리전집』 7, 문학과 인간, 1997.
김동리, 『꽃과 소녀와 달과』, 제삼기획, 1994.
김동리, 『명상의 늪가에서』 , 행림출판사, 1980.
김동만, 『다큐제주』, 도서출판 각, 2008.
김동인, 『김동인 역사소설 7선』, 펜립, 2012.
김문태, 『강화 구비문학 대관』, 인천가톨릭대학교 출판부, 2001.
김문환, 『아름다움을 생각한다』, 2004, 범우사
김병길, 『역사문학, 속과 통하다』, 삼인, 2013.
김병욱, 『한국문학과 신화』, 예림기획, 2006.
김부식, 이우경, 편역, 『삼국사기』, 한국문화사, 2007,
김선자, 『변신이야기: 필멸의 인간은 불멸의 꿈을 꾼다』, 살림, 2004.
김선풍 외, 『한국 축제의 이론과 현장』, 서울: 월인, 2000.
김성훈 외, 『21C 장보고 정신 구현』, 대산문화인쇄, 2003.
김소영, 『트랜스: 아시아 영상 문화』, 현실문화연구, 2006.
김수용, 『아름다움의 미학과 숭고함의 예술론 : 쉴러의 고전주의 문학 연구』, 아카넷, 2009.
김수태, 조범환 공저, 『전라도 지역의 선종산문과 장보고 집단』, 재단법인 해상왕장보고기념사업회, 2006.
김열규, 『기호로 읽는 한국문화』, 서울: 서울대학교 출판부, 2008.
김열규, 『동북아 샤머니즘과 신화론』, 서울: 아카넷, 2003.
김열규, 『신화/설화』, 한국학술정보, 2003.
김열규, 『최남선과 이광수의 문학』, 새문사, 1996.
김열규, 『한국의 전설』, 한국한술정보, 2002.
김열규, 『한국인의 신화-저너머, 저 속, 저 심연으로』, 일조각, 2005.
김열규, 『아리랑, 역사여, 겨레여, 소리여』, 조선일보사, 1987.
김열규, 『한국인의 자서전』, 웅진, 2006.
김열규, 『가호로 읽는 한국 문화』, 서강대출판부, 2008.

김열규, 『한국 여성 그들은 누구인가』, 한국학술정보, 2001.
김영순 외, 『축제와 문화』, 인하대학교출판부, 2004.
김영순, 최민성 외, 『축제와 문화콘텐츠』, 다할미디어, 2006.
김영자, 『아름다움과 화해를 하다』, 시문학사, 2000.
김용옥, 『아름다움과 추함』, 통나무, 1992.
김용운, 오구라키조, 『자 놀아보세-다문화이해를 위한 한일축제』, 토향, 2008.
김우창, 『풍경과 마음』, 생각의 나무, 2002.
김욱동, 『포스트모더니즘』, 연세대학교출판부, 2008.
김욱동, 『포스트모더니즘과 예술』, 청하, 1994.
김원중, 『삼국유사』, 을유문화사, 2002.
김유정, 『동백꽃』, 문학사상사. 1997.
김윤식 엮음, 『이상문학전집2-소설』, 문학사상사, 1991.
김윤식, 『한국근대작가론고』, 일지사, 1974.
김윤식, 『김동리와 그의 시대』, 민음사, 1995.
김윤식 · 정호웅, 『한국 소설사』, 도원미디어, 2000.
김이진, 『아름다움은 어디에 있나요?』, 을파소, 2011.
김인숙, 『제주의 빛 김만덕』, 푸른숲주니어, 2006.
김재관, 『춘원을 따라 걷다』, 이숲, 2014.
김재영, 『조선의 인물 뒤집어 읽기』,도서출판 삼인, 1999.
김재용 · 이종주. 『왜 우리 신화인가』, 동아시아, 1999.
김정숙, 『자청비, 가믄장아기, 백주또』, 도서출판 각, 2002.
김주완, 『아름다움의 가치와 시의 철학』, 형성출판사, 1988.
김창규, 『한국 한림시 평석』, 국학자료원, 1996.
김태경, 『한국의 축제 다시보기』, 한국학술정보, 2006.
김태곤 외, 『한국의 신화』, 시인사, 1988.
김한영, 『남사당 전통과 바우덕이 담론』, 민속원, 2015.
김현철, 서연호, 『한국 연희의 원리와 방법』, 연극과 인간, 2006.
김화경, 『일본의 신화』, 문학과지성사, 2002.

김화경, 『세계 신화 속의 여성들』, 도원미디어, 2003.
김환대, 『경주 양동 안동 하회 마을』, 지식파수꾼, 2010.
김훈, 『칼의 노래』, 생각의 나무, 2007.
김훈, 『남한산성』, 학교재, 2007.
김훈, 『흑산』, 학고재, 2011.
김흥우 『한국의 놀이와 축제1,2』, 집문당, 2002.
김흥우, 『한국의 지역축제』, 지성의 샘, 2006.
김희정, 『버지니아 울프:살아남은 여성 예술가의 초상』,살림, 2004.
나경수, 『한국의 신화』, 한얼미디어, 2005.
나경수, 『서동요-서동신화와 함께 찾아가는 백제문화기행』, 한얼미디어, 2005.
나카자와 신이치, 김옥희 옮김, 『불교가 좋다』, 동아시아, 2007.
남덕현, 『축제와 문화적 본질』, 연세대학교출판부, 2006.
남상숙, 『아름다움은 필경 선과 통한다 : 남상숙 수필집』, 선우미디어, 2011.
노스럽 프라이, 임철규 옮김, 『비평의 해부』, 한길사, 2000.
대한결핵협회, 『한국결핵사』, 대한결핵협회, 1998.
댄 킨딜런, 최정숙, 『알파걸』, 시대의창, 2007.
데이비드 보드웰, 크리스틴 톰슨 지음, 주진숙, 이용관 옮김, 『영화예술』, 이론과 실천, 1993.
도날드 위니컷, 이재훈 옮김, 『놀이와 현실(Playing and Reality)』, 한국 심리자료 연구소, 1997.
동국대학교 BK불교문화사상사교육연구단, 『학제적 연구로서의 불교생태학』, 서울: 동국대출판부, 2007.
동국대학교 불교연구단, 『현대예술속의 불교』, 서울: 예문서원, 2009.
동아시아 고대학회편, 『동아시아 여성신화』, 집문당, 2003.
두목, 『번천문집』(제6권, 장보고, 정년전) 『신당서』(권220, 『동이전』, 『신라전』)
레비스트로스, 임봉길 옮김, 『신화학1,2』, 한길사, 2006.
레이첼 스톰, 김숙 옮김, 『동양 신화 백과 사전』, 루비박스, 2006.

로버트 A. 존슨, 고혜경 역,『신화로 읽는 여성성She』, 동인, 2006.
로버트 A. 존슨, 고혜경 옮김,『신화로 읽는 남성성He』, 동인, 2006.
로버트 스탬 외, 이수길 외 옮김,『어휘로 풀어 읽는 영상기호학』, 시각과 언어, 2003.
로저 스크러튼, 이진영 옮김,『아름다움』, 미진사, 2013.
로제 까이와, 이경자 옮김,『일반미학』, 동문선, 1999.
로제 까이와, 이상률 옮김,『놀이와 인간』, 서울: 문예출판사, 1994.
롤랑바르트, 이화여대기호학연구회 옮김,『현대의 신화』, 동문선, 1997.
류시현,『최남선 연구』, 역사 비평사, 2009,
류시현,『최남선평전』, 한겨레출판, 2011.
류정아,『축제인류학』, 살림, 2003.
리사 터틀, 유혜련, 호승희 옮김,『페미니즘 사전』, 동문선, 1998.
리차드 빌라데서, 손호현 옮김,『신학적 미학 : 상상력, 아름다움, 그리고 예술 속의 하나님』, 한국신학연구소, 2001.
메리 E. 위스너-행크스, 노영순 옮김,『젠더의 역사』, 역사비평사, 2009.
무경, 박희병 옮김,『베트남의 신화와 전설』, 돌베개, 2000.
미르치아 엘리아데, 강응섭 옮김,『신화 · 꿈 · 신비』, 도서출판 숲, 2006,
미르치아 엘리아데, 박규태 옮김,『상징, 신성, 예술』, 서광사, 2011.
미르치아 엘리아데, 심재중 옮김,『영원회귀의 신화』, 이학사, 2003.
미르치아 엘리아데, 이은봉 옮김,『신화와 현실』, 한길사, 2011.
미르치아 엘리아데, 이은봉 옮김,『성과 속』, 한길사, 2006.
미르치아 엘리아데, 이재실 옮김,『대장장이와 연금술사』, 문학동네, 2009.
미르치아 엘리아데, 이재실 옮김,『메피스토펠레스와 양성인』, 문학동네, 2008.
미르치아 엘리아데, 이재실 옮김,『이미지와 상징』. 까치, 1998.
박경리,『김약국의 딸들』, 마로니에북스, 2013.
박경리,『성녀와 마녀』, 인디북, 2003.
박동식,『제수도』, 시공사, 2004.
박민일,『아리랑 자료집 I II』, 강원대출판부, 1991.

박시백, 『조선왕조실록』, 휴머니스트, 2015.
박영재 편, 『문학 속의 의학』, 청년의사, 2002.
박인철, 『파리학파의 기호학』, 민음사, 2006.
박장순, 『문화 콘텐츠학 개론』, 커뮤니케이션북스, 2006.
박정근, 『한국의 석조문화 : 그 아름다움의 절정』, 다른세상, 2004.
박진태, 『삼국유사의 종합적 이해』, 박이정, 2002.
백승국, 『문화 기호학과 문화 콘텐츠』, 다할미디어, 2004.
버지니아 울프, 이미애 옮김, 『자기만의 방』, 민음사, 2006.
법성, 『반야심경과 마음공부』, 무한, 2009.
변원림, 『연산군 그 허상과 실상』, 일지사, 2008.
변윤, 『(아름다움의 원래 모습은) 아픔이어라 : 변윤 스님 수필집』, 글나무, 2006.
보림지연, 『한국 꽃 예술과 불교』, 인아, 2007.
불교문화산업기획단, 『아름다움과 깨달음 : 한국근현대미술에 나타난 불교사상』, 여시아문, 2002.
불교문화연구원, 『한국불교문화사전』, 전남: 운주시, 2009.
빅터 터너, 이기우, 김익두 공역, , 『제의에서 연극으로-인간이 지니는 놀이의 진지성』, 현대미학사, 1996.
서광선, 『종교와 인간』, 이화여대출판부, 2009.
서대석, 『한국 신화의 연구』, 집문당, 2000.
서문정, 『(불교설화를 찾아 떠나는)우리 사찰 기행』, 미래문화사, 2012.
서영채, 『아첨의 영웅주의』, 소명출판, 2011.
서재원, 『김동리와 황순원 소설의 낭만성과 역사성』, 월인, 2005.
서정기, 『신화와 상상력』, 살림, 2010.
서정오, 『우리가 정말 알아야 할 우리 신화』, 현암사, 2003.
서정주, 『미당시전집2』, 민음사, 2011.
설순 외 지음, 윤호진 옮김, 『삼강행실도』, 지식을 만드는 지식, 2011.
성영신, 『아름다움의 권력 : 심리학이 해부한 아름다움의 힘』, 원앤원북스, 2009.

소포클레스, 천병희 옮김, 『오이디푸스와 안티고네』, 문예출판사, 2006.
소혜왕후, 『내훈』, 한길사, 2011.
손종흠, 『다시 읽는 한국 신화』. 휴먼북스, 2004.
손호현, 『아름다움과 악』, 한들출판사, 2009.
송효섭, 『문화기호학』, 아르케, 2003.
송효섭, 『탈신화 시대의 신화들』, 기파랑, 2005.
수잔나 밀라, 황순자 옮김, 『놀이의 심리』, 형설출판사, 1990.
스운스님, 『하룻밤에 읽는 불교』, 랜덤하우스 중앙, 2004.
스튜어트 컬린, 윤광봉 옮김, 『한국의 놀이-유사한 중국, 일본의 놀이와 비교하여』, 열화당, 2003.
신동흔, 『살아있는 우리 신화』, 한겨레출판, 2004.
신성희, 『인천시 다문화 분포의 공간적 특성에 관한 연구』, 인천발전연구원, 2009.
신정일, 『다시쓰는 택리지』, 휴머니스트, 2004.
신화아카데미, 『세계의 영웅 신화』, 동방미디어, 2002.
신화아카데미, 『세계의 창조 신화』, 동방미디어, 2001.
심영옥, 『한국의 아름다움, 그리고 그 의미』, 진실한사람들, 2006.
아리랑 국제 방송, 〈서해안 배연신굿, 풍어제〉 2012.
안옥선, 『불교의 선악론』, 서울: 살림, 2006.
안정복, 『동사강목』, 경인문화사, 1989.
안지원, 『고려의 국가불교 의례와 문화』, 서울: 서울대학교출판부, 2005.
양건열, 『아름다움과 예술 : 빛과 색채, 소리의 마술』, 웅진, 1998.
양윤석, 『용단유사』, 모시는사람들, 2013.
얼 쇼리스, 고병헌 옮김, 『희망의 인문학』, 이매진, 2006.
에드먼드 버크, 김동훈옮김, 『숭고와 아름다움의 이념의 기원에 대한 철학적 탐구』, 마티, 2006.
엔닌, 김문경 옮김, 『엔닌의 입당구법순례행기』, 도서출판 중심, 2001.
엔닌. 신복룡 옮김, 『입당구법순례행기』, 선인, 2007.
연세대학교 출판부 편집부 엮음, 『축제와 문화』, 연세대학교출판부, 2003.

예술의 전당, 『옛탁본의 아름다움, 그리고 우리 역사』, 예술의 전당, 1998.
오비디우스, 천병희 옮김, 『로마의 축제일』, 한길사, 2005.
오세정, 『한국 신화의 생성과 소통원리』, 한국학술정보, 2005.
오영수, 『오영수 단편집』, 지만지, 2012.
오양호, 『일제강점기 만주조선안문학연구』, 문예출판사, 1996.
오정자, 『신화의 땅 제주에서 토산을 만나다』, 여름언덕, 2006.
오주석, 『오주석의 한국의 미 특강』, 솔출판사, 2005.
요시다 아츠히코 외 지음, 김수진 옮김, 『우리가 알아야 할 세계신화』, 이손, 2000.
요한 호이징아, 김윤수 옮김, 『호모루덴스』, 까치, 2007.
우룡큰스님, 『불교란 무엇인가』, 효림, 2007.
우리사찰답사회, 『강화 전등사 보문사』, 서울: 문예마당, 2001.
우한용, 『문학교육과 문화론』, 서울대학교 출판부, 1997.
유럽문화정보센터, 『축제와 문화』, 연세대학교출판부, 2003.
유리 로트만, 김수환 옮김, 『기호계: 문화 연구와 문화 기호학』, 문학과 지성사, 2008.
유평근, 진형준, 『이미지』, 살림, 2001.
유성룡, 『징비록』, 서해문집, 2014.
육당연구학회, 『최남선 다시 읽기』, 현실문황연구, 2009.
윤경렬, 『신라의 아름다움』, 동국출판사, 1995.
윤근일 외, 『청해진에 대한 종합적 고찰』, 청아, 2003
윤명철, 『장보고시대의 해양활동과 동아지중해』, 학연문화사, 2002.
윤명철, 『해양역사상과 항구도시들』, 학연문화사, 2012.
윤명철, 『해양역사와 미래의 만남』, 학연문화사, 2012.
윤선자, 『축제의 문화사』, 한길사, 2008.
윤이흠 외, 『단군-그 이해와 자료』, 서울대출판부, 1994.
이강엽, 『신화』, 연세대학교출판부, 2004.
이미숙, 『400년 전의 도자기 전쟁』, 명경사, 2013.
이경재, 『신화해석학』, 다산글방, 2002.

이광주, 『아름다움과의 만남 : 나의 美術紀行』, 悅話堂, 2011.
이덕일, 『정약용과 그의 형제들1,2』, 다산초당, 2012.
이덕일, 『조선왕을 말하다』, 역사의아침, 2010.
이도흠, 『신라인의 마음으로 삼국유사를 읽는다』, 푸른역사, 2000.
이동연, 『강화도-미래신화의 원형』, 푸른세상, 2003.
이동하, 『金동인 단편 전집 1 · 2』, 가람기획, 2006.
이동하, 『김동리 : 가장 한국적인 작가』, 건국대학교출판부, 1996.
이명화, 『최남선의 역사학』, 경인문화사, 2003.
이미령, 『그리운 아버지의 술-행복을 찾아주는 붓다의 메시지』, 불광, 2007.
이병훈, 『아름다움이 세상을 구원할 것이다』, 문학동네, 2012.
이블린 케이, 류제선 옮김, 『이사벨라 버드』, 바움, 2008.
이사벨라 버드 비숍, 『한국과 그 이웃 나라들』, 살림, 1994.
이상금, 『미완의 아름다움 : 이상금 산문집』, 산지니, 2009.
이상돈, 『법미학 : 법과 아름다움의 포스트모던적 이해』, 법문사, 2008.
이상일, 『놀이문화와 축제』, 성균관대학교 출판부, 1996.
이상일, 『전통과 실험의 연극문화-굿, 놀이, 그리고 축제문화』, 눈빛, 2000.
이성희, 『(빈 중심의 아름다움) 장자의 심미적 아름다움』, 한국학술정보, 2008.
이수자, 『큰 굿 열두거리의 구조적 원형』, 집문당, 2004.
이시스, 『상처와 아름다움 : 신화를 통한 치유와 성장』, 길에나선사람.
이어령, 『이어령의 삼국유사』, 서정시학, 2006.
이영권, 『새로 쓰는 제주사』, 휴머니스트, 2007.
이영권, 『제주 역사 여행』, 한겨레신문사, 2004.
이영태, 『인천고전문학의 이해』, 다인아트, 2010.
이우경, 『새로운 삼국사기1.2』, 한국문화사, 2007.
이이화, 『놀이와 풍속의 사회사』, 한국사 이야기4, 도서출판 한길사, 2001.
이익, 『성호사설』, 한길사, 1999.
이인호, 『아름다움의 잣대』, 서울대학교, 1994.
이재선, 『이광수 문학의 지적 편력』, 서강대출판부, 2010.

이재선, 『한국 현대 소설사』, 홍성사, 1979.
이재선, 『현대소설의 서사 주제학』. 문학과 지성사, 2007.
이종욱, 『색공지신 미실』, 푸른역사, 2005.
이종욱, 『주몽에서 태조왕건까지』, 서강대학교출판부, 2008.
이창호, 『아름다움과 진실을 찾아』, 한올출판사, 2005.
이청준, 『아리랑 강강』, 우석, 1986.
이현식, 『인천의 문화현장, 그 현재와 미래』, 인천발전연구원, 2004.
이현정, 『불교, 교양을 만나다』, 도서출판 무한, 2009.
이형구, 『강화도』, 대원사, 1994.
이화여대 한국문화연구원, 『근대계몽기 지식개념의 수용과 그 변용』, 소명출판, 2006.
일연, 김원중 옮김, 『삼국유사』, 을유문화사, 2002.
임마누엘 칸트, 이재준 옮김, 『아름다움과 숭고함의 감정에 관한 고찰』, 책세상, 2005.
임진호, 『용의 후예, 베트남의 신화와 전설』, 지성인, 2014.
자재만현, 『21세기 붓다의 메시지1.2』, 현지궁현지사, 2007.
자크 브로스, 주향은 옮김, 『나무의 신화』, 이학사, 2007.
장 뒤비뇨, 류정아 옮김, 『축제와 문명』, 한길사, 1998.
장경렬 외 옮김, 『상상력이란 무엇인가』, 살림, 1997.
장 보드리야르, 『시뮬라시옹』, 민음사, 2001.
장영란, 『신화 속의 여성, 여성 속의 신화』, 문예출판사, 2001.
장일규, 『최치원의 사회사상 연구』, 신서원, 2008.
장자, 김학주 옮김, 『장자』, 연암서가, 2010.
장주근, 『제주도 무속과 서사무가』, 도서출판역락, 2001.
장춘식, 『일제강점기 조선족 이민문학, 민족출판사, 2005.
장파, 유중하 옮김, 『동양과 서양 그리고 미학』, 푸른숲, 1999.
장파, 백승도 옮김, 『장파교수의 중국미학사』, 푸른숲, 2012.
잭 트레시더, 김병화 옮김, 『상징이야기』, 도솔, 2007.
전동렬, 『기호학』, 연세대학교 출판부, 2005.

전신재편, 『원본 김유정 전집』, 한림대 출판부, 1987.
전인평, 『아시아 음악의 아름다움』, 아시아음악학회, 2008.
정목일, 『(우리가 알아야 할) 한국의 아름다움 77가지』, 세계문예, 2005.
정순경, 『탐라문견록 바다 밖의 세상』, 휴머니스트, 2008.
정영선, 『평행의 아름다움』, 문학수첩, 2006.
정운, 『붓다의 메시지가 도착했습니다』, 다할미디어, 2002.
정재서, 『이야기 동양신화1,2』, 황금부엉이, 2005.
정진홍, 『신화와 역사』, 서울대학교출판부, 2003.
정철상, 박진규, 『지역문화와 축제』, 글누림, 2005.
정현경, 『결국은 아름다움이 우리를 구원할 거야 : 현경순례기』, 열림원, 2002.
제임스 로지 프레이저, 박규태 옮김, 『황금가지』, 을유문화사, 2005.
조규익, 최영호 엮음, 『해양문학을 찾아서』, 집문당, 1994.
조동일, 『한국문학통사』 1, 지식산업사, 1989.
조성면, 『한국문학 대중문학 문화콘텐츠』, 소명출판, 2006.
조소현, 『고인돌에서 강화도조약까지 강화도 시간여행』, 문학동네어린이, 2002.
조지프 캠벨, 이윤기 옮김, 『신화의 힘』, 고려원, 1992.
조지프 캠벨, 이은희 옮김, 『신화와 함께하는 삶』, 한숲, 2004.
조지프 캠벨, 이진구 옮김, 『신의 가면Ⅱ-원시신화』, 까치, 2002.
조지프 캠벨, 홍윤희 옮김, 『신화의 이미지』, 살림, 2006.
조지프 캠벨, 『신화의 세계』, 까치, 1998.
조지프 캠벨, 이은희 옮김, 『신화와 함께하는 삶』, 한숲, 2004.
조철현, 『불교와 철학의 만남』, 유한문화사, 2009, 1-243면.
조현설, 『동아시아 건국신화의 역사와 논리』, 문학과 지성사, 2003.
조현설, 『우리 신화의 수수께끼』, 한겨레출판, 2006.
주강현, 『우리 문화의 수수께끼1,2』, 한겨레신문사, 2004.
주경철, 『다름의 아름다움 : 나와 다른 당신이 왜 소중한가』, 고즈윈, 2008.
주영하, 『식탁 위의 한국사』, 서울: 휴머니스트, 2014.

주영하, 『조선시대 책의 문화사』, 휴머니스트, 2008.
지그문크 프로이드, 이윤기 옮김, 『종교의 기원』, 열린책들, 2007.
지상현, 『(이유 있는)아름다움 : 미술심리학으로 본 우리 근현대회화』, 아트북스, 2006.
진중권, 『놀이와 예술 그리고 상상력』, 휴머니스트, 2005.
진형준, 『상상적인 것의 인간학-질베르 뒤랑의 신화방법론 연구』, 문학과 지성사, 1992.
질 리포베츠키, 유정애 옮김, 『제3의 여성』, 도서출판아고라, 2007.
질베르 뒤랑, 유평근 옮김, 『신화비평과 신화분석』, 살림, 1998.
질베르 뒤랑, 진형준 옮김, 『상상계의 인류학적 구조들』, 문학동네, 2007.
질베르 뒤랑, 진형준 옮김, 『상상력의 과학과 철학』, 살림, 1997.
차옥승, 『증산교 · 원불교』, 서광사, 2003.
철학아카데미, 『기호학과 철학 그리고 예술』, 소명, 2002.
최건수, 『제주올레』, 21세기북스, 2010.
최광식 외, 『해상왕 장보고는 누구인가』, 대산문화인쇄, 2002.
최광식, 『천년을 여는 미래인 해상왕 장보고』, 청아출판사, 2003.
최기숙, 『환상』. 연세대학교 출판부, 2003.
최남선, 『조선상식문답』, 도서출판 기파랑, 2011.
최남선, 『육당 최남선 전집1-14』, 역락, 2003.
최남선, 『육당 최남선 전집1-14』, 현암사, 1974.
최남선, 이주현, 정재승 옮김, 『불함문화론』, 우리역사연구재단, 2008.
최남선, 최상진, 『조선의 상식: 조선의 한국인, 우리는 누구이며 어떻게 살아왔는가』, 두리미디어, 2007.
최남선, 『금강예찬』, 동명사, 2000.
최남선, 『백팔번뇌』, 태학사, 2006.
최남선, 『삼국유사』, 서문문화사, 2009.
최남선, 『육당 최남선 전집1』, 현암사, 1974.
최남선, 『육당 최남선 전집10』, 현암사, 1974.
최남선, 『육당 최남선 전집11』, 현암사, 1974.

최남선, 『육당 최남선 전집1-14』, 역락, 2003.
최남선, 『육당 최남선 전집12』, 현암사, 1974.
최남선, 『육당 최남선 전집13』, 현암사, 1974.
최남선, 『육당 최남선 전집14』, 현암사, 1974.
최남선, 『육당 최남선 전집2- 단군 고조선을 가다』, 현암사, 1974.
최남선, 『육당 최남선 전집3』, 현암사, 1974.
최남선, 『육당 최남선 전집4』, 현암사, 1974.
최남선, 『육당 최남선 전집5-신화, 설화, 시가, 수필』, 현암사, 1974.
최남선, 『육당 최남선 전집6-백두산 근참기, 금강예찬, 심춘순례 외 논문』, 현암사, 1974.
최남선, 『육당 최남선 전집7』, 현암사, 1974.
최남선, 『육당 최남선 전집8-삼국유사, 대동지명사전, 사문독본』, 현암사, 1974.
최남선, 『육당 최남선 전집9』, 현암사, 1974.
최남선, 『조선상식문답』, 도서출판 기파랑, 2011.
최동열, 『아름다움은 왜? : 화가 최동열이 쓴 미학 이야기』, 디자인하우스, 2013.
최선일, 김형우, 『江華_寺刹_文獻資料의_調査研究』, 인천학연구원, 2011.
최성두, 『해양문화와 해양거버넌스』, 도서출판선인, 2013.
최안구, 『문화콘텐츠란 무엇인가』, 살림, 2006.
최영심, 『아름다움을 만드는 사람들』, 시대의 창, 1999.
최영철, 『美 : 아름다움의 의학』, 보신각, 1982.
최원식, 『황해에 부는 바람』, 다인아트, 2005.
최원식, 『문학의 귀환』, 창작과 비평사, 2001.
최원오, 『이승과 저승을 잇는 다리 한국 신화』. 여름언덕, 2004.
최은주, 『질병, 영원한 추상성』, 은행나무, 2014.
최인호, 『소설해신 상, 중, 하』, 열림원, 2003..
최제우, 최천식 옮김, 『동경대전』, 풀빛, 2010.
최재천, 『감히, 아름다움』, 이음, 2011.

최재천, 『여성 시대에는 남성도 화장을 한다』, 궁리, 2007.
최준식, 『최준식의 한국 종교사 바로 보기』, 한울아카데미, 2007.
최준식, 『한국 문화 오리엔테이션2: 생활문화 종교문화 세부줄거리』, 소나무, 2014.
최준식, 『한국의 종교, 문화로 읽는다』, 사계절, 2005.
최준식, 『한국의 종교, 문화로 읽는다. 1:무교 · 유교 · 불교』, 사계절, 1998.
최준식, 『한국의 종교, 문화로 읽는다. 3:증산교 · 원불교』, 사계절, 2004.
최학주, 『나의 할아버지 육당 최남선』, 나남출판, 2011.
최혜실, 『문화 콘텐츠, 스토리텔링을 만나다』, 삼성경제연구소, 2006.
최혜실, 『신여성들은 무엇을 꿈꾸었는가』, 생각의 나무, 2000.
카렌 암스트롱, 이다희 옮김, 『신화의 역사』, 문학동네, 2005.
케이트 밀레트, 정의숙 · 조정호 옮김. 『성의 정치학(상)』, 현대사상사. 1976.
토릴 모이, 임옥희 옮김, 『성과 텍스트의 정치학』, 한신문화사, 1994.
편무영, 『한국불교민속론』, 민속원, 1998.
폴 코블리, 조성택, 변진경 옮김, 『기호학』, 김영사, 2006.
표인주, 『축제 민속학』, 태학사, 2007.
표정옥, 『놀이와 축제의 신화성』, 서강대학교출판부, 2009.
표정옥, 『현대문화와 신화』, 연세대학교출판부, 2016.
표정옥, 『양성성의 문화와 신화』, 지식과 교양, 2013.
하순애, 『제주도 신당 이야기』, 제주대출판부, 2008.
한기호, 『생각이 크는 인문학2 , 아름다움』, 북이십일 21세기북스, 2013.
허난설헌, 이경혜옮김, 『스물일곱 송이 붉은 연꽃』, 알마, 2007.
현경, 『결국은 아름다움이 우리를 구원할 거야』, 열림원, 2013.
현길언, 『제주도 이야기1.2』, 창비, 1984.
현길언, 『풍경따라 떠나는 제주여행』, 솔과 학, 2004.
현용준, 『제주 신화의 수수께끼』, 집문당, 2005.
현용준, 『제주도 전설』, 서문당, 1996.
현용준, 『제주도 신화』, 서문당, 1996.
호메로스, 천병희 옮김, 『오디세이아』, 도서출판 숲, 2009.

호메로스, 천병희 옮김, 『일리아스』, 도서출판 숲, 2009.
홍기돈, 『김동리 연구』, 소명출판, 2010.
홍종화, 『조선최초 여성 CEO김만덕』, 주류성, 2009.
황석영, 『바리데기』, 창비, 2007.
황패강, 『한국 신화의 연구』, 새문사, 2006.
Boritzer, Etan, 『아름다움이란 뭘까?』, 애플비, 2006.
Burchard, Doris, 『아름다움의 제국』, 참솔, 2005.
Burke, Edmund, 『숭고와 아름다움의 이념의 기원에 대한 철학적 탐구』, 마티, 2006.
Calinescu Matei, Rereading, Yale University Press, 1993, Preface.
Erving Goffman, Frame Analysis, An Essay on the Organization of Experience, Northeastern University press, 1988, Introduction.
Ferrucci, Piero, 『아름다움은 힘이 세다』, 웅진지식하우스, 2009.
Rhode, Deborah L, 『아름다움이란 이름의 편견 : 인간의 외모를 바라보는 방식을 리디자인하다』, 베가북스, 2011.
Shibui, Maho, 『아름다움도 권력이다 : 성공을 부르는 도쿄 여성들의 이미지메이킹 = (The) beauty is power』, 매일경제신문사, 2008.
Stewart, Ian, 『아름다움은 왜 진리인가 : 대칭의 역사』, 승산, 2010.

논문

고운기, 「일연의 글쓰기에서 정치적 감각 - 삼국유사 서술방법의 연구 2 」, 『한국언어문화』 42, 한국언어문화학회, 2010, 5-30쪽.
곽근, 「김동리 역사소설의 신라정신 고찰」, 『新羅文化』 24, 동국대학교 신라문화연구소, 2004, 305-322쪽.
권인한, 「『삼국사기』, 『삼국유사』자료 연구의 방법과 실제 」, 『한국문화』 42, 서울대학교 규장각 한국학 연구원, 2008, 253-275쪽.
김동리 기념사업회 편, 『검객, 김동리 문학전집 15』, 도서출판 계간문예, 2013.
김선숙, 「『삼국유사』무왕조의 서동설화에 대한 검토」, 『동아시아 문화연구』

42, 한양대학교 한국학연구소, 2001, 211-235쪽.

김수연, 「여성 신화와 여성 조력자, 문학 속의 그녀들」, 『독일문학』, 2005, 28-49쪽.

김양선, 「여성성과 대중성이라는 문제설정: 젠더화된 문화적 기억의 재현을 중심으로」, 『시학과 언어학』 10호, 시학과 언어학회, 2005, 139-159쪽.

김종진, 「무왕설화의 현성과 〈서동요〉의 비평적 해석」, 『한국문학연구』 27, 동국대학교 한국문학연구구소, 2004. 235-260쪽.

김주한, 「삼국유사소재 〈찬〉에 대하여」, 『삼국유사연구』, 영남대학교 민족문화연구, 1983, 241-256쪽.

김주현, 「김동리 문학사상의 연원으로서의 화랑」, 『語文學』 77, 韓國語文學會, 2002, 291-311쪽.

김창현, 「신화에 나타난 비극적 세계상과 그 서사적 전개 - 『삼국사기』및 『삼국유사』 소재 설화를 중심으로 」, 『온지논총』 20, 온지학회, 2008, 7-33쪽.

김혜진, 「향가 창작 동인으로서의 '아름다움'과 신라인의 미의식」, 『고전 문학과 교육』 15집, 한국 고전문학 교육학회, 2008, 265-301쪽.

노정숙, 「신화를 통해 본 여성 주체의 형성-〈바리공주〉신화에서 주체 형성의 원리들과 가치 」, 『한국여성학 21』, 2005, 5-37쪽.

문명화, 「중학교 교과서에 실린 동명왕 신화를 중심으로」, 인천대 석사논문, 2003.

박기석, 「『삼국유사』소재 설화의 읽기의 한 방법」, 『문학치료연구』, 문학 치료연구학회, 2011, 165-184쪽.

박상영, 「『삼국유사』소재 찬사를 통해 본 일연의 세계인식」, 『고대문학연구』 Vol.30, 한국고대문학회, 2006. 147-181쪽.

박숙자, 「近代文學의 形成과 感情論」, 『어문연구』 131호, 2006.

박진태 외, 「『삼국유사』의 종합적 연구Ⅰ」, 『민속학』, 민속학회, 1997, 501-551쪽.

박진태 외, 「『삼국유사』의 종합적 연구Ⅱ-문헌적 성격을 중심으로」, 『우리말글』, 우리말글학회, 1999. 25-114쪽.

박진태 외, 「『삼국유사』의 종합적 연구Ⅲ-고대 , 중세 문화의 탐색」, 『우리말글』, 우리말글학회, 2000, 225-292쪽.

박진태, 「삼국유사를 통해 본 고대사회의 제의문화」, 『비교민속학』 21, 비교민속학회, 2001, 367-394쪽.

방민화, 「〈水路夫人〉 설화의 소설적 변용 연구 -김동리의 〈水路夫人〉을 중심으로-」, 『한중인문학연구』 27, 한중인문학회, 2009, 1-20쪽.

송주현, 「근대의 외부, 동양적인 것에 대한 사유-김동리와 박상륭의 1960년대 소설을 중심으로-」, 『한국문화연구』 23, 이화여자대학교 한국문화연구원, 2012, 111-136쪽.

송현호 · 유려아, 「郁達夫와 김동인 소설의 여성문제」, 『비교문학론』, 국학자료원, 1999.

신정숙, 「김동리 소설의 문학적 상상력 연구」, 연세대학교 대학원 박사논문, 2012.

엄미옥, 「김동인 소설에 나타난 '연애'의 의미구조: 〈약한자의 슬픔〉, 〈마음이 약한 자여〉, 〈김연실전〉을 중심으로」, 『시학과 언어학』 10호, 시학과 언어학회, 2005, 221~244쪽.

염원희, 「무속신화의 여성 수난과 신 기능의 상관성 연구」, 『한국무속학』, 2010, 305-333쪽.

오세정, 「무속신화의 희생양과 희생제의」, 『한국고전연구』, 2001, 342-367쪽.

오은엽, 「김동리 소설에 나타난 신화적 이미지와 공간」, 『한국문학이론과 비평』 54, 『한국문학이론과 비평학회, 2012, 69-97쪽.

우한용, 「김유정 소설의 언어의식」, 『김유정과의 만남』, 소명출판, 2013.

유기룡, 「김동리 문학작품에 나타난 원형적 상징의 연구」, 『어문논총』 33, 경북어문학회, 1999, 211-228쪽.

유기룡, 「배따라기: '노래'로서 승화된 '아내'의 죽음」. 『한국 현대 소설 작품 연구』. 서울: 삼영사, 1989.

유인순, 「김유정 『봄.봄』의 아바타 연구」, 『김유정과의 만남』, 소명출판, 2013.

유종호, 「현실주의의 승리」, 『무녀도: 황토기』, 민음사, 1985.
윤현이, 「김유정 소설에서 여성인물들이 겪는 수난의 양상과 그 의미」, 『김유정과 동시대문학연구』, 소명출판, 2013.
윤혜신, 「『삼국유사』소재 설화에 나타난 천신의 인격화 양상과 의미」, 『민속문학사연구』Vol. 30, 민족문학사학회, 2006, 50-78쪽.
이강옥, 「『삼국유사』의 세계관과 서술미학」, 『국문학 연구』 Vol. 5, 국문학회, 2001, 9-51쪽.
이나미, 「한국의 마고 여신에 관한 고찰-한국 신화의 고태적 상징」, 『심성연구 24』, 2009, 151-173쪽.
이동민, 「신라 불교사에 있어서의 여성의 역할 – 삼국유사를 중심으로」, 이화여대 대학원 석사논문, 1993.
이동하, 「김동인의 삶과 문학」, 『김동인 단편 전집』, 가람기획, 2006.
이상진, 「문화콘텐츠 '김유정', 다시 이야기하기-캐릭터성과 스토리텔링을 중심으로」, 『김유정의 귀환』, 소명출판, 2012.
이수자, 「농경기원신화 〈세경본풀이〉의 특징과 의의」, 『동아시아 여성신화』, 집문당, 2003.
이승남, 「수로부인은 어떻게 아름다웠나」, 『한국문학연구』, 동국대학교 한국문학연구소, 2009, 5-39쪽.
이재복, 「황순원과 김동리 비교 연구」, 『語文研究』 74, 어문연구학회, 2012, 423-446쪽.
이정원, 「'삼강'의 권위적 지식이 판소리문학에 수용된 양상」, 『조선시대 책의 문화사』, 휴머니스트, 2008.
이채원, 「교과서에서의 단군신화 수용고찰」, 『단군학 연구』, 2008.
임규찬, 「1920년대 문학과 근대성: 3.1운동과 근대문학」, 『한국문학의 근대와 근대성』, 소명출판, 2006.
임영봉, 「김동리 소설의 구도적 성격」, 『우리文學研究』 24, 우리문학회, 2008, 341-371쪽.
임영천, 『김동인 · 김동리와 기독교문학』, 푸른사상, 2005.
임재해, 「삼국유사 설화 자원의 문화 콘텐츠와 길 찾기 」, 『구비문학연구』 29,

한국구비문학회, 2009, 219-255쪽.

장만식, 「『삼국유사』권2 〈무왕조〉에 나타난 오이디푸스 콤플렉스와 문학치료적 함의」, 『문학치료 연구』Vol. 6, 한국문학치료학회, 2007, 99-133쪽.

장영란, 「한국 신화 속의 여성의 주체의식과 모성 신화의 전복적 기능」, 『한국여성철학 9』, 2007, 141-171쪽.

장영란, 「한국 여성-영웅 서사의 희생의 원리와 자기 완성의 철학-'딸'의 원형적 이미지 분석과 효 이데올로기 비판」, 『한국여성철학9』, 2008, 1-29쪽.

정운채, 「〈무왕설화〉와 〈서동요〉의 주역적 해석과 문학치료의 구조화」, 『국어교육』 106, 한국어교육학회, 2001, 215-233쪽.

정재림, 「김동리 소설에 나타난 '근대/전통'의 배치와 그 의미」, 『批評文學』, 韓國批評文學會, 2011, 407-426쪽.

조동일, 「『삼국유사』설화 연구사와 그 문제점」, 『한국사연구』 38, 한국사연구회, 1982, 55-85쪽.

조은하, 「설화의 현대적 수용양상 연구: 삼국유사 「광덕엄장조」와 김동리의 「원왕생가」를 중심으로」, 『한국문학이론과 비평』 37, 한국문학이론과 비평학회, 2007.

조흥윤, 「동아시아의 여성문화: 한국 신화 속의 여성 문화」, 『민족과 문화 9』, 2001, 187-205쪽.

진정성, 「역사에서 설화로, 설화에서 우화로」, 『김동리전집』 4, 민음사, 1995.

차옥숭, 「한국 여성 신화의 여성 정체성」, 『종교연구 45』, 2006, 1-24쪽.

최남선, 「바다와 조선민족」, 『월간-해양한국』, 한국해양문제연구소, 1993, 56-72쪽.

최병우, 「스토리텔링 연구의 성과와 반성-김유정 소설의 스토리텔링 연구와 관련하여」, 『제3회 김유정학회 학술연구발표회』, 2013.4.

최선경, 「『삼국유사』불교설화에 등장하는 여성 인물 형상과 기능에 관하여」, 『인간연구』Vol. 8, 가톨릭대학교 인간학 연구소, 2005, 166-190쪽.

최선경, 「『삼국유사』에 나타난 여성상」, 『한국고전여성문학연구』 16집, 한국고전여성문학회, 2008, 351-378쪽.

최성윤, 「김유정 소설의 여성인물과 '정조'」, 『김유정의 귀환』, 소명출판,

2012.

최창헌, 「소설 속 여자 주인공에 나타난 성의식의 세 가지 지층-이효석, 김유정, 이태준 소설을 중심으로」, 『김유정과 동시대 문학연구』, 소명출판, 2013.

하은하, 「『삼국유사』소재 설화를 이용한 문학치료의 한 사례」, 『문학치료연구』, 문학치료 연구학회, 2005, 93-114쪽.

한수영, 「김동리와 조선적인 것」, 『한국근대문학연구』, 한국근대문학회, 2010, 385-419쪽.

한승옥, 「야곱의 데릴사위 모티프와 김유정의 「봄.봄」, 「우리의 정조」, 「병상의 생각」을 중심으로」, 『제3회 김유정학회 학술연구발표회』, 2013.4.

허련화, 「김동리 불교소설 연구」, 『한국현대문학연구』 25, 한국현대문학회, 2008, 427-455쪽.

홍기돈, 「김동리의 구경적(究竟的) 삶과 불교사상의 무(無)」, 『인간연구』, 가톨릭대학교 인간학연구소, 2013, 145-168쪽.

찾아보기

ㅂ

ㅅ

ㅈ

ㅊ

ㅋ

ㅌ

ㅍ

ㅎ